国家统计局江西调查总队　编

Compiled by
Survey Office of the National Bureau of Statistics in Jiangxi

图书在版编目（CIP）数据

江西调查年鉴. 2023 = Jiangxi Survey Yearbook 2023 / 国家统计局江西调查总队编. -- 北京 : 中国统计出版社, 2023.8
ISBN 978-7-5230-0167-7

Ⅰ. ①江… Ⅱ. ①国… Ⅲ. ①统计资料—江西—2023—年鉴 Ⅳ. ①C832.56-54

中国国家版本馆 CIP 数据核字（2023）第 133175 号

江西调查年鉴 2023

作　　者 / 国家统计局江西调查总队
责任编辑 / 罗　浩
执行编辑 / 宋怡璇
封面设计 / 李雪燕
出版发行 / 中国统计出版社有限公司
通信地址 / 北京市丰台区西三环南路甲 6 号　邮政编码 /100073
电　　话 / 邮购（010）63376909　书店（010）68783171
网　　址 / http://www.zgtjcbs.com/
印　　刷 / 三河市双峰印刷装订有限公司
经　　销 / 新华书店
开　　本 / 880mm×1230mm　1/16
字　　数 / 440 千字
印　　张 / 14　1.25 彩页
版　　别 / 2023 年 8 月第 1 版
版　　次 / 2023 年 8 月第 1 次印刷
定　　价 / 380.00 元

《江西调查年鉴 2023》

编委会

Jiangxi Survey Yearbook 2023

Editorial Board

编者说明

一、《江西调查年鉴2023》是国家统计局江西调查总队编辑的集调查分析报告和统计调查数据于一体的资料性书籍。

二、《江西调查年鉴2023》系统收录了江西全省和各市、县（区）2022年城乡居民收入、物价、粮食产量、畜禽产品产量、农民工就业等统计调查数据，同时还整理了历史重要年份全国、全省主要统计调查数据，是一部从不同侧面反映江西经济和社会发展情况的资料性年刊。

三、本书正文内容分为五大篇章，即1. 住户调查；2. 价格调查；3. 农业调查；4. 脱贫县农村住户监测调查；5. 各省（区、市）资料。为方便读者使用，部分篇章调查数据前后分别附简要说明和主要指标解释，对本项调查的数据来源、主要指标口径变动情况、主要指标涵义等作了说明和解释。

四、本书所涉及的数据大部分来自国家统计局江西调查总队的抽样调查统计报表，一部分来自全面调查和有关业务部门年度统计报表。

五、本书中有些历史数据由于制度方法的改革，调查指标口径、范围、涵义等发生变化，为了便于可比，有的指标按现行方案规定作了调整，有的指标口径无法调整仍沿用过去口径。有的指标最近几年有，而过去没有；有的指标过去有，而现行指标体系已经取消。使用时要注意。

六、本年鉴所涉及的全国性统计数据，均未包括香港、澳门特别行政区和台湾省数据。

七、本书所使用的度量衡单位，均采用国际统一标准计量单位。

八、本书中部分数据合计数或相对数由于单位取舍不同而产生的计算误差，均未作机械调整。

九、符号使用说明：表中的“空格”“—”表示该项统计指标数据不足本表最小单位数、不详或无该项数据；“#”表示其中的主要项。

EDITOR'S NOTES

I. *Jiangxi Survey Yearbook 2023* is an annual statistical publication of survey analysis reports and statistic survey data compiled by the National Bureau of Statistics Survey Office in Jiangxi.

II.*Jiangxi Survey Yearbook 2023* collects the statistical survey data of urban and rural residents' income, prices, grain output, livestock and poultry product output, migrant workers' employment and other statistical survey data of Jiangxi Province and all cities and counties (districts) in 2022, and also collates the major national and provincial statistical survey data of historically important years. It is an informative annual journal that reflects the economic and social development of Jiangxi from different aspects.

III. The Yearbook contains five chapters:1. Household Survey; 2. Price Survey; 3. Agricultural Survey; 4. Rural Household Monitoring Survey in Poverty Relief Counties; 5. Information of Provinces, Regions and Municipalities. To facilitate readers, the Brief Introductions and Explanatory Notes of the Main Indicators are attached to some of the chapters, provides a explanation and interpretation of the date sources, changes in the calibre of the main indicators, and meanings of the main indicators.

IV. Most of the data involved in this book are collected through sample surveys carried out by the National Bureau of Statistical Survey office in Jiangxi, and some are collected through overall surveys and the annual statistical reports of relevant business departments.

V. Some historical data in this yearbook have changed in caliber, scope and meaning of survey indicators due to the reform of institutional methods. In order to facilitate comparability, some indicators have been adjusted according to the provisions of the current program, while some indicators cannot be adjusted and still use the past caliber. Some indicators have been present in recent years but not in the past; Some indicators used to exist, but the current indicator system has been abolished. Please be aware when using.

VI. The national data in this Yearbook do not include that of the Hong Kong Special Administrative Region, Macao Special Administrative Region and Taiwan Province.

VII. The units of measurement used in this Yearbook are in accordance with internationally standard measurement units.

VIII. Statistical discrepancies on totals and relative figures due to rounding are not adjusted in the yearbook.

IX. Symbol usage instructions: "blank space" and "-" in the table indicate the figure not large enough to be rounded into the least unit of measurement or the data are either unclear or not available; "#" indicates the main item.

江西省 2022 年国民经济和社会发展统计公报[1]

江西省统计局　国家统计局江西调查总队

2023 年 3 月 28 日

2022 年是党的二十大胜利召开之年，是党和国家历史上极为重要的一年。面对严峻复杂的国际环境和疫情散发多发、历史极值干旱等超预期考验，在以习近平同志为核心的党中央坚强领导下，全省上下深入贯彻习近平总书记视察江西重要讲话精神，坚决落实“疫情要防住、经济要稳住、发展要安全”重要要求，高效统筹疫情防控和经济社会发展，全面做好稳增长、防风险、保稳定、惠民生等各项工作，推动全省经济运行企稳向好，转型升级持续深化，市场活力更大激发，民生保障有力有效，全面建设社会主义现代化江西迈出坚实步伐。

一、综合

初步核算，全年地区生产总值[2]32074.7 亿元，比上年增长 4.7%。其中，第一产业增加值 2451.5 亿元，增长 3.9%；第二产业增加值 14359.6 亿元，增长 5.4%；第三产业增加值 15263.7 亿元，增长 4.2%。三次产业结构为 7.6:44.8:47.6，三次产业对 GDP 增长的贡献率分别为 6.9%、49.9% 和 43.2%。人均地区生产总值 70923 元，增长 4.6%。

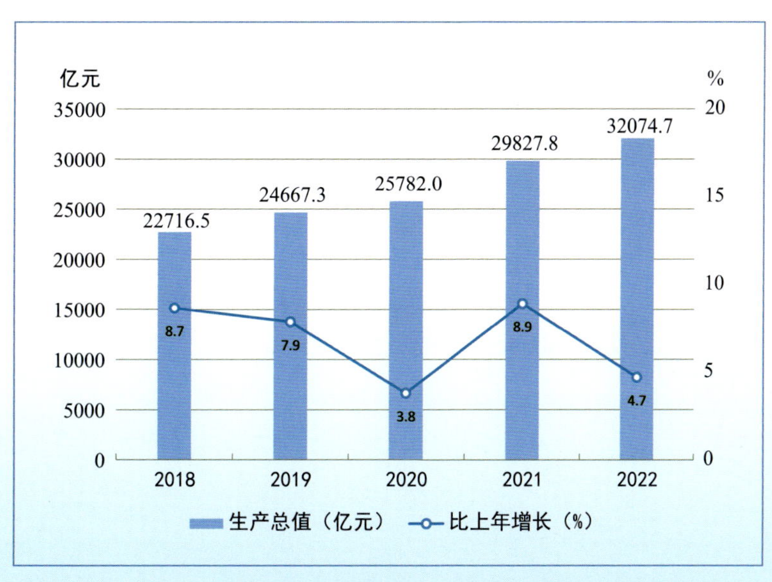

图 1　2018-2022 年江西地区生产总值及其增长速度

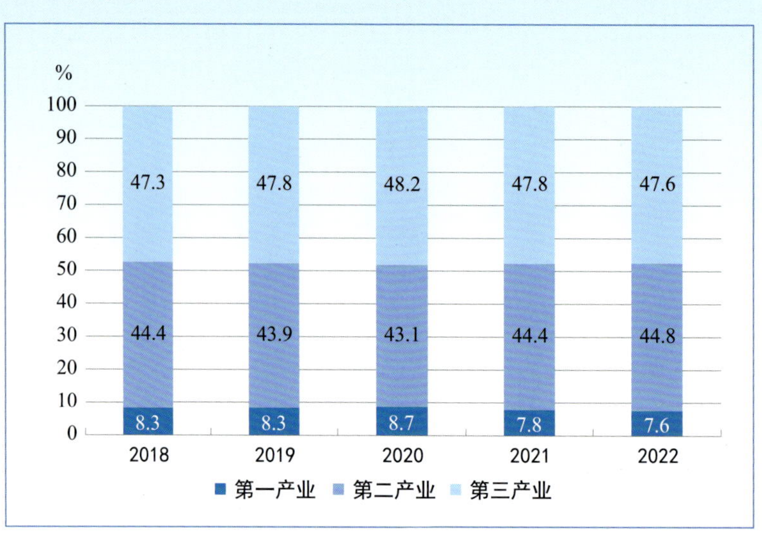

图 2　2018-2022 年三次产业增加值占地区生产总值比重

年末全省常住人口 4527.98 万人，比上年末增加 10.58 万人。其中，城镇常住人口 2810.52 万人，占总人口的比重（常住人口城镇化率）为 62.07%，比上年末提高 0.61 个百分点。全年出生人口 32.5 万人，出生率为 7.19‰，比上年下降 1.15 个千分点；死亡人口 31.4 万人，死亡率为 6.94‰，上升 0.23 个千分点；自然增长率为 0.25‰，下降 1.38 个千分点。

表 1　2022 年年末常住人口数及其构成

指　标	年末数（万人）	比重（%）
全省常住人口	4527.98	100.0
其中：城镇	2810.52	62.1
乡村	1717.46	37.9
其中：男性	2339.75	51.7
女性	2188.23	48.3
其中：0-15 岁（含不满 16 周岁）	975.60	21.5
16-59 岁（含不满 60 周岁）	2745.87	60.6
60 周岁及以上	806.51	17.8
其中：65 周岁及以上	590.11	13.0

全年城镇新增就业 45.2 万人，失业人员再就业 15.0 万人，就业困难人员就业 5.0 万人，新增转移农村劳动力 58.3 万人。

全年居民消费价格比上年上涨 2.0%。工业生产者出厂价格上涨 3.5%。工业生产者购进价格上涨 9.4%。农产品生产者价格下降 2.5%。

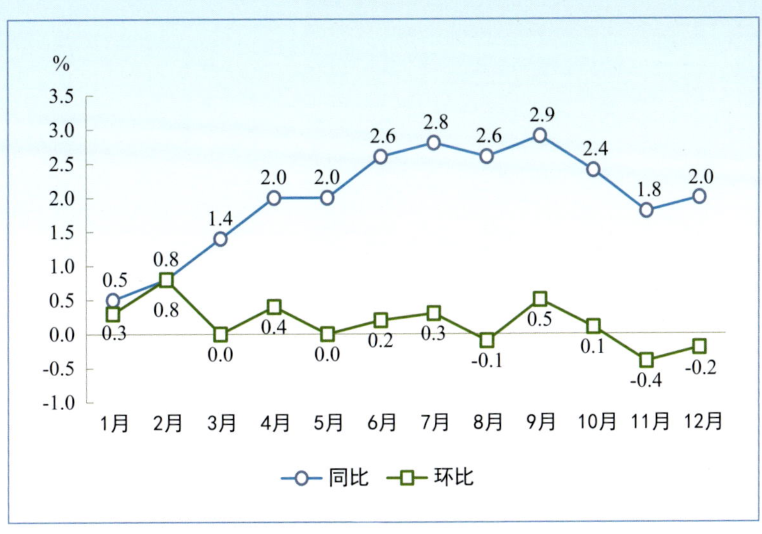

图 3　2022 年居民消费价格各月涨跌幅度

表 2　2022 年居民消费价格分类别涨跌幅度

类　别	比上年增长（%）
居民消费价格	2.0
食品烟酒	2.2
衣着	0.5
居住	0.9
生活用品及服务	0.8
交通通信	5.6
教育文化娱乐	2.1
医疗保健	0.2
其他用品及服务	1.6

二、农业

全年农林牧渔业总产值 4223.8 亿元，比上年增长 4.3%。粮食种植面积 3776.4 千公顷，增长 0.1%。其中，谷物种植面积 3477.6 千公顷，下降 0.4%。油料种植面积 737.5 千公顷，增长 3.4%。其中，油菜籽种植面积 524.6 千公顷，增长 4.0%。蔬菜种植面积 704.4 千公顷，增长 2.6%。棉花种植面积 19.7 千公顷，增长 78.8%。甘蔗种植面积 13.7 千公顷，增长 2.0%。

全年粮食产量 2151.9 万吨，比上年减产 1.8%。油料产量 137.5 万吨，增产 5.0%。蔬菜及食用菌产量 1786.9 万吨，增产 3.3%。棉花产量 2.2 万吨，增产 26.4%。甘蔗产量 62.5 万吨，增产 3.0%。烟叶产量 2.7 万吨，增产 4.7%。茶叶产量 7.7 万吨，增产 4.5%。园林水果产量 538.9 万吨，增产 4.0%。

全年猪牛羊禽肉产量 358.6 万吨，比上年增长 4.2%。其中，猪肉产量 249.9 万吨，增长 4.8%；牛肉产量 17.1 万吨，增长 2.5%；羊肉产量 3.1 万吨，增长 8.8%；禽肉产量 88.4 万吨，增长 3.0%。

禽蛋产量68.4万吨，增长9.2%。水产品产量283.2万吨，增长5.1%。年末生猪存栏1730.1万头，比上年末增长2.8%；全年生猪出栏3064.6万头，比上年增长5.3%。

三、工业和建筑业

全年全部工业增加值11770.3亿元，比上年增长5.5%。规模以上工业增加值增长7.1%。在规模以上工业中，分经济类型看，国有控股企业增长8.3%；股份制企业增长7.3%，外商及港澳台商投资企业增长6.9%；私营企业增长2.4%。分门类看，采矿业下降13.5%，制造业增长7.4%，电力、热力、燃气及水生产和供应业增长13.2%。

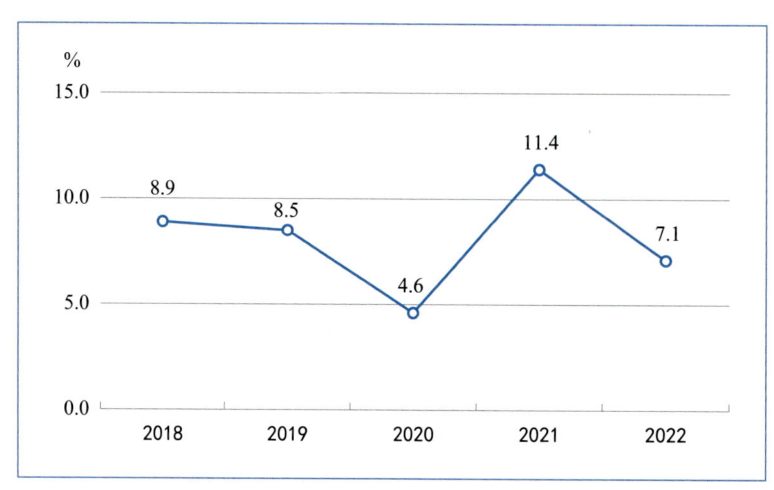

图4 2018-2022年规模以上工业增加值增长速度

全年规模以上工业中，化学原料和化学制品制造业比上年增长17.2%，化学纤维制造业增长13.3%，黑色金属冶炼和压延加工业增长13.2%，专用设备制造业增长14.9%，电气机械和器材制造业增长17.1%，计算机、通信和其他电子设备制造业增长32.1%，电力、热力生产和供应业增长14.9%。战略性新兴产业、高新技术产业、装备制造业增加值分别增长20.6%、16.9%、17.3%，占规模以上工业比重分别为27.1%、40.5%、30.9%，比上年提高3.9、2.0、2.9个百分点。

表 3　2022 年规模以上工业主要产品产量及其增长速度

产品名称	单位	产量	比上年增长（%）
多晶硅	万千克	304.0	36.1
单一稀土金属	万千克	1473.4	2.4
中成药	万吨	11.2	18.6
白酒（折 65 度，商品量）	万千升	4.2	-10.0
啤酒	万千升	59.7	-4.3
精制茶	吨	119251.8	19.0
卷烟	亿支	642.0	0.0
化学纤维	万吨	125.0	-1.6
布	万米	72013.1	-26.7
服装	万件	125384.8	-9.6
机制纸及纸板	万吨	390.8	31.1
饲料	万吨	1200.6	0.3
硫酸（折 100%）	万吨	342.4	16.9
农用氮、磷、钾化学肥料	万吨	111.3	14.2
化学原料药	吨	344496.6	171.7
水泥	万吨	8768.6	-14.1
瓷质砖	万平方米	122816.2	-5.3
粗钢	万吨	2689.9	-0.8
钢材	万吨	3457.0	-1.3
十种有色金属	万吨	248.3	3.5
其中：精炼铜（电解铜）	万吨	187.5	7.7
铜材	万吨	542.4	-0.3
汽车	万辆	42.7	-2.0
其中：新能源汽车	万辆	5.8	122.8
家用电冰箱	万台	70.8	-2.1
房间空气调节器	万台	309.8	-12.0
太阳能电池	万千瓦	3697.8	285.8

全年规模以上工业企业实现营业收入 48295.5 亿元，比上年增长 9.0%；实现利润总额 3456.1 亿元，增长 11.6%；每百元营业收入中的成本为 86.65 元，比上年增加 0.22 元。

全省开发区投产工业企业 16817 家，比上年增加 1442 家。开发区工业增加值增长 7.9%，实现营业收入 44745.7 亿元，增长 11.8%；实现利润总额 3212.0 亿元，增长 14.9%。营业收入超千亿元的开发区 10 个，比上年增加 2 个。

全年规模以上工业生产原煤 194.6 万吨，比上年下降 8.3%。原油加工量 718.9 万吨，增长 7.8%。发电量 1568.6 亿千瓦时，增长 8.6%。

全年建筑业增加值 2597.2 亿元，比上年增长 4.8%。具有资质等级的总承包和专业承包建筑业企业 5939 家。

四、服务业

全年服务业实现增加值 15263.7 亿元，比上年增长 4.2%。其中，批发和零售业增加值 2844.5 亿元，增长 6.4%；交通运输、仓储和邮政业增加值 1341.7 亿元，增长 2.3%；住宿和餐饮业增加值 555.5 亿元，增长 1.4%；金融业增加值 2140.5 亿元，增长 5.6%；房地产业增加值 2117.4 亿元，下降 1.9%；信息传输、软件和信息技术服务业增加值 692.9 亿元，增长 9.4%。全年规模以上服务业企业营业收入 4306.6 亿元，比上年增长 11.0%；利润总额 231.3 亿元，下降 2.5%。

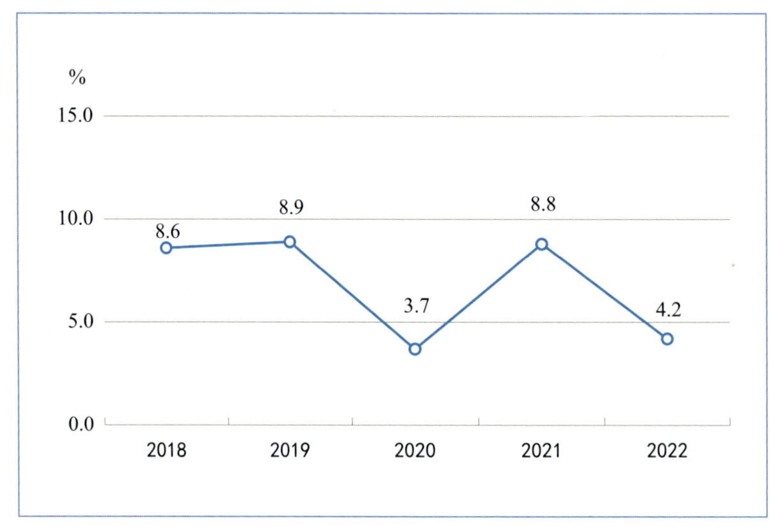

图 5　2017-2021 年服务业增加值增长速度

全年货物运输总量 196931.5 万吨，比上年下降 0.9%；货物运输周转量 5119.8 亿吨千米，增长 4.8%。九江港完成货物吞吐量 1.8 亿吨，增长 19%；完成集装箱吞吐量 76.9 万标准箱，增长 18.6%。南昌港完成货物吞吐量 2823.6 万吨，下降 23.7%；完成集装箱吞吐量 11.6 万标准箱，下降 12.2%。

表 4　2022 年各种运输方式完成货物运输量及其增长速度

指　标	单 位	绝对值	比上年增长（%）
货物运输量	万吨	196931.5	-0.9
铁路	万吨	5200.0	7.9
公路	万吨	178367.1	-1.5
水路	万吨	13360.0	4.0
民航	万吨	4.4	-75.7
货物运输周转量	亿吨千米	5119.8	4.8
铁路	亿吨千米	619.1	8.5
公路	亿吨千米	4086.4	3.2
水路	亿吨千米	414.2	16.9

全年旅客运输量 16891.4 万人，比上年下降 34.2%；旅客运输周转量 455.6 亿人千米，下降 24.6%。

表5　2022年各种运输方式完成旅客运输量及其增长速度

指　标	单 位	绝对值	比上年增长（%）
旅客运输量	万人	16891.4	-34.2
铁路	万人	6386.0	-30.3
公路	万人	9735.4	-35.0
水路	万人	97.0	-39.1
民航	万人	673.0	-51.0
旅客运输周转量	亿人千米	455.6	-24.6
铁路	亿人千米	394.2	-22.1
公路	亿人千米	61.3	-37.3
水路	亿人千米	0.1	-40.8

年末公路通车里程210711千米，其中高速公路通车里程6731千米。铁路营业里程4822千米。年末全省民用汽车保有量760.9万辆，比上年增长6.0%；民用轿车保有量441.6万辆，增长7.7%，其中私人轿车427.4万辆，增长7.9%。

全年完成邮政业务总量[3]243.6亿元，比上年增长15.6%。完成邮政函件业务706.1万件，下降5.2%；包裹业务36.9万件，增长9.8%。快递业务量18.2亿件，增长13.9%；快递业务收入161.7亿元，增长12.1%。全年完成电信业务总量[4]437.7亿元，比上年增长25.7%。年末移动电话基站数31.4万个，其中4G基站17.3万个，5G基站6.5万个。年末固定电话用户448.2万户，比上年末下降5.4%。移动电话用户4694.5万户，增长4.4%。移动电话普及率为103.9部/百人。固定互联网宽带接入用户1958.3万户，增长15.2%。移动互联网用户3974.7万户，增长3.1 %。

五、固定资产投资

全年固定资产投资比上年增长8.6%。第一产业投资增长20.8%，第二产业投资增长6.9%，第三产业投资增长10.1%。民间投资增长5.4%。基础设施投资增长22.4%。社会领域投资[5]增长26.2%。

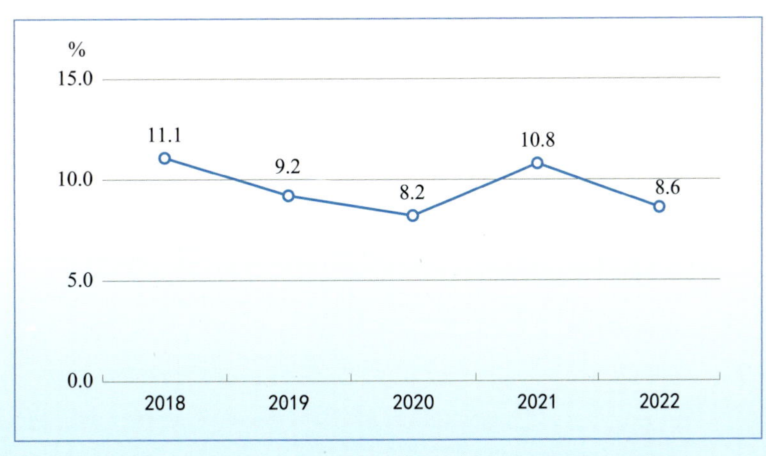

图6　2018-2022年固定资产投资增长速度

全年房地产开发投资比上年下降12.6%，其中住宅投资下降11.6%；办公楼投资下降15.2%；商业营业用房投资下降14.6%。商品房销售面积6702.6万平方米，下降12.7%，其中住宅销售面积5663.1万平方米，下降15.2%。商品房销售额4905.2亿元，下降16.8%，其中住宅销售额4138.6亿元，下降19.0%。年末商品房待售面积683.6万平方米，比上年末下降7.3%，其中住宅待售面积338.7万平方米，增长4.3%。

六、国内贸易

全年社会消费品零售总额12853.5亿元，比上年增长5.3%。按经营地统计，城镇消费品零售额10813.0亿元，增长5.3%；乡村消费品零售额2040.5亿元，增长5.5%。按消费类型统计，商品零售11530.2亿元，增长5.3%；餐饮收入1323.3亿元，增长5.1%。限额以上单位消费品零售额4622.8亿元，增长14.4%。网上零售额2598.5亿元，增长18.1%，其中，实物商品网上零售额2311.8亿元，增长17.5%。

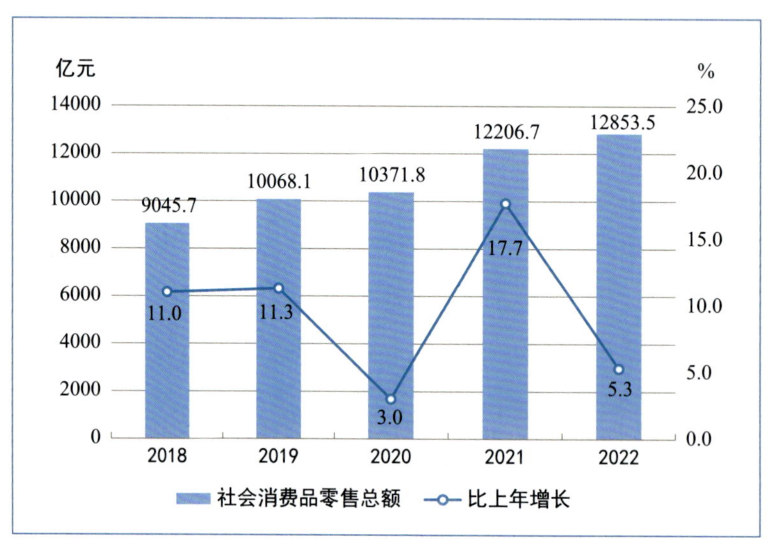

图7　2018-2022年社会消费品零售总额增长速度

全年限额以上单位商品零售额中，粮油、食品类零售额比上年增长27.1%，饮料类增长32.2%，烟酒类增长18.7%，服装、鞋帽、针纺织品类增长31.0%，化妆品类增长24.8%，金银珠宝类增长8.6%，日用品类下降2.8%，家用电器和音像器材类增长1.1%，中西药品类增长19.0%，文化办公用品类增长18.7%，家具类增长19.7%，通讯器材类增长3.4%，石油及制品类增长18.8%，建筑及装潢材料类增长16.1%，汽车类增长4.6%。

七、对外经济

全年货物贸易进出口总值6713.0亿元，比上年增长34.9%。其中，出口值5088.4亿元，增长38.7%；进口值1624.6亿元，增长24.2%。对“一带一路”沿线国家进出口2254.0亿元，增长58.2%。

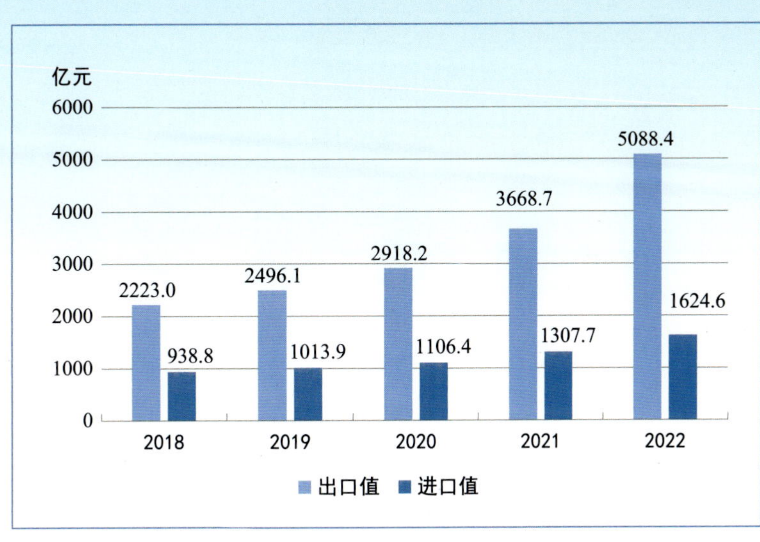

图 8　2018-2022 年货物贸易进出口总值

表 7　2021 年分行业固定资产投资增长速度及构成

指　标	金额（亿元）	比上年增长（%）
进出口总值	6713.0	34.9
出口值	5088.4	38.7
其中：一般贸易	4203.9	43.2
加工贸易	696.8	18.9
其中：机电产品	2354.8	28.3
高新技术产品	1224.2	28.5
进口值	1624.6	24.2
其中：一般贸易	923.6	21.2
加工贸易	558.9	32.5
其中：机电产品	692.5	27.8
高新技术产品	587.4	28.2

表 8　2022 年主要国家和地区出口值及其增长速度

国　家（地区）	出口值（亿元）	比上年增长（%）
美国	725.3	9.2
东盟	1123.3	70.1
欧盟	592.8	24.6
中国香港	453.7	30.3
越南	277.3	41.7
韩国	310.1	83.2
印度	252.1	63.6
日本	212.0	38.7
马来西亚	176.4	64.8
印度尼西亚	111.0	30.3
中国台湾	66.6	-1.5

全年新设外商直接投资企业669家，比上年增加36家。实际使用外商直接投资[7]金额21.7亿美元，下降5.3%。利用省外项目实际进资10425.4亿元，增长9.3%。

全年对外承包工程完成营业额38.7亿美元，比上年下降6.1%。累计派出各类劳务人员1400人。

八、财政金融

全年一般公共预算收入2948.3亿元，比上年增长4.8%。其中税收收入1788.9亿元，下降7.3%。一般公共预算支出7288.3亿元，比上年增长7.5%。全年为市场主体办理新增减税退税缓税（费）近千亿元，其中留抵退税444.4亿元，降低、缓缴各项社保费44.6亿元，减免房屋租金5.4亿元。

年末金融机构本外币各项存款余额53162.4亿元，比上年末增长11.3%。金融机构本外币各项贷款余额52775.6亿元，比上年末增长11.9%。

年末境内证券市场共有上市公司77家，其中，主板公司51家，创业板公司20家，科创板公司5家，北交所公司1家。辖区内证券公司2家，分公司52家，证券营业部299家，证券交易额8.7万亿元；期货公司1家，分公司9家，期货营业部22家，期货代理成交金额3.9万亿元。

全年保险公司原保险保费收入[8]972.5亿元，比上年增长6.9%。其中，财产险保费收入304.2亿元，寿险保费收入475.4亿元，健康险保费收入169.9亿元，人身意外伤害险保费收入23.0亿元。支付各类赔款及给付354.5亿元。其中，财产险赔付192.5亿元，寿险赔付74.6亿元，健康险赔付80.6亿元，人身意外伤害险赔付7.0亿元。

九、居民收入消费和社会保障

全年居民人均可支配收入32419元，比上年增长5.9%。按常住地分，城镇居民人均可支配收入43697元，增长4.8%；农村居民人均可支配收入19936元，增长6.7%。城乡居民人均可支配收入比值为2.19，比上年缩小0.04。

全年居民人均消费支出21708元，比上年增长7.0%。按常住地分，城镇居民人均消费支出25976元，增长5.6%；农村居民人均消费支出16984元，增长8.4%。全省居民恩格尔系数为32.0%，其中城镇为31.2%，农村为33.4%。

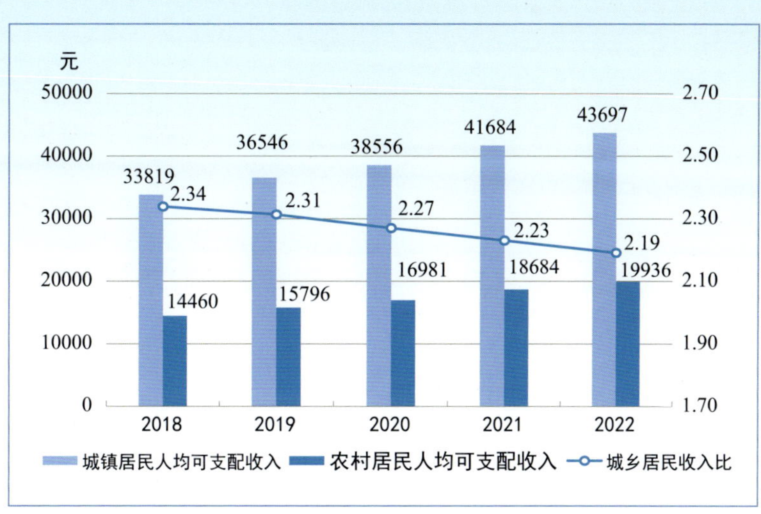

图 9　2018-2022 年城镇、农村居民人均可支配收入及城乡居民收入比

年末参加城镇职工基本养老保险人数 1362.0 万人，比上年末增加 114.5 万人。参加城乡居民基本养老保险人数 2081.1 万人，增加 6.7 万人。参加基本医疗保险人数 4648.2 万人，其中，参加职工基本医疗保险人数 646.1 万人，参加城乡居民基本医疗保险人数 4002.2 万人。参加失业保险人数 357.5 万人，增加 49.6 万人。领取失业保险金人数 5.5 万人。参加工伤保险人数 558.1 万人，减少 5.3 万人。参加生育保险人数 403.9 万人，增加 23.5 万人。城市居民纳入最低生活保障人数 29.6 万人，农村居民纳入最低生活保障人数 144.3 万人，农村居民纳入特困供养人数 12.4 万人，全年临时救助 18.1 万人次。

年末共有提供住宿的社会服务机构 1964 个，床位 19.1 万张，其中养老床位 18.7 万张。收养人数 9.2 万人。社区综合服务机构和设施总数 2.2 万个，其中社区服务中心 1171 个。全年销售社会福利彩票 31.0 亿元，筹集福利彩票公益金 9.9 亿元，直接接受社会捐赠 17.3 亿元。

十、科学技术和教育

全年研究与试验发展（R&D）经费支出占 GDP 的比重预计为 1.8%。年末共有国家级重点实验室 6 个，省级重点实验室 241 个；国家工程（技术）研究中心 8 个，省工程（技术）研究中心 351 个。全年授权专利 7.6 万件，每万人有效发明专利拥有量 6.9 件。全年共签订技术合同 10255 项，技术市场合同成交金额 758.2 亿元。

全年累计获省级检验检测机构资质认定的机构 1899 个。其中，国家产品质量监督检验中心 10 个，法定计量技术机构 340 个。全年强制检定计量器具 141.2 万台（件）。获得 CCC 认证证书的企业 714 家，获得 CCC 认证证书 4783 张。发放自愿性产品认证证书 1.7 万张，发放省级工业产品生产许可证 877 张。测绘部门为经济社会发展提供各种基本比例尺地形图 4062 幅，测绘基准成果 591 点，遥感影像成果 2009.2 万平方千米。

年末共有普通高等学校（含普通、职业本专科）106 所，普通高中 561 所，中等职业学校

263 所，初中阶段学校 2233 所，小学 6324 所。民办学校 7739 所。特殊教育在校生 3.9 万人，学前教育在园幼儿 150.9 万人。高中阶段毛入学率为 93.5%，普通高考录取率为 81.1%。

表 9　2022 年各类学校招生、在校生和毕业生人数

单位：万人

指　标	招生数	在校生数	毕业生数
研究生教育	2.3	6.6	1.6
普通高等教育	49.8	146.4	37.9
成人高等教育	18.9	46.7	12.4
中等职业教育	19.5	55.7	14.2
普通高中	42.2	120.7	37.3
初中学校	68.5	208.4	76.6
普通小学	56.8	383.9	68.5

十一、文化旅游、卫生健康和体育

2022 年年末共有公有制艺术表演团体 81 个，文化馆 117 个，公共图书馆 114 个，博物馆 203 个。广播电视播出机构 96 个。有线电视实际用户 646.7 万户，其中有线数字电视实际用户 643.5 万户。广播综合人口覆盖率 99.5%，电视综合人口覆盖率 99.8%。全年出版各类报纸 64 种、期刊 165 种、图书 10760 种，出版各类报纸 71682 万份、期刊 7603 万册、图书 27554 万册。

全年旅游接待总人数 65537.1 万人次，比上年下降 11.8%；旅游总收入 5758.7 亿元，下降 14.9%。

2022 年年末共有各类医疗卫生机构（含村卫生室）35690 个。其中，医院、卫生院 2561 个，社区卫生服务中心（站）597 个，妇幼保健院（所、站）111 个，专科疾病防治院（所、站）83 个，疾病预防控制中心 142 个，卫生监督所（中心）100 个。卫生技术人员 31.3 万人。其中，执业医师和执业助理医师 11.3 万人，注册护士 14.4 万人。医院、卫生院床位数 29.1 万张。

2022 年年末共有青少年俱乐部 202 个，其中，国家级 145 个，省级 57 个。青少年户外活动营地 5 个。国家级体育传统项目学校 15 所，省级体育传统项目学校 237 所，省级单项体育后备人才基地 38 个。在国际和国内的重大比赛中共获得 33 枚金牌、36 枚银牌和 42 枚铜牌。

十二、资源、环境和应急管理

全年完成人工造林 101.2 万亩，退化林修复（低产低效林改造）173.1 万亩。完成油茶生产任务 154.4 万亩。新增森林药材种植面积 29.4 万亩。新增水土流失治理面积 1353.1 平方公里。

全年规模以上工业综合能源消费量 6362.3 万吨标准煤，比上年增长 3.5%；万元规模以上工业增加值能耗下降 3.4%。

全年全省设区城市 PM2.5 平均浓度为 27 微克 / 立方米，比上年下降 6.9%，平均浓度达国

家二级标准。全年优良天数比例为 92.1%，比上年下降 4.0 个百分点。

全年地表水监测断面（点位）水质优良比例为 93.6%，V 类比例为 0.3%，劣 V 类水质比例为 0%。全省地表水国考断面水质优良比例为 96.2%，比上年提高 0.7 个百分点。

全年平均气温 19.0℃，偏高 0.7℃，排历史第 2 高位；平均降水量 1518.2 毫米，偏少 1.2 成，为 1961 年以来第 20 低位。

全年共发生生产安全事故 790 起，比上年减少 503 起。生产安全事故死亡人数 577 人，比上年减少 355 人。亿元生产总值生产安全事故死亡率为 0.018。

注释：

[1] 本公报中数据均为初步统计数。部分数据因四舍五入的原因，存在总计与分项合计不等的情况。

[2] 地区生产总值、各产业增加值绝对数按现价计算，增长速度按不变价格计算。

[3] 邮政业务总量按 2020 年不变单价计算。

[4] 电信业务总量按 2021 年不变单价计算。

[5] 社会领域投资包括教育，卫生和社会工作，文化、体育和娱乐业投资。

[6] 房地产业投资除房地产开发投资外，还包括建设单位自建房屋以及物业管理、中介服务和其他房地产投资。

[7] 实际使用外商直接投资数据从 2022 年 7 月起改为国家商务部统计口径数据。

[8] 原保险保费收入是指保险企业确认的原保险合同保费收入。

资料来源：

本公报中就业、养老保险、失业保险、工伤保险数据来自省人力资源和社会保障厅；铁路客货运数据来自中国铁路南昌局集团有限公司；公路水路客货运、港口货物吞吐量数据来自省交通运输厅；民用汽车数据来自省公安厅；电信业务量、移动电话用户数、固定电话用户数、互联网用户数据来自省通信管理局；邮政业务量、快递业务量数据来自省邮政管理局；证券、期货数据来自江西证监局；保险数据来自江西银保监局；货物进出口数据来自南昌海关；外商直接投资、对外直接投资、对外承包工程数据来自省商务厅；财政数据来自省财政厅；存贷款数据来自人民银行南昌中心支行；医保数据来自省医保局；教育数据来自省教育厅；科技数据来自省科技厅；专利数据、质量检测、行业标准数据来自省市场监督管理局；艺术表演团体、博物馆、公共图书馆、文化馆、旅游数据来自省文化和旅游厅；广播、电视数据来自省广播电视局；报纸、期刊、图书数据来自省委宣传部；测绘数据来自省自然资源厅；卫生数据来自省卫生健康委；体育数据来自省体育局；城乡低保、社会福利、社区服务、社会捐赠数据来自省民政厅；造林数据来自省林业局；空气和地表水质量数据来自省生态环境厅；降水量、平均气温数据来自省气象局；安全生产数据来自省应急管理厅；其他数据来自省统计局和国家统计局江西调查总队。

目　　录

Contents

第一篇　住户调查
Household Survey

第二篇 价格调查

Price Survey

第三篇　农业调查

Agricultural Survey

第四篇　脱贫县农村住户监测调查

Rural Household Monitoring Survey in Poverty Relief Counties

第五篇　各省（区、市）资料

Information of Provinces, Regions and Municipalities

住户调查

Household Survey

简要说明

2012 年国家统计局对原来分开组织实施的城镇住户调查和农村住户调查实施了一体化改革，统一了抽样方法、指标口径等。该年鉴 2013 年之前所有调查指标为老口径调查数据，2013 年之后所有调查指标为新口径调查数据，城乡居民收支调查分布在全省 11 个设区市范围的 5000 户样本，根据城乡居民家庭记账资料得到调查数据。全省城乡可比的全体居民可支配收入与消费等数据，是根据城乡住户收支与生活状况调查和城镇化率加权汇总计算得出，住户人口特征、就业情况、住房情况、耐用消费品拥有情况等数据通过问卷方式获取。

Brief Description

In 2012, the National Bureau of Statistics implemented an integrated reform of the urban household survey and rural household survey, which were previously organized separately. The sampling method and indicator caliber were unified. Before 2013, all survey indicators in this yearbook were old caliber survey data, and after 2013, all survey indicators were new caliber survey data. The urban-rural residents' income and expenditure survey was distributed in a sample of 5000 households in 11 districts cities across the province, and survey data was obtained based on household accounting data of urban-rural residents. The comparable data on disposable income and consumption of all residents in urban and rural areas of the province is calculated based on a survey of income and living conditions of urban and rural residents and a weighted summary of urbanization rate. Data on household population characteristics, employment situation, housing situation, and ownership of durable consumer goods are obtained through questionnaire methods.

2022年城乡居民人均可支配收入保持稳定增长

2022年，江西全省上下凝心聚力、奋勇拼搏，积极实施各项稳就业、保民生、促消费的惠企惠民政策举措，扎实有效应对疫情等不利因素影响，经济社会保持平稳健康运行，城乡居民人均可支配收入保持稳定增长，收入水平和增收质量进一步提高。

一、居民人均可支配收入保持稳定增长

（一）收入比上年增长5.9%，高于全国平均水平

2022年，全省居民人均可支配收入32419元，比上年增长5.9%，高于全国平均水平0.9个百分点。分城乡看，城镇居民人均可支配收入43697元，比上年增长4.8%，高于全国平均水平0.9个百分点；农村居民人均可支配收入19936元，比上年增长6.7%，高于全国平均水平0.4个百分点。

表1　2022年江西居民人均可支配收入增长情况表

指标名称	全体居民绝对量（元）	增幅（%）	城镇居民绝对量（元）	增幅（%）	农村居民绝对量（元）	增幅（%）
可支配收入	32419	5.9	43697	4.8	19936	6.7
一、工资性收入	17976	5.6	26191	4.2	8884	7.3
二、经营净收入	5166	3.8	4122	3.4	6322	4.6
三、财产净收入	2557	10.9	4527	9.5	377	12.1
四、转移净收入	6719	6.5	8856	5.0	4353	8.1

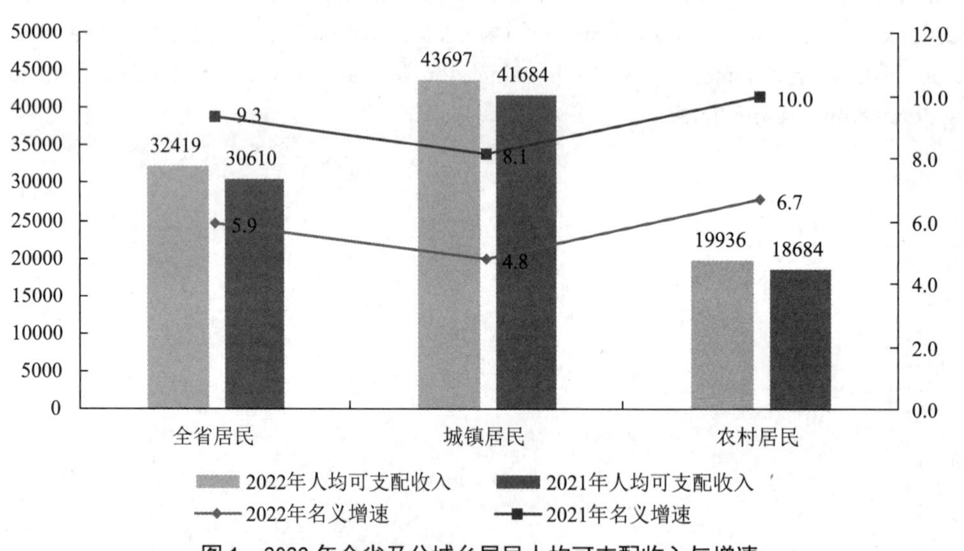

图1　2022年全省及分城乡居民人均可支配收入与增速

（二）增速居全国第9位，农村绝对量排位保持稳定

2022年，全省居民人均可支配收入增速居全国第9位，次于安徽（6.0%）、福建（6.0%），较2021年上升4位；其中，城镇、农村居民人均可支配收入增速均居全国第7位，增速在全国位次较2021年均有所上升。全省居民人均可支配收入绝对量居全国第15位，与2021年一致；其中，农村居民人均可支配收入绝对量居全国第9位。

（三）城乡差距继续缩小，收入结构较为均衡

2022年，全省农村居民人均可支配收入增速比城镇居民高1.9个百分点，城乡居民人均可支配收入比

值为2.19（农村居民人均可支配收入=1），较上年同期下降0.04，城乡收入差距进一步缩小。从收入结构看，2022年，江西城乡居民收入实现全面增长，结构较为均衡。全省居民人均工资性收入17976元，增长5.6%，占可支配收入的比重为55.5%，比重较上年下降0.1个百分点，仍是收入增长的主要支撑力量；受疫情等因素影响，人均经营净收入5166元，增长3.8%，占可支配收入的比重为15.9%，比重较上年下降0.4个百分点；人均财产净收入2557元，增长10.9%，占可支配收入的比重为7.9%，比重较上年上升0.4个百分点；人均转移净收入6719元，增长6.5%，占可支配收入的比重为20.7%，比重较上年上升0.1个百分点。

二、支撑居民增收的有利因素

（一）宏观经济平稳运行

按照中央"经济要稳住、疫情要防住、发展要安全"的要求和2022年6月初国务院稳定经济大盘会议的部署，江西相继出台惠企纾困政策，全力以赴稳住经济发展。在一揽子政策的有力推动下，全省经济总体保持稳定，主要经济指标增速位居全国前列，为居民收入增长提供了强劲动能。

（二）疫情防控精准高效

根据疫情发展形势需要，2022年全省疫情防控更加精准高效，疫情对经济社会发展的影响降至最低。各地积极落实疫情防控要求，精准迅速处置疫情，疫情扩散面和影响面逐步减小，全力保障市场供应链、产业链正常运转，促进住宿餐饮、居民服务、交通运输等行业稳定发展，保障居民出行、就业、消费等活动正常化。

（三）就业形势总体稳定

江西积极出台就业创业新政策，有效应对疫情等不利因素影响。各地通过发放稳岗补贴、出台奖补政策等举措,有力推动重点项目建设和重点企业生产，进一步稳定了全省就业。各地通过提供就业信息、搭建招聘平台、开展技能培训等举措，为全省劳动力提供了高质量的就业服务，就业形势总体稳定。稳定的就业形势持续驱动居民收入增长。

（四）生产经营持续改善

江西持续加大惠企助企政策和落实力度，真金白银帮助企业减负纾困。各地通过发放消费券、举办主题促消费活动、补贴消费等举措，有力促进消费市场快速复苏，全省生产经营状况保持向好发展势头。农业生产形势总体向好，早稻丰收、生猪产能恢复、畜牧业生产价格跌幅收窄，农产品市场行情保持稳定，持续促进居民收入增长。

（五）民生保障更加有力

江西进一步健全价格补贴联动机制，有效应对物价上涨带来的影响；增发离退休人员绩效奖金，不断提高养老金标准，进一步提高了养老待遇水平；建立了失业保险金与最低工资标准挂钩的动态调整机制，提升了发放标准，发挥了失业保险金的积极作用；不断提高居民低保、特困人员供养、残疾人补贴等社会救助水平，坚决兜牢基本民生底线，有力助推居民增收。

三、促进收入稳定增长的建议

2022年全省居民收入实现稳定增长，但是疫情反复和旱情对收入增长产生一定影响，工资增长乏力逐渐显现。2023年，随着疫情形势持续改善，江西经济的持续发展，为居民增收创造了有利条件。为促进居民高质量持续增收，一是要采取更加有力措施，加大推进重点项目建设和重点企业生产力度，继续提升就业服务质量，保持居民就业稳定向好发展；二是要继续实施鼓励消费政策，延续消费增长良好势头，营造良好的经营环境；三是要加大农业保险覆盖面，有效提升农业经营抗风险能力；四是要研究制定工资增长长效机制，促进工资性收入持续稳定增长；五是要进一步提升价格补贴、养老金、居民低保等民生保障水平，切实保障民生。

（刘巍　肖为民）

2022年城乡居民人均消费支出增长势头强劲

2022年，江西积极应对新冠疫情等不利因素影响，通过加力稳住大宗消费、优化消费平台载体、办好消费促进活动、积极落实各项政策措施，为促进居民消费稳定增长发挥了重要作用。2022年，全省居民人均消费支出21708元，比上年增长7.0%，增速居全国第1位。

一、居民消费支出情况

（一）居民消费支出较快增长

2022年，全省居民人均消费支出21708元，比上年增长7.0%，高于全国平均水平5.2个百分点，增速居全国第1位。分城乡看，城镇居民人均消费支出25976元，比上年增长5.6%，高于全国平均水平5.3个百分点；农村居民人均消费支出16984元，比上年增长8.4%，高于全国平均水平3.9个百分点；城镇和农村居民人均消费支出增速均居全国第1位。

表1　2022年江西居民人均消费支出增长情况表

指标名称	全体居民绝对量（元）	增幅（%）	城镇居民绝对量（元）	增幅（%）	农村居民绝对量（元）	增幅（%）
消费支出	21708	7.0	25976	5.6	16984	8.4
（一）食品烟酒	6946	6.6	8102	4.9	5667	8.5
（二）衣着	1107	2.5	1441	0.0	737	6.7
（三）居住	5057	7.1	5828	6.5	4204	7.4
（四）生活用品及服务	1252	9.6	1581	9.3	888	9.0
（五）交通通信	2624	12.0	3319	12.9	1855	9.1
（六）教育文化娱乐	2447	2.8	2909	-1.2	1936	9.0
（七）医疗保健	1856	9.6	2186	8.4	1491	10.7
（八）其他用品和服务	418	1.8	610	0.0	206	4.6

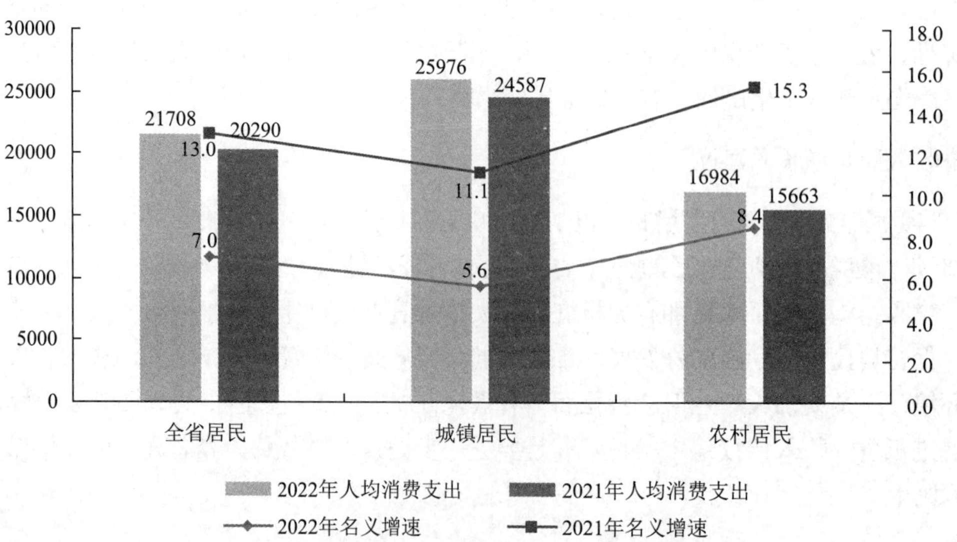

图1　2022年全省及分城乡居民人均消费支出与增速

（二）八大项消费支出全面增长

八大项消费支出中，食品烟酒消费支出 6946 元，增长 6.6%；衣着消费支出 1107 元，增长 2.5%；居住消费支出 5057 元，增长 7.1%；生活用品及服务消费支出 1252 元，增长 9.6%；交通通信消费支出 2624 元，增长 12.0%；教育文化娱乐消费支出 2447 元，增长 2.8%；医疗保健消费支出 1856 元，增长 9.6%；其他用品和服务消费支出 418 元，增长 1.8%。

（三）城乡居民消费差距持续缩小

2022 年，全省农村居民人均消费支出增速高出城镇 2.8 个百分点。从绝对量上看，城乡居民人均消费支出比值为 1.53（农村居民人均消费支出=1），比上年缩小 0.04。从细项上看，消费支出与城镇相比，农村食品烟酒、衣着、居住、教育文化娱乐、医疗保健、其他用品和服务消费支出增速分别高出城镇 3.6、6.7、0.9、10.2、2.3、4.6 个百分点。

（四）恩格尔系数逐渐下降

2022 年，全省居民人均食品烟酒消费支出 6946 元，比上年增长 6.6%，占人均消费支出的比重（恩格尔系数）为 32.0%，较上年下降 0.1 个百分点。分城乡看，城镇恩格尔系数为 31.2%，农村为 33.4%。

二、消费支出增长支撑因素

（一）居民收入稳定增长

2022 年，江西坚决落实就业优先政策，突出抓好重点群体就业工作，不断优化就业创业环境，千方百计提高城乡居民收入水平，稳住居民消费的基础。2022 年全省居民人均可支配收入比上年增长 5.9%，高于全国平均水平 0.9 个百分点。

（二）消费环境持续优化

全省加快培育消费新热点、新业态、新模式，在供需两端持续发力，坚持线上线下同步推进，实现城乡消费市场兴旺。围绕大宗消费、餐饮消费、夜间消费、品牌消费、线上消费等重点，先后开展力度空前的消费活动，促进居民消费活力持续释放。

（三）保供稳价措施有力

全省各地各部门多措并举畅通重点产业链供应链，确保重要民生商品供应；继续设定统一的价格临时补贴最低标准，不断提高社会救助补助标准、健全社会保障制度，兜牢基本民生底线。同时，各地迅速处置疫情，精准实施防控，居民出行、消费和市场经营等活动进一步正常化，为居民消费提供有力保障。

三、稳定扩大居民消费的建议

2022 年，江西城乡居民消费克服疫情影响实现稳定较快增长，但从绝对量上看，人均消费支出与全国平均水平相比仍有 2830 元差距，提质扩容依然任重道远。此外，疫情对居民消费能力、消费意愿和消费渠道的影响还未完全消除。为促进居民消费高质量快速增长，一是要继续以更大的力度和举措，在促进就业增收持续发力，提供高质量就业服务，提升居民就业水平，不断拓宽居民就业增收渠道，提高增收水平；二是要不断提高供给水平，在保障消费市场供给上持续发力，确保消费市场供给充足、品质优良、价格稳定；三是要深入挖掘消费热点，在促消费上持续发力，结合新时代消费需求和各地特色，大力开展各类促消费活动，不断加大消费券发放力度，降低消费券使用门槛，深入挖掘消费潜力；四是要加大消费市场整治力度，在持续优化消费环境上持续发力，有力推动城乡居民消费加快恢复增长。

（王敏　肖为民）

1-1 全省居民家庭基本情况(2014-2022年)

指　标	Item	单位	2014
一、基本情况	**Basic Information**		
户均常住人口	Average Permanent Population Per Household	人/户	3.4
户均常住从业人口	Average Number of Employed Persons Per Household(person)	人/户	2.3
平均每户家庭从业人口比重	Percentage of Laborer Per Household	%	67.6
平均每一从业人口负担人数	Average Number of Persons Supported by	人	1.5
(包括从业者本人)	A Laborer (person)		
二、户主文化程度	**Education Level of Head of Household**		
(一)未上过学	Never Went to School	%	2.3
(二)小学	Primary School	%	25.4
(三)初中	Junior School	%	44.1
(四)高中	Senior Secondary School	%	18.2
(五)大学专科	Junior College	%	6.4
(六)大学本科及以上	Bachelor Degree or above	%	3.5
三、常住从业人员就业类型	**Type of Employment of Employed Persons**		
(一)雇主	Employer	%	1.1
(二)公职人员	Public Employee	%	3.1
(三)事业单位人员	Institution Personnel	%	4.5
(四)国有企业雇员	Employee of State-owned Enterprises	%	2.4
(五)其他雇员	Other Employee	%	45.0
(六)农业自营	Agricultural Self-run	%	33.1
(七)非农自营	Non-agricultural Self-run	%	10.8
四、常住从业人员从事主要行业	**Employed Persons Engage in Major Industries**		
(一)第一产业	Primary Industry	%	39.0
(二)第二产业	Secondary Industry	%	25.1
(三)第三产业	Tertiary Industry	%	35.9
五、居民收入与支出情况	**Income and Expenditure of Residents**		
居民人均可支配收入	Disposable Income	元/人	16734.2
居民人均现金可支配收入	Disposable Cash Income	元/人	15513.8
居民人均消费支出	Consumption Expenditure	元/人	11088.9
居民人均现金消费支出	Cash Expenditure	元/人	8917.9

Basic Conditions of Province-wide Households(2014-2022)

2015	2016	2017	2018	2019	2020	2021	2022
3.3	3.3	3.3	3.4	3.4	3.3	3.3	3.3
2.2	2.2	2.2	2.2	2.1	2.2	2.2	2.2
66.8	66.6	66.9	64.1	63.4	65.3	65.8	65.8
1.5	1.5	1.5	1.6	1.6	1.5	1.5	1.5
2.0	2.1	2.0	3.0	2.7	2.6	2.3	2.2
25.3	26.0	25.9	27.9	27.2	26.9	27.7	27.2
44.5	44.9	45.0	42.1	43.0	43.1	42.9	42.9
18.4	17.8	17.9	16.1	15.8	16.1	16.1	16.4
6.5	6.0	6.0	6.5	6.7	6.7	6.2	6.5
3.3	3.2	3.2	4.4	4.5	4.5	4.8	4.8
1.6	1.5	1.5	1.6	1.2	0.7	0.6	0.5
3.0	2.8	2.7	2.7	2.7	2.1	2.4	2.5
4.1	4.6	4.6	5.9	5.9	5.7	5.0	5.2
2.5	2.8	2.7	2.3	2.2	1.7	2.0	2.0
42.8	41.4	42.8	47.9	52.8	55.2	55.2	56.9
36.5	37.6	36.4	29.8	25.6	24.0	24.2	22.8
9.5	9.2	9.3	9.8	9.6	10.5	10.6	10.2
39.5	39.2	37.7	30.8	27.0	26.2	26.1	24.7
26.0	25.4	25.8	26.9	28.3	27.9	28.9	29.3
34.6	35.3	36.5	42.2	44.8	45.9	45.1	46.0
18437.1	20109.6	22031.4	24079.7	26262.4	28016.5	30609.9	32418.7
17048.3	18738.9	20697.7	22785.6	25186.7	26575.3	28369.3	30490.6
12403.4	13258.6	14459.0	15792.0	17650.5	17955.3	20289.9	21707.9
10047.4	10674.7	11782.7	12740.7	14298.0	14319.6	16184.3	17585.5

1-2 全省居民可支配收入及构成情况(2014-2022年)

指　标	Item	2014	2015
可支配收入(元/人)	**Disposable Income(yuan/person)**	**16734.2**	**18437.1**
一、工资性收入	Income of Wages and Salaries	9386.1	10304.2
二、经营净收入	Net Operating Income	3106.3	3327.5
(一)第一产业经营净收入	Net Operating Income of the Primary Industry	1625.7	1696.6
1.农业	Farming	1247.5	1255.0
2.林业	Forestry	151.1	130.7
3.牧业	Animal Husbandry	171.3	239.2
4.渔业	Fishery	55.9	71.7
(二)第二产业经营净收入	Net Income from Secondary Industry Operations	265.5	281.6
(三)第三产业经营净收入	Net Income from Tertiary Sector of the Operations	1215.1	1349.3
三、财产净收入	Net Income from Property	1242.7	1328.2
四、转移净收入	Net Income from Transfers	2999.1	3477.2
(一)转移性收入	Income from Transfers	3510.4	4052.8
(二)转移性支出	Transfer Expenditure	511.3	575.6
可支配收入构成(%)	**Composition of Disposable Income (%)**	**100.0**	**100.0**
一、工资性收入	Income of Wages and Salaries	56.1	55.9
二、经营净收入	Net Operating Income	18.6	18.0
(一)第一产业经营净收入	Income from Household Operations	9.7	9.2
1.农业	Farming	7.5	6.8
2.林业	Forestry	0.9	0.7
3.牧业	Animal Husbandry	1.0	1.3
4.渔业	Fishery	0.3	0.4
(二)第二产业经营净收入	Net Income from Secondary Industry Operations	1.6	1.5
(三)第三产业经营净收入	Net Income from Tertiary Sector of the Operations	7.3	7.3
三、财产净收入	Net Income from Property	7.4	7.2
四、转移净收入	Net Income from Transfers	17.9	18.9
(一)转移性收入	Income from Transfers	21.0	22.0
(二)转移性支出	Transfer Expenditure	3.1	3.1

Per Capita Income of Province-wide Households and Its Composition(2014-2022)

2016	2017	2018	2019	2020	2021	2022
20109.6	**22031.4**	**24079.7**	**26262.4**	**28016.5**	**30609.9**	**32418.7**
11309.4	12553.1	13738.5	15005.9	16001.0	17015.9	17976.3
3579.8	3760.9	4055.6	4366.6	4445.6	4976.1	5166.4
1737.9	1690.3	1835.7	1946.3	1969.2	2116.0	2119.9
1275.4	1235.9	1374.8	1470.0	1487.6	1650.2	1626.3
114.1	88.5	86.6	91.0	96.8	129.4	111.5
307.4	318.5	316.1	326.3	327.9	274.8	316.9
41.0	47.3	58.2	59.0	56.8	61.5	65.2
324.3	350.6	377.0	408.3	423.4	391.9	417.1
1517.6	1720.1	1842.9	2011.9	2053.0	2468.3	2629.5
1368.6	1397.0	1584.6	1735.5	1870.7	2306.6	2557.3
3851.8	4320.4	4700.9	5154.4	5699.2	6311.3	6718.6
4438.8	5028.8	5621.5	6209.9	6819.3	7545.3	8016.9
587.0	708.3	920.6	1055.4	1120.1	1234.3	1298.3
100.0	**100.0**	**100.0**	**100.0**	**100.0**	**100.0**	**100.0**
56.2	57.0	57.1	57.1	57.1	55.6	55.5
17.8	17.1	16.8	16.6	15.9	16.3	15.9
8.6	7.7	7.6	7.4	7.0	6.9	6.5
6.3	5.6	5.7	5.6	5.3	5.4	5.0
0.6	0.4	0.4	0.3	0.3	0.4	0.3
1.5	1.4	1.3	1.2	1.2	0.9	1.0
0.2	0.2	0.2	0.2	0.2	0.2	0.2
1.6	1.6	1.6	1.6	1.5	1.3	1.3
7.5	7.8	7.7	7.7	7.3	8.1	8.1
6.8	6.3	6.6	6.6	6.7	7.5	7.9
19.2	19.6	19.5	19.6	20.3	20.6	20.7
22.1	22.8	23.3	23.6	24.3	24.7	24.7
2.9	3.2	3.8	4.0	4.0	4.0	4.0

1-3 全省居民现金可支配收入及构成情况(2014-2022年)

指　标	Item	2014	2015
现金可支配收入(元/人)	**Cash Disposable Income(yuan/person)**	**15513.8**	**17048.3**
一、现金工资性收入	Income of Wages and Salaries	9367.8	10283.0
二、现金经营净收入	Net Operating Income	2687.1	2852.7
(一)第一产业经营净收入	Net Operating Income of the Primary Industry	1067.6	1100.1
1.农业	Farming	810.0	758.4
2.林业	Forestry	71.1	64.8
3.牧业	Animal Husbandry	131.0	206.1
4.渔业	Fishery	55.5	70.8
(二)第二产业经营净收入	Net Income from Secondary Industry Operations	283.5	309.4
(三)第三产业经营净收入	Net Income from Tertiary Sector of the Operations	1336.0	1443.1
三、现金财产净收入	Net Income on Cash Property	565.5	546.2
四、现金转移净收入	Net Income from Cash Transfers	2893.4	3366.4
(一)现金转移性收入	Cash Transfer Income	3404.7	3943.1
(二)现金转移性支出	Cash Transfer Expenditure	511.3	576.7
现金可支配收入构成(%)	**Composition of Cash Disposable Income(%)**	**100.0**	**100.0**
一、现金工资性收入	Income of Wages and Salaries	60.4	60.3
二、现金经营净收入	Net Operating Income	17.3	16.7
(一)第一产业经营净收入	Net Operating Income of the Primary Industry	6.9	6.5
1.农业	Farming	5.2	4.4
2.林业	Forestry	0.5	0.4
3.牧业	Animal Husbandry	0.8	1.2
4.渔业	Fishery	0.4	0.4
(二)第二产业经营净收入	Net Income from Secondary Industry Operations	1.8	1.8
(三)第三产业经营净收入	Net Income from Tertiary Sector of the Operations	8.6	8.5
三、现金财产净收入	Net Income on Cash Property	3.6	3.2
四、现金转移净收入	Net Income from Cash Transfers	18.7	19.7
(一)现金转移性收入	Cash Transfer Income	21.9	23.1
(二)现金转移性支出	Cash Transfer Expenditure	3.3	3.4

Per Capita Cash Income of Province-wide Households and Its Composition (2014-2022)

2016	2017	2018	2019	2020	2021	2022
18738.9	**20697.7**	**22785.6**	**25186.7**	**26575.3**	**28369.3**	**30490.6**
11288.6	12525.3	13707.4	14967.1	15963.2	16923.0	17869.8
3207.3	3498.0	3901.8	4569.3	4438.2	4400.3	4968.5
1262.1	1298.5	1536.4	1941.7	1811.8	1336.5	1707.2
888.5	896.8	1130.5	1504.9	1386.7	1009.6	1304.1
56.2	61.2	38.8	52.7	67.7	36.2	62.8
277.3	294.7	312.7	324.4	302.6	228.2	279.4
40.1	45.8	54.3	59.7	54.8	62.5	60.9
347.6	389.0	409.3	433.2	441.7	438.8	474.2
1597.6	1810.5	1956.2	2194.4	2184.8	2625.0	2787.1
512.0	480.8	655.2	726.4	735.3	1174.2	1385.2
3731.0	4193.6	4521.1	4923.9	5438.6	5871.9	6267.1
4318.0	4901.9	5441.7	5979.3	6558.7	7106.2	7565.5
587.0	708.3	920.6	1055.4	1120.1	1234.3	1298.3
100.0	**100.0**	**100.0**	**100.0**	**100.0**	**100.0**	**100.0**
60.2	60.5	60.2	59.4	60.1	59.7	58.6
17.1	16.9	17.1	18.1	16.7	15.5	16.3
6.7	6.3	6.7	7.7	6.8	4.7	5.6
4.7	4.3	5.0	6.0	5.2	3.6	4.3
0.3	0.3	0.2	0.2	0.3	0.1	0.2
1.5	1.4	1.4	1.3	1.1	0.8	0.9
0.2	0.2	0.2	0.2	0.2	0.2	0.2
1.9	1.9	1.8	1.7	1.7	1.5	1.6
8.5	8.7	8.6	8.7	8.2	9.3	9.1
2.7	2.3	2.9	2.9	2.8	4.1	4.5
19.9	20.3	19.8	19.5	20.5	20.7	20.6
23.0	23.7	23.9	23.7	24.7	25.0	24.8
3.1	3.4	4.0	4.2	4.2	4.4	4.3

1-4 全省居民消费支出及构成情况(2014-2022年)

指　标	Item	2014	2015
消费支出(元/人)	**Expenses on Household Consumption(yuan/person)**	**11088.9**	**12403.4**
一、食品烟酒	Food Tobacco and Liquor	3785.8	4181.7
二、衣着	Clothing	853.4	929.1
三、居住	Residence	2576.6	2783.4
四、生活用品及服务	Household Facilities Articles and Services	679.3	736.6
五、交通通信	Transport and Communications	1164.3	1444.4
六、教育文化娱乐	Education Cultural and Recreation	1151.1	1354.0
七、医疗保健	Health Care and Medical Services	635.0	698.8
八、其他用品及服务	Miscellaneous Goods and Services	243.4	275.5
消费支出构成(%)	**The Composition of Consumer Spending (%)**	**100.0**	**100.0**
一、食品烟酒	Food Tobacco and Liquor	34.1	33.7
二、衣着	Clothing	7.7	7.5
三、居住	Residence	23.2	22.4
四、生活用品及服务	Household Facilities Articles and Services	6.1	5.9
五、交通通信	Transport and Communications	10.5	11.6
六、教育文化娱乐	Education Cultural and Recreation	10.4	10.9
七、医疗保健	Health Care and Medical Services	5.7	5.6
八、其他用品及服务	Miscellaneous Goods and Services	2.2	2.2

1-5 全省居民现金消费支出及构成情况(2014-2022年)

指　标	Item	2014	2015
现金消费支出(元/人)	**Cash Consumption Expenditure (yuan/person)**	**8917.9**	**10047.4**
一、食品烟酒	Food Tobacco and Liquor	3397.9	3795.6
二、衣着	Clothing	853.1	928.9
三、居住	Residence	899.7	924.5
四、生活用品及服务	Household Facilities Articles and Services	678.8	736.3
五、交通通信	Transport and Communications	1164.1	1444.1
六、教育文化娱乐	Education Cultural and Recreation	1151.0	1354.0
七、医疗保健	Health Care and Medical Services	530.9	590.3
八、其他用品及服务	Miscellaneous Goods and Services	242.5	273.5
现金消费支出构成(%)	**Composition of Cash Consumption Expenditure (%)**	**100.0**	**100.0**
一、食品烟酒	Food Tobacco and Liquor	38.1	37.8
二、衣着	Clothing	9.6	9.2
三、居住	Residence	10.1	9.2
四、生活用品及服务	Household Facilities Articles and Services	7.6	7.3
五、交通通信	Transport and Communications	13.1	14.4
六、教育文化娱乐	Education Cultural and Recreation	12.9	13.5
七、医疗保健	Health Care and Medical Services	6.0	5.9
八、其他用品及服务	Miscellaneous Goods and Services	2.7	2.7

Consumption Expenditure of Province-wide Households and Its Composition (2014-2022)

2016	2017	2018	2019	2020	2021	2022
13258.6	**14459.0**	**15792.0**	**17650.5**	**17955.3**	**20289.9**	**21707.9**
4400.8	4626.1	4809.0	5215.2	5780.6	6518.5	6946.2
944.7	1005.8	1074.1	1077.6	987.2	1079.7	1107.0
3089.1	3552.2	3795.2	4398.8	4454.9	4721.2	5057.4
765.0	859.9	1047.7	1128.6	966.5	1141.9	1252.0
1576.9	1600.7	1872.1	2104.3	2146.4	2342.5	2624.1
1424.4	1606.8	1813.0	2094.2	1879.0	2381.8	2447.5
764.5	877.8	1000.0	1264.5	1437.3	1693.8	1856.0
293.2	329.7	381.0	367.3	303.3	410.6	417.9
100.0	**100.0**	**100.0**	**100.0**	**100.0**	**100.0**	**100.0**
33.2	32.0	30.5	29.5	32.2	32.1	32.0
7.1	7.0	6.8	6.1	5.5	5.3	5.1
23.3	24.6	24.0	24.9	24.8	23.3	23.3
5.8	5.9	6.6	6.4	5.4	5.6	5.8
11.9	11.1	11.9	11.9	12.0	11.5	12.1
10.7	11.1	11.5	11.9	10.5	11.7	11.3
5.8	6.1	6.3	7.2	8.0	8.3	8.5
2.2	2.3	2.4	2.1	1.7	2.0	1.9

Cash Consumption Expenditure of Province-wide Households and Its Composition (2014-2022)

2016	2017	2018	2019	2020	2021	2022
10674.7	**11782.7**	**12740.7**	**14298.0**	**14319.6**	**16184.3**	**17585.5**
4043.4	4296.0	4586.5	4969.3	5475.0	6085.8	6536.0
944.6	1005.7	1073.9	1077.1	987.0	1078.2	1105.4
984.4	1337.2	1160.3	1547.0	1403.5	1499.8	1821.2
764.3	859.3	1044.6	1123.1	960.9	1132.9	1247.1
1576.1	1598.9	1871.6	2102.7	2144.9	2336.0	2623.2
1424.4	1606.7	1812.9	2089.7	1878.0	2381.2	2446.2
646.8	755.0	816.5	1025.2	1170.0	1263.7	1392.1
290.7	324.0	374.5	363.8	300.3	406.7	414.3
100.0	**100.0**	**100.0**	**100.0**	**100.0**	**100.0**	**100.0**
37.9	36.5	36.0	34.8	38.2	37.6	37.2
8.8	8.5	8.4	7.5	6.9	6.7	6.3
9.2	11.3	9.1	10.8	9.8	9.3	10.4
7.2	7.3	8.2	7.9	6.7	7.0	7.1
14.8	13.6	14.7	14.7	15.0	14.4	14.9
13.3	13.6	14.2	14.6	13.1	14.7	13.9
6.1	6.4	6.4	7.2	8.2	7.8	7.9
2.7	2.7	2.9	2.5	2.1	2.5	2.4

1-6 城镇居民家庭基本情况(2014-2022年)

指　　标	Item	单位	2014
一、基本情况	**Basic Information**		
户均常住人口	Average Permanent Population Per Household	人/户	3.2
户均常住从业人口	Average Number of Employed Persons Per Household(person)	人/户	2.3
平均每户家庭从业人口比重	Percentage of Laborer Per Household	%	71.9
平均每一从业人口负担人数	Average Number of Persons Supported by	人	1.4
(包括从业者本人)	A Laborer (person)		
二、户主文化程度	**Education Level of Head of Household**		
(一)未上过学	Never Went to School	%	1.7
(二)小学	Primary School	%	13.1
(三)初中	Junior School	%	32.7
(四)高中	Senior Secondary School	%	27.7
(五)大学专科	Junior College	%	15.4
(六)大学本科及以上	Bachelor Degree or above	%	9.3
三、常住从业人员就业类型	**Type of Employment of Employed Persons**		
(一)雇主	Employer	%	1.3
(二)公职人员	Public Employee	%	8.5
(三)事业单位人员	Institution Personnel	%	11.8
(四)国有企业雇员	Employee of State-owned Enterprises	%	6.5
(五)其他雇员	Other Employee	%	54.5
(六)农业自营	Agricultural Self-run	%	6.8
(七)非农自营	Non-agricultural Self-run	%	10.5
四、常住从业人员从事主要行业	**Employed Persons Engage in Major Industries**		
(一)第一产业	Primary Industry	%	9.2
(二)第二产业	Secondary Industry	%	22.4
(三)第三产业	Tertiary Industry	%	68.3
五、居民收入与支出情况	**Income and Expenditure of Residents**		
(一)居民人均可支配收入	Disposable Income	元/人	24309.2
(二)居民人均现金可支配收入	Disposable Cash Income	元/人	22826.1
(三)居民人均消费支出	Consumption Expenditure	元/人	15141.8
(四)居民人均现金消费支出	Cash Expenditure	元/人	12775.7

Basic Conditions of Urban Households(2014-2022)

2015	2016	2017	2018	2019	2020	2021	2022
3.1	3.1	3.1	3.4	3.4	3.3	3.3	3.3
2.2	2.2	2.2	2.2	2.2	2.3	2.2	2.2
71.8	71	71.5	66.8	65.9	68.0	68.1	68.4
1.4	1.4	1.4	1.5	1.5	1.5	1.5	1.5
1.4	0.9	0.7	2.3	2.1	2.0	1.4	1.4
13.3	13.1	12.3	17.9	18.3	18.0	16.5	16.2
32.6	36.6	35.6	38.6	39.6	39.4	39.4	39.3
28.0	27.3	28.1	21.5	20.6	21.1	22.4	22.4
16.1	14.1	14.9	11.3	11.3	11.4	11.3	11.6
8.6	8.0	8.4	8.4	8.2	8.2	9.1	9.0
1.8	1.0	1.0	1.8	1.4	0.8	0.7	0.6
8.3	7.1	7.0	4.7	4.5	3.8	4.7	4.7
10.9	11.6	12.2	10.3	9.8	9.6	9.4	9.5
6.6	7.5	7.8	4.2	3.9	3.2	3.6	3.6
58.0	57.6	58.1	56.8	59.5	60.7	60.7	61.3
5.0	6.2	5.1	11.4	10.7	9.9	9.4	9.3
9.5	8.9	8.9	10.9	10.3	12.0	11.6	11.0
7.2	8.0	6.6	12.6	11.8	11.2	10.6	10.3
23.8	26.3	26.0	26.2	26.7	26.1	26.4	26.4
69.0	65.7	67.5	61.2	61.5	62.7	63.1	63.2
26500.1	28673.3	31198.1	33819.4	36545.9	38555.8	41684.4	43696.5
24801.2	26847.3	29285.6	31789.8	34375.1	36032.5	38480.8	40996.7
16731.8	17695.6	19244.5	20760.0	22714.3	22134.3	24586.5	25975.5
14121.9	14909.8	16277.3	17302.1	18903.2	18022.1	20077.5	21403.2

1-7 城镇居民可支配收入及构成情况(2014-2022年)

指　标	Item	2014	2015
可支配收入(元/人)	**Disposable Income(yuan/person)**	**24309.2**	**26500.1**
一、工资性收入	Income of Wages and Salaries	15623.1	16834.9
二、经营净收入	Net Business Income	1961.4	2108.1
(一)第一产业经营净收入	Net Income of the First Industry	141.3	119.3
(二)第二产业经营净收入	Net Income of Second Industries	205.6	200.0
(三)第三产业经营净收入	Net Income from Tertiary Sector of the Operations	1614.6	1788.8
三、财产净收入	Net Income from Property	2489.7	2591.8
四、转移净收入	Net Income from Transfers	4235.0	4965.4
(一)转移性收入	Income from Transfers	5110.0	5912.4
(二)转移性支出	Expenses on Transfers	874.9	947.0
可支配收入构成(%)	**Composition of Disposable Income(%)**	**100.0**	**100.0**
一、工资性收入	Income of Wages and Salaries	64.3	63.5
二、经营净收入	Net Business Income	8.1	8.0
(一)第一产业经营净收入	Net Income of the First Industry	0.6	0.5
(二)第二产业经营净收入	Net Income of Second Industries	0.8	0.8
(三)第三产业经营净收入	Net Income from Tertiary Sector of the Operations	6.6	6.8
三、财产净收入	Net Income from Properties	10.2	9.8
四、转移净收入	Net Income from Transfers	17.4	18.7
(一)转移性收入	Income from Transfers	21.0	22.3
(二)转移性支出	Expenses on Transfers	3.6	3.6

1-8 城镇居民现金可支配收入及构成情况(2014-2022年)

指　标	Item	2014	2015
现金可支配收入(元/人)	**Disposable Income(yuan/person)**	**22826.1**	**24801.2**
一、现金工资性收入	Income of Wages and Salaries	15586.2	16793.3
二、现金经营净收入	Net Operating Income	2090.1	2220.6
(一)第一产业经营净收入	Net Operating Income of the Primary Industry	104.4	86.6
(二)第二产业经营净收入	Net Income from Secondary Industry Operations	221.9	231.9
(三)第三产业经营净收入	Net Income from Tertiary Sector of the Operations	1763.8	1902.2
三、现金财产净收入	Net Income on Cash Property	1037.2	945.8
四、现金转移净收入	Net Income from Cash Transfers	4112.6	4841.5
(一)现金转移性收入	Cash Transfer Income	4987.5	5790.9
(二)现金转移性支出	Cash Transfer Expenditure	874.9	949.4
现金可支配收入构成(%)	**Composition of Cash Disposable Income(%)**	**100.0**	**100.0**
一、现金工资性收入	Income of Wages and Salaries	68.3	67.7
二、现金经营净收入	Net Operating Income	9.2	9.0
(一)第一产业经营净收入	Net Operating Income of the Primary Industry	0.5	0.3
(二)第二产业经营净收入	Net Income from Secondary Industry Operations	1.0	0.9
(三)第三产业经营净收入	Net Income from Tertiary Sector of the Operations	7.7	7.7
三、现金财产净收入	Net Income on Cash Property	4.5	3.8
四、现金转移净收入	Net Income from Cash Transfers	18.0	19.5
(一)现金转移性收入	Cash Transfer Income	21.9	23.3
(二)现金转移性支出	Cash Transfer Expenditure	3.8	3.8

Per Capita Income of Urban Households and Its Composition(2014-2022)

2016	2017	2018	2019	2020	2021	2022
28673.3	**31198.1**	**33819.4**	**36545.9**	**38555.8**	**41684.4**	**43696.5**
18135.9	19794.9	21451.1	23167.6	24309.5	25128.5	26190.9
2384.7	2605.5	2824.2	3055.3	3089.0	3985.1	4122.2
157.3	157.1	173.6	181.9	201.8	446.1	433.7
278.3	270.4	288.3	311.7	318.2	374.0	389.3
1949.1	2178.1	2362.3	2561.7	2569.1	3165.0	3299.2
2619.3	2630.5	2950.5	3187.9	3390.8	4136.1	4527.3
5533.4	6167.2	6593.6	7135.2	7766.5	8434.7	8856.2
6542.4	7384.6	7989.2	8750.0	9524.9	10246.0	10780.5
1008.9	1217.4	1395.6	1614.8	1758.4	1812.0	1924.2
100.0	**100.0**	**100.0**	**100.0**	**100.0**	**100.0**	**100.0**
63.3	63.4	63.4	63.4	63.1	60.3	59.9
8.3	8.4	8.4	8.4	8.0	9.6	9.4
0.5	0.5	0.5	0.5	0.5	1.1	1.0
1.0	0.9	0.9	0.9	0.8	0.9	0.9
6.8	7.0	7.0	7.0	6.7	7.6	7.6
9.1	8.4	8.7	8.7	8.8	9.9	10.4
19.3	19.8	19.5	19.5	20.1	20.2	20.3
22.8	23.7	23.6	23.9	24.7	24.6	24.7
3.5	3.9	4.1	4.4	4.6	4.3	4.4

Per Capita Cash Income of Urban Households and Its Composition(2014-2022)

2016	2017	2018	2019	2020	2021	2022
26847.3	**29285.6**	**31789.8**	**34375.1**	**36032.5**	**38480.8**	**40996.7**
18100.9	19750.2	21395.3	23102.2	24246.3	24996.1	26037.1
2488.0	2765.3	2935.3	3202.5	3180.0	3688.1	4400.5
136.6	135.8	121.7	122.5	149.1	-90.7	442.7
317.9	339.7	331.9	324.9	331.6	432.3	478.1
2033.5	2289.8	2481.6	2755.0	2699.3	3346.6	3479.6
842.5	758.9	1080.3	1187.3	1170.9	1952.2	2296.0
5415.8	6011.2	6379.0	6883.1	7435.2	7844.4	8263.0
6424.8	7228.6	7774.6	8498.0	9193.6	9656.4	10187.2
1009.0	1217.4	1395.6	1614.8	1758.4	1812.0	1924.2
100.0	**100.0**	**100.0**	**100.0**	**100.0**	**100.0**	**100.0**
67.4	67.4	67.3	67.2	67.3	65.0	63.5
9.3	9.4	9.2	9.3	8.8	9.6	10.7
0.5	0.5	0.4	0.4	0.4	-0.2	1.1
1.2	1.2	1.0	0.9	0.9	1.1	1.2
7.6	7.8	7.8	8.0	7.5	8.7	8.5
3.1	2.6	3.4	3.5	3.2	5.1	5.6
20.2	20.5	20.1	20.0	20.6	20.4	20.2
23.9	24.7	24.5	24.7	25.5	25.1	24.8
3.8	4.2	4.4	4.7	4.9	4.7	4.7

1-9 城镇居民消费支出及构成情况(2014-2022年)

指　标	Item	2014	2015
消费支出(元/人)	**Expenses on Household Consumption(yuan/person)**	**15141.8**	**16731.8**
一、食品烟酒	Food Tobacco and Liquor	4965.6	5407.8
二、衣着	Clothing	1394.7	1478.3
三、居住	Residence	3377.1	3619.9
四、生活用品及服务	Household Facilities Articles and Services	991.2	1007.5
五、交通通信	Transport and Communications	1627.7	2083.7
六、教育文化娱乐	Education Cultural and Recreation	1653.8	1874.4
七、医疗保健	Health Care and Medical Services	760.7	841.4
八、其他用品及服务	Miscellaneous Goods and Services	370.9	418.8
消费支出构成(%)	**The Composition of Consumer Spending (%)**	**100.0**	**100.0**
一、食品烟酒	Food Tobacco and Liquor	32.8	32.3
二、衣着	Clothing	9.2	8.8
三、居住	Residence	22.3	21.6
四、生活用品及服务	Household Facilities Articles and Services	6.5	6.0
五、交通通信	Transport and Communications	10.7	12.5
六、教育文化娱乐	Education Cultural and Recreation	10.9	11.2
七、医疗保健	Health Care and Medical Services	5.0	5.0
八、其他用品及服务	Miscellaneous Goods and Services	2.4	2.5

1-10 城镇居民现金消费支出及构成情况(2014-2022年)

指　标	Item	2014	2015
现金消费支出(元/人)	**Cash Consumption Expenditure (yuan/person)**	**12775.7**	**14121.9**
一、食品烟酒	Food Tobacco and Liquor	4903.9	5343.3
二、衣着	Clothing	1394.5	1478.3
三、居住	Residence	1196.0	1199.0
四、生活用品及服务	Household Facilities Articles and Services	990.3	1007.2
五、交通通信	Transport and Communications	1627.4	2083.2
六、教育文化娱乐	Education Cultural and Recreation	1653.6	1874.4
七、医疗保健	Health Care and Medical Services	640.6	721.7
八、其他用品及服务	Miscellaneous Goods and Services	369.5	414.8
现金消费支出构成%.	**Composition of Cash Consumption Expenditure (%)**	**100.0**	**100.0**
一、食品烟酒	Food Tobacco and Liquor	38.4	37.8
二、衣着	Clothing	10.9	10.5
三、居住	Residence	9.4	8.5
四、生活用品及服务	Household Facilities Articles and Services	7.8	7.1
五、交通通信	Transport and Communications	12.7	14.8
六、教育文化娱乐	Education Cultural and Recreation	12.9	13.3
七、医疗保健	Health Care and Medical Services	5.0	5.1
八、其他用品及服务	Miscellaneous Goods and Services	2.9	2.9

Consumption Expenditure of Urban Households and Its Composition(2014-2022)

2016	2017	2018	2019	2020	2021	2022
17695.6	**19244.5**	**20760.0**	**22714.3**	**22134.3**	**24586.5**	**25975.5**
5667.5	5994.0	6232.6	6604.4	6949.1	7722.7	8102.1
1472.2	1531.2	1628.8	1568.9	1354.5	1440.2	1440.9
3915.9	4588.8	4561.7	5370.4	5315.6	5469.8	5828.0
1028.6	1196.2	1493.7	1507.0	1233.9	1445.8	1580.6
2310.6	2156.9	2537.6	2771.5	2856.8	2939.6	3319.3
1963.9	2235.4	2490.5	2781.4	2262.3	2943.6	2909.2
887.4	1044.3	1218.9	1559.3	1724.3	2015.4	2185.7
449.6	497.7	596.2	551.3	437.9	609.4	609.7
100.0	**100.0**	**100.0**	**100.0**	**100.0**	**100.0**	**100.0**
32.0	31.1	30.0	29.1	31.4	31.4	31.2
8.3	8.0	7.8	6.9	6.1	5.9	5.5
22.1	23.8	22.0	23.6	24.0	22.2	22.4
5.8	6.2	7.2	6.6	5.6	5.9	6.1
13.1	11.2	12.2	12.2	12.9	12.0	12.8
11.1	11.6	12.0	12.2	10.2	12.0	11.2
5.0	5.4	5.9	6.9	7.8	8.2	8.4
2.5	2.6	2.9	2.4	2.0	2.5	2.3

Cash Consumption Expenditure of Urban Households and Its Composition (2014-2022)

2016	2017	2018	2019	2020	2021	2022
14909.8	**16277.3**	**17302.1**	**18903.2**	**18022.1**	**20077.5**	**21403.2**
5611.3	5940.7	6146.1	6490.6	6832.3	7470.6	7839.2
1472.2	1531.1	1628.7	1568.1	1354.4	1437.7	1438.3
1306.0	1838.6	1431.5	1959.6	1687.6	1816.6	2106.8
1028.2	1195.7	1490.9	1503.0	1227.1	1433.1	1575.0
2309.0	2153.2	2536.8	2768.9	2853.9	2927.5	3318.2
1963.8	2235.2	2490.5	2772.9	2260.6	2942.4	2909.0
773.9	893.8	993.9	1295.0	1373.6	1447.0	1612.6
445.3	489.0	583.7	545.1	432.5	602.5	604.1
100.0	**100.0**	**100.0**	**100.0**	**100.0**	**100.0**	**100.0**
37.6	36.5	35.5	34.3	37.9	37.2	36.6
9.9	9.4	9.4	8.3	7.5	7.2	6.7
8.8	11.3	8.3	10.4	9.4	9.0	9.8
6.9	7.3	8.6	8.0	6.8	7.1	7.4
15.5	13.2	14.7	14.6	15.8	14.6	15.5
13.2	13.7	14.4	14.7	12.5	14.7	13.6
5.2	5.5	5.7	6.9	7.6	7.2	7.5
3.0	3.0	3.4	2.9	2.4	3.0	2.8

1-11 城镇居民主要食品消费量一览表(2014-2022年)

单位: 公斤/人

指 标	Item	2014	2015
一、粮食(原粮)	Grain (raw grain)	113.6	117.1
(一)谷物	Rice	104.2	106.7
(二)薯类	Tubers	0.8	1.0
(三)豆类	Soybeans	8.6	9.4
二、食用油	Oil	14.1	14.4
#食用植物油	Vegetable Oil	13.6	13.9
三、蔬菜及菜制品	Fresh Vegetable and Related Products	106.3	114.3
四、肉类	Meat	28.6	30.9
#猪肉	Pork	22.2	24.0
牛肉	Beef	2.2	2.6
羊肉	Mutton	0.3	0.4
五、禽类	Poultry	9.5	10.2
六、水产品	Aquatic Products	15.4	16.9
七、蛋类及蛋制品	Eggs and Related Products	7.5	8.7
八、奶和奶制品	Milk and Dairy Products	19.5	17.3
九、干鲜瓜果类	Dry and Fresh Melon and Fruits	45.7	47.9
十、食糖	Sugar	1.2	1.1

1-12 城镇居民年末主要耐用消费品拥有量一览表(2014-2022年)

单位: 平均每百户

指 标	Item	单位	2014	2015
家用汽车	Family Vehicle	辆	18.8	20.0
摩托车	Motorcycle	辆	33.5	30.7
洗衣机	Washing Machine	台	88.7	90.7
电冰箱	Refrigerator	台	96.0	96.6
彩色电视机	Color Television Set	台	143.3	139.1
空 调	Air Conditioner	台	119.6	124.3
热水器	Shower Heater	台	91.9	92.0
微波炉	Microwave Oven	台	49.9	50.6
移动电话	Mobile Telephone	部	225.8	226.2
照相机	Camera	台	30.0	24.6
计算机	Computer	台	75.9	74.0

Per Capita Main Food Consumption of Urban Households(2014-2022)

kg/person

2016	2017	2018	2019	2020	2021	2022
118.5	112.4	121.3	119.7	130.9	156.9	145.2
107.7	102.1	109.6	107.5	117.7	141.2	129.6
1.0	1.0	1.5	1.9	2.1	2.2	2.1
9.7	9.3	10.1	10.3	11.1	13.5	13.5
14.0	14.4	14.4	13.4	15.6	15.3	13.7
13.6	14.2	13.7	12.9	15.2	14.7	13.3
114.4	115.9	107.0	107.2	110.4	125.7	129.0
30.1	31.9	34.5	31.8	33.8	41.2	41.4
23.1	23.9	27.4	25.5	27.3	33.2	33.7
2.7	3.1	3.3	3.4	3.7	3.8	3.8
0.5	0.6	0.6	0.5	0.5	0.7	0.7
10.5	10.2	10.4	11.8	13.3	13.7	13.4
16.3	17.0	16.0	18.1	17.9	19.9	19.8
8.0	8.2	8.4	8.3	9.7	10.4	10.6
14.4	15.7	15.7	15.8	15.4	15.7	12.6
49.9	51.2	54.1	56.9	55.8	65.3	59.7
1.1	1.2	1.2	1.0	1.0	1.1	1.1

Main Durable Goods Owned Households Urban at Year-end(2014-2022)

per 100

2016	2017	2018	2019	2020	2021	2022
26.2	29.2	30.7	33.7	40.9	43.1	44.1
32.1	29.0	34.7	34.1	27.2	29.2	27.3
92.4	94.2	90.2	91.8	95.8	95.5	95.8
97.5	98.6	98.2	98.9	100.3	100.1	100.3
135.7	136.3	130.3	131.5	129.4	126.0	126.8
129.8	137.7	134.8	139.7	158.2	161.0	163.3
93.1	95.9	96.6	98.3	103.7	102.4	102.4
50.4	54.2	43.5	42.7	51.7	44.6	45.3
231.4	235.7	257.3	261.9	257.5	263.4	267.5
18.5	19.3	10.0	10.0	14.4	6.7	7.3
71.2	74.3	58.2	58.2	68.6	56.3	55.0

1-13 分地区城镇居民人均可支配收入情况(2014-2022年)
Per Capita Income of Urban Households by Districts(2014-2022)

单位：元/人 (yuan/person)

地 区	Region	2014	2015	2016	2017
全 省	**Total**	**24309**	**26500**	**28673**	**31198**
南 昌 市	Nanchang	29091	31942	34619	37675
景德镇市	Jingdezhen	26625	29101	31418	34283
萍 乡 市	Pingxiang	26019	28335	30630	33120
九 江 市	Jiujiang	25077	27635	30011	32592
新 余 市	Xinyu	27626	29836	32163	34775
鹰 潭 市	Yingtan	24591	26952	29116	31696
赣 州 市	Ganzhou	22935	25001	27086	29567
吉 安 市	Ji'an	24797	27078	29307	31936
宜 春 市	Yichun	23221	25381	27452	29871
抚 州 市	Fuzhou	23101	25065	27195	29463
上 饶 市	Shangrao	24656	26924	29153	31853

1-13 续表 Continued

单位：元/人 (yuan/person)

地 区	Region	2018	2019	2020	2021	2022
全 省	**Total**	**33819**	**36546**	**38556**	**41684**	**43697**
南 昌 市	Nanchang	40844	44136	46796	50447	52622
景德镇市	Jingdezhen	37183	40143	42283	45648	47732
萍 乡 市	Pingxiang	35763	38502	40405	43395	45278
九 江 市	Jiujiang	35265	38076	40337	43658	45685
新 余 市	Xinyu	37592	40610	42531	45679	47574
鹰 潭 市	Yingtan	34263	37151	39053	42048	43836
赣 州 市	Ganzhou	32163	34826	37031	40160	42231
吉 安 市	Ji'an	34692	37543	39608	42880	44965
宜 春 市	Yichun	32248	34831	36747	39930	42038
抚 州 市	Fuzhou	31976	34518	36628	39484	41360
上 饶 市	Shangrao	34656	37456	39647	42851	45037

1-14 分地区城镇居民人均消费支出情况(2014-2022年)
Consumption Expenditure of Urban Households by Districts(2014-2022)

单位：元/人 (yuan/person)

地 区	Region	2014	2015	2016	2017
全 省	**Total**	**15142**	**16732**	**17696**	**19244**
南昌市	Nanchang	19628	21396	22532	24275
景德镇市	Jingdezhen	16792	18198	19082	20811
萍乡市	Pingxiang	17166	18928	20325	21716
九江市	Jiujiang	15718	17483	18273	19877
新余市	Xinyu	17190	19002	20349	22180
鹰潭市	Yingtan	15088	17080	18482	20207
赣州市	Ganzhou	14661	16080	16915	18547
吉安市	Ji'an	15121	16628	17452	18904
宜春市	Yichun	14182	15888	17030	18515
抚州市	Fuzhou	13459	15032	15791	16981
上饶市	Shangrao	13891	15137	15855	17366

1-14 续表 Continued

单位：元/人 (yuan/person)

地 区	Region	2018	2019	2020	2021	2022
全 省	**Total**	**20760**	**22714**	**22134**	**24587**	**25976**
南昌市	Nanchang	26081	28532	27955	31038	32515
景德镇市	Jingdezhen	22857	24878	24030	26702	28083
萍乡市	Pingxiang	23298	25490	24573	26939	28144
九江市	Jiujiang	21447	23496	23130	25763	27205
新余市	Xinyu	23524	25571	24564	27516	28735
鹰潭市	Yingtan	21867	23824	23192	25873	27304
赣州市	Ganzhou	20247	22292	21975	24357	25824
吉安市	Ji'an	20352	22224	21824	24044	25374
宜春市	Yichun	19744	21632	21030	23580	25067
抚州市	Fuzhou	18362	20103	19597	21547	22769
上饶市	Shangrao	18913	20734	20271	22235	23580

1-15 农村居民家庭基本情况(2014-2022年)

指　标	Item	单位	2014
一、基本情况	**Basic Information**		
户均常住人口	Average Permanent Population Per Household	人/户	3.6
户均常住从业人口	Average Number of Employed Persons Per Household(person)	人/户	2.3
平均每户家庭从业人口比重	Percentage of Laborer Per Household	%	64.6
平均每一从业人口负担人数	Average Number of Persons Supported by a Laborer (person)	人	1.5
二、户主文化程度	**Education Level of Head of Household**		
(一)未上过学	Never Went to School	%	2.6
(二)小学	Primary School	%	32.0
(三)初中	Junior School	%	50.2
(四)高中	Senior Secondary School	%	13.2
(五)大学专科	Junior College	%	1.6
(六)大学本科及以上	Bachelor Degree or above	%	0.5
三、常住从业人员就业类型	**Type of Employment of Employed Persons**		
(一)雇主	Employer	%	1.0
(二)公职人员	Public Employee	%	0.6
(三)事业单位人员	Institution Personnel	%	1.2
(四)国有企业雇员	Employee of State-owned Enterprises	%	0.5
(五)其他雇员	Other Employee	%	40.8
(六)农业自营	Agricultural Self-run	%	45.0
(七)非农自营	Non-agricultural Self-run	%	11.0
四、常住从业人员从事主要行业	**Employed Persons Engage in Major Industries**		
(一)第一产业	Primary Industry	%	52.4
(二)第二产业	Secondary Industry	%	26.3
(三)第三产业	Tertiary Industry	%	21.2
五、居民收入与支出情况	**Income and Expenditure of Residents**		
(一)居民人均可支配收入	Disposable Income	元/人	10116.6
(二)居民人均现金可支配收入	Disposable Cash Income	元/人	9125.7
(三)居民人均消费支出	Consumption Expenditure	元/人	7548.3
(四)居民人均现金消费支出	Cash Expenditure	元/人	5547.8

Basic Conditions of Rural Households(2014-2022)

2015	2016	2017	2018	2019	2020	2021	2022
3.5	3.4	3.4	3.4	3.4	3.3	3.3	3.3
2.2	2.2	2.2	2.1	2.0	2.1	2.1	2.1
64.4	64.1	64.5	61.3	60.4	62.2	63.3	63.0
1.6	1.6	1.5	1.6	1.7	1.6	1.6	1.6
2.3	2.8	2.7	3.7	3.3	3.3	3.2	3.1
31.7	33.8	33.4	38.7	37.8	37.4	39.9	39.4
50.9	50.0	50.2	45.9	47.1	47.5	46.6	46.8
13.2	12.1	12.3	10.3	10.3	10.3	9.4	9.7
1.4	1.1	1.2	1.4	1.3	1.3	0.7	0.8
0.4	0.3	0.3	0.1	0.2	0.3	0.2	0.2
1.5	1.8	1.7	1.4	0.9	0.5	0.4	0.4
0.7	0.6	0.7	0.6	0.6	0.3	0.2	0.1
1.1	1.0	1.1	1.5	1.4	1.3	0.7	0.6
0.6	0.4	0.3	0.3	0.2	0.1	0.3	0.2
36.2	33.1	35.7	39.0	44.9	49.0	49.7	52.2
50.3	53.6	51.0	48.6	43.0	40.0	39.2	37.1
9.5	9.4	9.5	8.7	8.8	8.8	9.5	9.4
53.6	55.2	52.3	49.4	44.7	43.1	41.7	39.9
26.9	25.0	25.7	27.6	30.1	29.9	31.4	32.4
19.4	19.9	22.0	23.0	25.2	26.9	26.8	27.7
11139.1	12137.7	13241.8	14459.9	15796.3	16980.8	18684.2	19936.0
10030.9	11191.0	12462.9	13892.3	15835.1	16672.8	17480.6	18862.3
8485.6	9128.3	9870.4	10885.2	12496.7	13579.4	15663.1	16984.4
6359.4	6732.3	7473.0	8235.5	9611.0	10442.7	11992.0	13360.1

1-16 农村居民可支配收入及构成情况(2014-2022年)

指 标	Item	2014	2015
可支配收入(元/人)	**Disposable Income(yuan/person)**	**10116.6**	**11139.1**
一、工资性收入	Income of Wages and Salaries	3937.4	4393.0
二、经营净收入	Net Operating Income	4106.5	4431.3
(一)第一产业经营净收入	Income from Household Operations	2922.5	3124.2
1.农业	Farming	2249.6	2319.1
2.林业	Forestry	275.3	245.7
3.牧业	Animal Husbandry	303.8	432.3
4.渔业	Fishery	93.9	127.1
(二)第二产业经营净收入	Net Income from Secondary Industry Operations	317.8	355.6
(三)第三产业经营净收入	Net Income from Tertiary Sector of the Operations	866.1	951.5
三、财产净收入	Net Income from Property	153.3	184.6
四、转移净收入	Net Income from Transfers	1919.3	2130.2
(一)转移性收入	Income from Transfers	2113.0	2369.6
(二)转移性支出	Transfer Expenditure	193.6	239.4
可支配收入构成(%)	**Composition of Disposable Income (%)**	**100.0**	**100.0**
一、工资性收入	Income of Wages and Salaries	38.9	39.4
二、经营净收入	Net Operating Income	40.6	39.8
(一)第一产业经营净收入	Income from Household Operations	28.9	28.0
1.农业	Farming	22.2	20.8
2.林业	Forestry	2.7	2.2
3.牧业	Animal Husbandry	3.0	3.9
4.渔业	Fishery	0.9	1.1
(二)第二产业经营净收入	Net Income from Secondary Industry Operations	3.1	3.2
(三)第三产业经营净收入	Net Income from Tertiary Sector of the Operations	8.6	8.5
三、财产净收入	Net Income from Property	1.5	1.7
四、转移净收入	Net Income from Transfers	19.0	19.1
(一)转移性收入	Income from Transfers	20.9	21.3
(二)转移性支出	Transfer Expenditure	1.9	2.1

Per Capita Income of Rural Households and Its Composition(2014-2022)

2016	2017	2018	2019	2020	2021	2022
12137.7	**13241.8**	**14459.9**	**15796.3**	**16980.8**	**18684.2**	**19936.0**
4954.7	5609.2	6121.0	6699.2	7301.2	8279.7	8884.2
4692.3	4868.8	5271.9	5701.2	5866.0	6043.3	6322.2
3209.4	3160.4	3477.4	3742.1	3819.8	3914.2	3986.3
2383.0	2326.7	2582.1	2803.3	2865.5	2986.0	3089.4
221.1	172.8	167.5	178.5	191.9	256.0	176.3
531.4	579.8	620.6	650.6	652.2	548.1	593.6
74.0	81.2	107.1	109.7	110.3	124.1	127.0
367.0	427.4	464.6	506.7	533.6	411.2	447.8
1115.9	1281.0	1329.8	1452.4	1512.5	1718.0	1888.1
204.4	214.2	235.5	257.4	279.1	336.4	377.0
2286.4	2549.6	2831.6	3138.5	3534.6	4024.7	4352.6
2480.5	2769.8	3283.0	3624.6	3986.3	4637.0	4958.2
194.2	220.2	451.4	486.1	451.7	612.2	605.6
100.0	**100.0**	**100.0**	**100.0**	**100.0**	**100.0**	**100.0**
40.8	42.4	42.3	42.4	43.0	44.3	44.6
38.7	36.8	36.5	36.1	34.5	32.3	31.7
26.4	23.9	24.0	23.7	22.5	20.9	20.0
19.6	17.6	17.9	17.7	16.9	16.0	15.5
1.8	1.3	1.2	1.1	1.1	1.4	0.9
4.4	4.4	4.3	4.1	3.8	2.9	3.0
0.6	0.6	0.7	0.7	0.6	0.7	0.6
3.0	3.2	3.2	3.2	3.1	2.2	2.2
9.2	9.7	9.2	9.2	8.9	9.2	9.5
1.7	1.6	1.6	1.6	1.6	1.8	1.9
18.8	19.3	19.6	19.9	20.8	21.5	21.8
20.4	20.9	22.7	22.9	23.5	24.8	24.9
1.6	1.7	3.1	3.1	2.7	3.3	3.0

1-17 农村居民现金可支配收入及构成情况(2014-2022年)

指　　标	Item	2014	2015
现金可支配收入(元/人)	**Disposable Income(yuan/person)**	**9125.7**	**10030.9**
一、现金工资性收入	Income of Wages and Salaries	3935.4	4390.4
二、现金经营净收入	Net Operating Income	3208.6	3424.7
(一)第一产业经营净收入	Net Operating Income of the Primary Industry	1909.1	2017.5
1.农业	Farming	1458.4	1401.2
2.林业	Forestry	127.1	121.0
3.牧业	Animal Husbandry	230.2	369.9
4.渔业	Fishery	93.4	125.5
(二)第二产业经营净收入	Net Income from Secondary Industry Operations	337.3	379.6
(三)第三产业经营净收入	Net Income from Tertiary Sector of the Operations	962.2	1027.6
三、现金财产净收入	Net Income on Cash Property	153.4	184.6
四、现金转移净收入	Net Income from Cash Transfers	1828.3	2031.2
(一)现金转移性收入	Cash Transfer Income	2022.0	2270.6
(二)现金转移性支出	Cash Transfer Expenditure	193.6	239.4
现金可支配收入构成(%)	**Composition of Cash Disposable Income(%)**	**100.0**	**100.0**
一、现金工资性收入	Income of Wages and Salaries	43.1	43.8
二、现金经营净收入	Net Operating Income	35.2	34.1
(一)第一产业经营净收入	Net Operating Income of the Primary Industry	20.9	20.1
1.农业	Farming	16.0	14.0
2.林业	Forestry	1.4	1.2
3.牧业	Animal Husbandry	2.5	3.7
4.渔业	Fishery	1.0	1.3
(二)第二产业经营净收入	Net Income from Secondary Industry Operations	3.7	3.8
(三)第三产业经营净收入	Net Income from Tertiary Sector of the Operations	10.5	10.2
三、现金财产净收入	Net Income on Cash Property	1.7	1.8
四、现金转移净收入	Net Income from Cash Transfers	20.0	20.2
(一)现金转移性收入	Cash Transfer Income	22.2	22.6
(二)现金转移性支出	Cash Transfer Expenditure	2.1	2.4

Per Capita Cash Income of Rural Households and Its Composition(2014-2022)

2016	2017	2018	2019	2020	2021	2022
11191.0	**12462.9**	**13892.3**	**15835.1**	**16672.8**	**17480.6**	**18862.3**
4947.1	5597.5	6114.2	6687.5	7290.0	8229.4	8830.0
3876.9	4200.5	4856.5	5960.4	5755.7	5167.1	5597.2
2309.8	2413.4	2933.6	3793.2	3552.8	2873.5	3106.8
1651.0	1682.3	2146.8	2926.8	2703.6	2194.7	2368.7
110.8	118.7	76.2	106.1	136.8	83.5	85.9
475.7	534.3	609.9	648.5	605.3	466.6	531.4
72.2	78.1	100.6	111.9	107.1	128.7	120.8
375.2	436.2	485.8	543.4	556.9	445.7	469.9
1191.9	1350.9	1437.2	1623.8	1646.0	1847.9	2020.6
204.4	214.2	235.5	257.4	279.1	336.4	377.0
2162.7	2450.7	2686.1	2929.8	3348.0	3747.7	4058.1
2356.8	2670.9	3137.5	3415.9	3799.7	4360.0	4663.6
194.2	220.2	451.4	486.1	451.7	612.2	605.6
100.0	**100.0**	**100.0**	**100.0**	**100.0**	**100.0**	**100.0**
44.2	44.9	44.0	42.2	43.7	47.1	46.8
34.6	33.7	35.0	37.6	34.5	29.6	29.7
20.6	19.4	21.1	24.0	21.3	16.4	16.5
14.8	13.5	15.5	18.5	16.2	12.6	12.6
1.0	1.0	0.5	0.7	0.8	0.5	0.5
4.3	4.3	4.4	4.1	3.6	2.7	2.8
0.6	0.6	0.7	0.7	0.6	0.7	0.6
3.4	3.5	3.5	3.4	3.3	2.5	2.5
10.7	10.8	10.3	10.3	9.9	10.6	10.7
1.8	1.7	1.7	1.6	1.7	1.9	2.0
19.3	19.7	19.3	18.5	20.1	21.4	21.5
21.1	21.4	22.6	21.6	22.8	24.9	24.7
1.7	1.8	3.2	3.1	2.7	3.5	3.2

1-18 农村居民消费支出及构成情况(2014-2022年)

指　标	Item	2014	2015
消费支出(元/人)	**Expenses on Household Consumption(yuan/person)**	**7548.3**	**8485.6**
(一)食品烟酒	Food Tobacco and Liquor	2755.1	3071.8
(二)衣着	Clothing	380.6	431.9
(三)居住	Residence	1877.3	2026.3
(四)生活用品及服务	Household Facilities Articles and Services	406.8	491.5
(五)交通通信	Transport and Communications	759.4	865.7
(六)教育文化娱乐	Education Cultural and Recreation	711.9	882.9
(七)医疗保健	Health Care and Medical Services	525.2	569.7
(八)其他用品及服务	Miscellaneous Goods and Services	132.0	145.8
消费支出构成(%)	**The Composition of Consumer Spending (%)**	**100.0**	**100.0**
(一)食品烟酒	Food Tobacco and Liquor	36.5	36.2
(二)衣着	Clothing	5.0	5.1
(三)居住	Residence	24.9	23.9
(四)生活用品及服务	Household Facilities Articles and Services	5.4	5.8
(五)交通通信	Transport and Communications	10.1	10.2
(六)教育文化娱乐	Education Cultural and Recreation	9.4	10.4
(七)医疗保健	Health Care and Medical Services	7.0	6.7
(八)其他用品及服务	Miscellaneous Goods and Services	1.7	1.7

1-19 农村居民现金消费支出及构成情况(2014-2022年)

指　标	Item	2014	2015
现金消费支出(元/人)	**Cash Consumption Expenditure (yuan/person)**	**5547.8**	**6359.4**
(一)食品烟酒	Food Tobacco and Liquor	2082.3	2394.9
(二)衣着	Clothing	380.0	431.6
(三)居住	Residence	640.9	676.1
(四)生活用品及服务	Household Facilities Articles and Services	406.7	491.2
(五)交通通信	Transport and Communications	759.4	865.7
(六)教育文化娱乐	Education Cultural and Recreation	711.9	882.9
(七)医疗保健	Health Care and Medical Services	435.0	471.4
(八)其他用品及服务	Miscellaneous Goods and Services	131.7	145.6
现金消费支出构成(%)	**Composition of Cash Consumption Expenditure (%)**	**100.0**	**100.0**
(一)食品烟酒	Food Tobacco and Liquor	37.5	37.7
(二)衣着	Clothing	6.9	6.8
(三)居住	Residence	11.6	10.6
(四)生活用品及服务	Household Facilities Articles and Services	7.3	7.7
(五)交通通信	Transport and Communications	13.7	13.6
(六)教育文化娱乐	Education Cultural and Recreation	12.8	13.9
(七)医疗保健	Health Care and Medical Services	7.8	7.4
(八)其他用品及服务	Miscellaneous Goods and Services	2.4	2.3

Consumption Expenditure of Rural Households and Its Composition(2014-2022)

2016	2017	2018	2019	2020	2021	2022
9128.3	**9870.4**	**10885.2**	**12496.7**	**13579.4**	**15663.1**	**16984.4**
3221.7	3314.4	3403.0	3801.2	4557.1	5221.8	5666.9
453.7	502.0	526.1	577.7	602.6	691.4	737.4
2319.5	2558.2	3038.2	3410.0	3553.8	3915.0	4204.3
519.7	537.4	607.2	743.4	686.6	814.6	888.3
893.9	1067.4	1214.7	1425.3	1402.6	1699.4	1854.6
922.2	1004.1	1143.7	1394.7	1477.6	1776.9	1936.4
650.0	718.2	783.8	964.4	1136.7	1347.4	1491.0
147.5	168.6	168.5	180.0	162.4	196.5	205.5
100.0	**100.0**	**100.0**	**100.0**	**100.0**	**100.0**	**100.0**
35.3	33.6	31.3	30.4	33.6	33.3	33.4
5.0	5.1	4.8	4.6	4.4	4.4	4.3
25.4	25.9	27.9	27.3	26.2	25.0	24.8
5.7	5.4	5.6	5.9	5.1	5.2	5.2
9.8	10.8	11.2	11.4	10.3	10.9	10.9
10.1	10.2	10.5	11.2	10.9	11.3	11.4
7.1	7.3	7.2	7.7	8.4	8.6	8.8
1.6	1.7	1.5	1.4	1.2	1.3	1.2

Cash Consumption Expenditure of Rural Households and Its Composition(2014-2022)

2016	2017	2018	2019	2020	2021	2022
6732.3	**7473.0**	**8235.5**	**9611.0**	**10442.7**	**11992.0**	**13360.1**
2583.8	2719.1	3046.0	3421.0	4053.7	4594.5	5093.6
453.5	501.9	526.0	577.4	602.4	691.1	737.0
685.0	856.3	892.4	1127.2	1106.0	1158.7	1505.0
518.5	536.8	603.7	736.4	682.2	809.6	884.3
893.9	1067.3	1214.7	1424.7	1402.5	1699.0	1854.0
922.2	1004.1	1143.7	1394.5	1477.4	1776.9	1934.0
528.5	621.9	641.2	750.5	956.7	1066.4	1148.0
146.7	165.7	167.9	179.3	161.9	195.9	204.2
100.0	**100.0**	**100.0**	**100.0**	**100.0**	**100.0**	**100.0**
38.4	36.4	37.0	35.6	38.8	38.3	38.1
6.7	6.7	6.4	6.0	5.8	5.8	5.5
10.2	11.5	10.8	11.7	10.6	9.7	11.3
7.7	7.2	7.3	7.7	6.5	6.8	6.6
13.3	14.3	14.7	14.8	13.4	14.2	13.9
13.7	13.4	13.9	14.5	14.1	14.8	14.5
7.8	8.3	7.8	7.8	9.2	8.9	8.6
2.2	2.2	2.0	1.9	1.6	1.6	1.5

1-20 农村居民主要食品消费量一览表(2014-2022年)

单位: 公斤/人

指　标	Item	2014	2015
一、粮食(原粮)	Grain (raw grain)	161.9	181.5
(一)谷物	Rice	155.9	174.5
(二)薯类	Tubers	1.4	1.8
(三)豆类	Soybeans	4.6	5.2
二、食用油	Oil	13.7	11.7
#食用植物油	Vegetable Oil	12.9	11.0
三、蔬菜及菜制品	Fresh Vegetable and Related Products	110.0	103.8
四、肉类	Meat	19.9	20.1
#猪肉	Pork	17.5	17.6
牛肉	Beef	0.6	0.7
羊肉	Mutton	0.1	0.1
五、禽类	Poultry	5.8	6.1
六、水产品	Aquatic Products	7.3	7.9
七、蛋类及蛋制品	Eggs and Related Products	5.5	6.3
八、奶和奶制品	Milk and Dairy Products	5.8	5.8
九、干鲜瓜果类	Dry and Fresh Melon and Fruits	23.1	24.7
十、食糖	Sugar	1.0	1.2

1-21 农村居民年末主要耐用消费品拥有量一览表(2014-2022年)

单位: 平均每百户

指　标	Item	单位	2014	2015
家用汽车	Family Vehicle	辆	9.5	10.6
摩托车	Motorcycle	辆	78.5	77.4
洗衣机	Washing Machine	台	36.9	43.1
电冰箱	Refrigerator	台	82.8	84.7
彩色电视机	Color Television Set	台	126.0	127.1
空　调	Air Conditioner	台	39.2	42.4
热水器	Shower Heater	台	52.0	56.2
微波炉	Microwave Oven	台	9.1	9.5
移动电话	Mobile Telephone	部	229.6	233.2
照相机	Camera	台	4.4	3.9
计算机	Computer	台	22.3	24.2

Per Capita Main Food Consumption of Rural Households(2014-2022)

kg/person

2016	2017	2018	2019	2020	2021	2022
172.0	167.3	147.6	148.4	178.2	193.1	178.2
164.4	159.9	140.1	138.9	166.3	177.8	162.1
1.8	1.5	1.3	1.3	2.0	2.1	1.9
5.8	5.9	6.1	8.2	9.9	13.3	14.2
12.3	12.0	12.8	12.5	15.7	15.8	13.5
11.5	11.4	12.1	12.0	15.2	15.1	13.0
110.1	104.3	87.1	85.4	100.3	121.8	120.3
19.9	21.1	26.7	24.5	25.4	33.9	37.4
17.0	17.4	23.5	21.4	22.3	29.3	32.7
0.9	1.1	1.2	1.5	1.6	2.1	2.3
0.1	0.2	0.2	0.2	0.2	0.3	0.4
6.7	6.7	7.1	9.3	12.4	13.7	13.3
8.3	8.4	9.5	12.8	13.3	16.8	16.4
5.7	5.8	6.0	7.1	9.3	12.1	11.5
6.0	6.6	5.9	6.1	6.8	8.8	7.8
27.2	28.0	29.2	34.7	37.2	50.1	46.4
0.9	0.9	1.0	1.0	1.1	1.3	1.2

Main Durable Goods Owned Households Rural at Year-end(2014-2022)

per 100

2016	2017	2018	2019	2020	2021	2022
13.9	16.5	19.8	21.5	22.5	26.4	30.6
75.4	75.6	67.4	63.1	62.9	57.4	56.6
49.5	55.2	62.5	68.4	68.0	76.8	80.3
89.8	91.4	94.6	97.4	97.9	97.4	97.5
130.9	132.1	126.7	127.6	125.5	125.7	125.8
48.3	56.5	63.6	70.1	72.2	89.9	97.9
64.7	68.0	76.7	81.5	88.0	90.9	91.5
9.9	11.2	12.8	15.1	15.2	15.3	16.7
241.2	249.5	274.5	276.8	269.2	276.4	281.3
2.0	2.0	1.6	1.9	2.2	1.1	1.2
22.2	24.6	23.7	25.8	27.6	24.9	24.0

1-22 分地区农村居民人均可支配收入情况(2014-2022年)
Per Capita Income of Rural Households by Districts(2014-2022)

单位：元/人 (yuan/person)

地　区	Region	2014	2015	2016	2017
全　省	**Total**	**10117**	**11139**	**12138**	**13242**
南 昌 市	Nanchang	12414	13693	14952	16364
景德镇市	Jingdezhen	11547	12736	13878	15095
萍 乡 市	Pingxiang	12769	14046	15274	16598
九 江 市	Jiujiang	10139	11143	12157	13303
新 余 市	Xinyu	12831	13986	15203	16581
鹰 潭 市	Yingtan	11350	12383	13534	14738
赣 州 市	Ganzhou	6946	7786	8729	9717
吉 安 市	Ji'an	9262	10355	11380	12543
宜 春 市	Yichun	10526	11621	12643	13747
抚 州 市	Fuzhou	10410	11441	12447	13563
上 饶 市	Shangrao	9102	10112	11103	12174

1-22 续表 Continued

单位：元/人 (yuan/person)

地　区	Region	2018	2019	2020	2021	2022
全　省	**Total**	**14460**	**15796**	**16981**	**18684**	**19936**
南 昌 市	Nanchang	17866	19498	20921	22913	24218
景德镇市	Jingdezhen	16510	17985	19297	20996	22331
萍 乡 市	Pingxiang	18012	19536	20831	22862	24279
九 江 市	Jiujiang	14482	15772	17051	18838	20108
新 余 市	Xinyu	17993	19481	20747	22604	23859
鹰 潭 市	Yingtan	16145	17668	18873	20686	21892
赣 州 市	Ganzhou	10782	11941	13036	14675	15900
吉 安 市	Ji'an	13820	15227	16491	18298	19588
宜 春 市	Yichun	14975	16362	17588	19135	20366
抚 州 市	Fuzhou	14767	16081	17385	19141	20436
上 饶 市	Shangrao	13346	14670	15888	17492	18736

1-23　分地区农村居民人均消费支出情况(2014-2022年)

Consumption Expenditure of Rural Households by Districts(2014-2022)

单位：元/人 (yuan/person)

地　区	Region	2014	2015	2016	2017
全　省	**Total**	**7548**	**8486**	**9128**	**9870**
南昌市	Nanchang	7896	8788	9460	10240
景德镇市	Jingdezhen	8282	9508	10176	10951
萍乡市	Pingxiang	9009	10006	10725	11462
九江市	Jiujiang	7922	8688	9248	10041
新余市	Xinyu	9208	10190	10942	11808
鹰潭市	Yingtan	8478	9631	10382	11163
赣州市	Ganzhou	5867	6725	7412	8214
吉安市	Ji'an	6953	7947	8586	9402
宜春市	Yichun	8089	9041	9735	10486
抚州市	Fuzhou	6678	7488	7984	8627
上饶市	Shangrao	6304	7198	7772	8481

1-23　续表　Continued

单位：元/人 (yuan/person)

地　区	Region	2018	2019	2020	2021	2022
全　省	**Total**	**10885**	**12497**	**13579**	**15663**	**16984**
南昌市	Nanchang	11352	13088	14323	16576	17706
景德镇市	Jingdezhen	12098	14010	14952	16898	18064
萍乡市	Pingxiang	12622	14291	15233	17500	18717
九江市	Jiujiang	11078	12446	13642	15738	17062
新余市	Xinyu	12704	14464	15546	17741	19050
鹰潭市	Yingtan	12171	13948	14951	17360	18808
赣州市	Ganzhou	9127	10609	11676	13604	14880
吉安市	Ji'an	10455	12079	13249	15165	16447
宜春市	Yichun	11413	13114	14190	16116	17370
抚州市	Fuzhou	9484	10879	11860	13705	14886
上饶市	Shangrao	9479	11043	11993	13818	15054

1-24-1 各县(市、区)城镇居民人均可支配收入情况(2014-2017年)
Per Capita Income of Urban Households by Region(2014-2017)

单位：元/人 (yuan/person)

地　区	Region	2014	2015	2016	2017
南昌市	**Nanchang**	**29091**	**31942**	**34619**	**37675**
东湖区	Donghu	30841	33709	36440	39438
西湖区	Xihu	30250	33033	35709	38692
青云谱区	Qingyunpu	29678	32408	35163	38026
湾里区	Wanli	26018	28646	31138	34034
青山湖区	Qingshanhu	29272	32346	35192	38345
南昌县	Nanchang	25961	28635	31095	33987
新建区	Xinjian	25848	28484	30934	33790
安义县	Anyi	23155	25402	27510	29935
进贤县	Jinxian	24593	27053	29271	31818
景德镇市	**Jingdezhen**	**26625**	**29101**	**31418**	**34283**
昌江区	Changjiang	27657	30193	32578	35506
珠山区	Zhushan	28247	30789	33191	36140
浮梁县	Fuliang	21522	23674	25568	27925
乐平市	Leping	24560	26785	28955	31624
萍乡市	**Pingxiang**	**26019**	**28335**	**30630**	**33120**
安源区	Anyuan	27661	30054	32473	35175
湘东区	Xiangdong	26260	28602	30856	33287
莲花县	Lianhua	18284	19847	21475	23193
上栗县	Shangli	24331	26431	28577	30904
芦溪县	Luxi	23729	26057	28223	30543
九江市	**Jiujiang**	**25077**	**27635**	**30011**	**32592**
濂溪区	Lianxi	27950	30689	32446	35097
浔阳区	Xunyang	28206	30914	33356	36048
柴桑区	Chaisang	23868	26303	28573	30993
武宁县	Wuning	23151	25582	27859	30302
修水县	Xiushui	20185	22224	24171	26266
永修县	Yongxiu	23908	26299	28587	31031
德安县	De'an	24135	26621	28990	31532
庐山市	Lushan	20478	22587	27840	30171
都昌县	Duchang	18984	20882	22657	24531
湖口县	Hukou	24350	26882	29274	31900
彭泽县	Pengze	22881	25192	27333	29673
瑞昌市	Ruichang	23554	25933	28189	30630
共青城市	Gongqingcheng	26101	28659	29729	32277

1-24-2 各县(市、区)城镇居民人均可支配收入情况(2014-2017年)
Per Capita Income of Urban Households by Region(2014-2017)

单位：元/人 (yuan/person)

地 区	Region	2014	2015	2016	2017
新余市	**Xinyu**	**27626**	**29836**	**32163**	**34775**
渝水区	Yushui	28273	30874	33221	35891
分宜县	Fenyi	23560	25351	27353	29596
鹰潭市	**Yingtan**	**24591**	**26952**	**29116**	**31696**
月湖区	Yuehu	26903	29566	32295	35147
余江区	Yujiang	22506	24667	27003	29547
贵溪市	Guixi	24903	27269	29205	31807
赣州市	**Ganzhou**	**22935**	**25001**	**27086**	**29567**
章贡区	Zhanggong	26505	29235	31881	34878
赣县区	Ganxian	20471	22518	24432	26741
信丰县	Xinfeng	21442	23629	25664	28056
大余县	Dayu	20296	22123	23963	26110
上犹县	Shangyou	18973	20643	22338	24393
崇义县	Chongyi	19528	21227	22938	24982
安远县	Anyuan	18084	19675	21251	23111
龙南县	Longnan	21117	23186	25160	27482
定南县	Dingnan	20717	22685	24489	26639
全南县	Quannan	19331	20974	22631	24629
宁都县	Ningdu	17669	19189	20785	22691
于都县	Yudu	20358	22414	24266	26513
兴国县	Xingguo	20224	22024	23872	26044
会昌县	Huichang	19576	21357	23117	25230
寻乌县	Xunwu	18375	20304	22024	24068
石城县	Shicheng	17903	19514	21081	22951
瑞金市	Ruijin	21190	23309	25304	27597
南康区	Nankang	21642	23676	25720	28034
吉安市	**Ji'an**	**24797**	**27078**	**29307**	**31936**
吉州区	Jizhou	26394	28928	31416	34306
青原区	Qingyuan	26422	28959	31449	34311
吉安县	Ji'an	23352	25454	27490	29964
吉水县	Jishui	20850	22831	24726	26926
峡江县	Xiajiang	19604	21545	23354	25456
新干县	Xingan	22699	24992	27041	29583
永丰县	Yongfeng	22052	24257	26343	28672
泰和县	Taihe	20796	22626	24504	26684
遂川县	Suichuan	19821	21694	23451	25562
万安县	Wan'an	19258	20991	22649	24733
安福县	Anfu	20767	22736	24623	26913
永新县	Yongxin	17938	19517	21039	22933
井冈山市	Jinggangshan	24794	26951	29215	31798

1-24-3 各县(市、区)城镇居民人均可支配收入情况(2014-2017年)
Per Capita Income of Urban Households by Region(2014-2017)

单位：元/人 (yuan/person)

地　区	Region	2014	2015	2016	2017
宜春市	**Yichun**	**23221**	**25381**	**27452**	**29871**
袁州区	Yuanzhou	26124	28423	30640	33217
奉新县	Fengxin	23325	25541	27610	30040
万载县	Wanzai	20364	22258	24061	26306
上高县	Shanggao	23249	25411	27546	30053
宜丰县	Yifeng	23129	25326	27327	29651
靖安县	Jing'an	21436	23515	25443	27657
铜鼓县	Tonggu	18703	20293	21998	23891
丰城市	Fengcheng	24596	26968	29125	31805
樟树市	Zhangshu	24825	27283	29547	32150
高安市	Gaoan	23755	26083	28222	30626
抚州市	**Fuzhou**	**23101**	**25065**	**27195**	**29463**
临川区	Linchuan	28009	30530	33155	36073
南城县	Nancheng	24183	26553	28810	31316
黎川县	Lichuan	20293	22059	23912	25944
南丰县	Nanfeng	23321	25513	27733	29924
崇仁县	Chongren	20695	22681	24700	26824
乐安县	Le'an	17723	19123	20672	22367
宜黄县	Yihuang	19658	21290	23057	24971
金溪县	Jinxi	22102	23914	25875	27894
资溪县	Zixi	18873	20478	22136	23907
东乡区	Dongxiang	24942	27237	29688	32212
广昌县	Guangchang	19361	20871	22541	24389
上饶市	**Shangrao**	**24656**	**26924**	**29153**	**31853**
信州区	Xinzhou	26876	29300	31656	34549
广信区	GuangXin	20191	21996	23940	26104
广丰区	Guangfeng	25947	28607	30989	33903
玉山县	Yushan	21826	24222	26579	29112
铅山县	Qianshan	18857	20786	22491	24569
横峰县	Hengfeng	17810	19657	21277	23213
弋阳县	Yiyang	22398	24611	26631	29111
余干县	Yugan	17571	19351	21255	23229
鄱阳县	Poyang	17297	18831	20466	22309
万年县	Wannian	22463	24682	26845	29317
婺源县	Wuyaun	18339	20015	21676	23705
德兴市	Dexing	24386	26591	28755	31464

1-25-1　各县(市、区)城镇居民人均可支配收入情况(2018-2022年)
Per Capita Income of Urban Households by Region(2018-2022)

单位：元/人　　(yuan/person)

地　区	Region	2018	2019	2020	2021	2022
南昌市	**Nanchang**	**40844**	**44136**	**46796**	**50447**	**52622**
东湖区	Donghu	42632	45941	48313	51816	53813
西湖区	Xihu	41865	45277	47711	51409	53719
青云谱区	Qingyunpu	41197	44431	46979	50508	52547
湾里区	Wanli	36927	39866	42069	45086	46712
青山湖区	Qingshanhu	41551	44692	47436	50887	53297
南昌县	Nanchang	36943	40106	42793	46349	48631
新建区	Xinjian	36696	39871	42542	45705	47198
安义县	Anyi	32509	35321	37722	40947	42986
进贤县	Jinxian	34525	37446	39992	43131	45099
景德镇市	**Jingdezhen**	**37183**	**40143**	**42283**	**45648**	**47732**
昌江区	Changjiang	38496	41564	43621	47155	49368
珠山区	Zhushan	39158	42271	44334	47836	49916
浮梁县	Fuliang	30293	32708	34579	37172	38885
乐平市	Leping	34319	37074	39214	42390	44380
萍乡市	**Pingxiang**	**35763**	**38502**	**40405**	**43395**	**45278**
安源区	Anyuan	37910	40935	42879	46009	47899
湘东区	Xiangdong	35937	38672	40578	43606	45610
莲花县	Lianhua	25074	27060	28394	30467	31643
上栗县	Shangli	33428	35921	37753	40539	42299
芦溪县	Luxi	33066	35721	37521	40354	42471
九江市	**Jiujiang**	**35265**	**38076**	**40337**	**43658**	**45685**
濂溪区	Lianxi	37869	40785	43196	46418	48490
浔阳区	Xunyang	38860	41813	43845	47050	48891
柴桑区	Chaisang	33541	36274	38367	41502	43345
武宁县	Wuning	32902	35583	37861	41193	43167
修水县	Xiushui	28565	30913	32962	36001	37727
永修县	Yongxiu	33591	36279	38346	41721	43895
德安县	De'an	34219	37008	39376	42885	45218
庐山市	Lushan	32645	35224	37200	39934	41577
都昌县	Duchang	26518	28586	30001	32104	33329
湖口县	Hukou	34657	37602	40009	42890	45275
彭泽县	Pengze	32153	34726	36511	39723	41399
瑞昌市	Ruichang	33167	36019	38324	41340	43432
共青城市	Gongqingcheng	34933	37728	39810	43537	45623

1-25-2 各县(市、区)城镇居民人均可支配收入情况(2018-2022年)
Per Capita Income of Urban Households by Region(2018-2022)

单位：元/人 (yuan/person)

地 区	Region	2018	2019	2020	2021	2022
新余市	**Xinyu**	**37592**	**40610**	**42531**	**45679**	**47574**
渝水区	Yushui	38763	41856	43722	47093	49007
分宜县	Fenyi	32017	34620	36361	38832	40502
鹰潭市	**Yingtan**	**34263**	**37151**	**39053**	**42048**	**43836**
月湖区	Yuehu	37969	41162	42704	45714	47636
余江区	Yujiang	32070	34754	36600	39586	41387
贵溪市	Guixi	34530	37458	39590	43006	44814
赣州市	**Ganzhou**	**32163**	**34826**	**37031**	**40160**	**42231**
章贡区	Zhanggong	38142	41663	44501	48663	51652
赣县区	Ganxian	29137	31558	33287	36368	38508
信丰县	Xinfeng	30210	32525	34717	37758	39756
大余县	Dayu	28199	30457	32178	34533	36030
上犹县	Shangyou	26461	28629	30278	32987	34844
崇义县	Chongyi	27257	29561	31361	34158	35806
安远县	Anyuan	25105	26920	28229	30270	31914
龙南县	Longnan	29991	32555	34713	37577	39311
定南县	Dingnan	28727	30896	32744	34941	36493
全南县	Quannan	26678	28751	30600	32748	34557
宁都县	Ningdu	24679	26532	27883	30275	31862
于都县	Yudu	28875	31373	33342	35950	37723
兴国县	Xingguo	28172	30248	31824	34227	36011
会昌县	Huichang	27122	29333	30803	33165	34908
寻乌县	Xunwu	26237	28493	30295	32688	34065
石城县	Shicheng	25056	27328	28779	31142	32812
瑞金市	Ruijin	30042	32659	34792	37388	39140
南康区	Nankang	30633	33378	35608	38851	41067
吉安市	**Ji'an**	**34692**	**37543**	**39608**	**42880**	**44965**
吉州区	Jizhou	37290	40348	42346	45924	48335
青原区	Qingyuan	37296	40160	42004	45343	47164
吉安县	Ji'an	32451	35242	36955	39767	41506
吉水县	Jishui	29336	31903	33720	36637	38710
峡江县	Xiajiang	27595	29802	31486	34184	35973
新干县	Xingan	32317	35063	36992	40084	42141
永丰县	Yongfeng	31270	33818	35783	38796	40714
泰和县	Taihe	29059	31529	33408	36335	38364
遂川县	Suichuan	27632	29835	31476	33780	35202
万安县	Wan'an	26910	29181	30827	33401	35036
安福县	Anfu	29200	31741	33334	35877	37677
永新县	Yongxin	24836	26798	28272	30607	32283
井冈山市	Jinggangshan	34469	37295	39398	42495	44509

1-25-3 各县(市、区)城镇居民人均可支配收入情况(2018-2022年)
Per Capita Income of Urban Households by Region(2018-2022)

单位：元/人 (yuan/person)

地 区	Region	2018	2019	2020	2021	2022
宜春市	**Yichun**	**32248**	**34831**	**36747**	**39930**	**42038**
袁州区	Yuanzhou	35892	38801	40935	44054	46522
奉新县	Fengxin	32428	34923	36956	40171	42330
万载县	Wanzai	28506	30759	32466	35040	37043
上高县	Shanggao	32289	34771	36565	40061	42172
宜丰县	Yifeng	31827	34270	36213	39364	41631
靖安县	Jing'an	30000	32281	34056	37288	39101
铜鼓县	Tonggu	25761	27949	29326	31505	32965
丰城市	Fengcheng	34205	36834	38982	42541	44749
樟树市	Zhangshu	34736	37510	39656	43288	45687
高安市	Gaoan	32968	35673	37371	40417	42515
抚州市	**Fuzhou**	**31976**	**34518**	**36628**	**39484**	**41360**
临川区	Linchuan	39150	42356	45118	49115	51634
南城县	Nancheng	34072	36836	39009	41989	44071
黎川县	Lichuan	28124	30458	32093	34597	36008
南丰县	Nanfeng	32377	35081	36895	39448	41369
崇仁县	Chongren	29024	31247	33297	36087	37780
乐安县	Le'an	24290	26233	27666	29663	30924
宜黄县	Yihuang	27043	29169	30890	33404	35226
金溪县	Jinxi	30237	32634	34599	37152	39112
资溪县	Zixi	26035	28053	29918	32545	34404
东乡区	Dongxiang	34992	37963	40335	43566	45610
广昌县	Guangchang	26511	28566	29954	32207	33746
上饶市	**Shangrao**	**34656**	**37456**	**39647**	**42851**	**45037**
信州区	Xinzhou	37724	40474	42620	45699	48000
广信区	GuangXin	28404	30855	32725	35526	37417
广丰区	Guangfeng	36903	39803	42406	45637	48216
玉山县	Yushan	31773	34639	36776	39913	41757
铅山县	Qianshan	26659	28915	30575	32473	34105
横峰县	Hengfeng	25165	27282	28621	30748	32169
弋阳县	Yiyang	31734	34225	36039	39075	41055
余干县	Yugan	25169	27137	28426	30533	32351
鄱阳县	Poyang	24241	26186	27608	29850	31504
万年县	Wannian	31797	34478	36658	39669	41407
婺源县	Wuyaun	25914	28330	29888	32473	33882
德兴市	Dexing	34195	36783	39034	42068	44320

1-26-1 各县(市、区)农村居民人均可支配收入情况(2014-2017年)
Per Capita Income of Rural Households by Region(2014-2017)

单位：元/人 (yuan/person)

地　区	Region	2014	2015	2016	2017
南昌市	**Nanchang**	**12414**	**13693**	**14952**	**16364**
东湖区	Donghu	—	—	—	—
西湖区	Xihu	—	—	—	—
青云谱区	Qingyunpu	—	—	—	—
湾里区	Wanli	9395	10429	11399	12585
青山湖区	Qingshanhu	14169	15728	17128	18704
南昌县	Nanchang	13237	15001	16411	17971
新建区	Xinjian	11923	13390	14635	16365
安义县	Anyi	11172	12301	13396	14602
进贤县	Jinxian	12858	14146	15440	16829
景德镇市	**Jingdezhen**	**11547**	**12736**	**13878**	**15095**
昌江区	Changjiang	11953	13183	14383	15661
珠山区	Zhushan	—	—	—	—
浮梁县	Fuliang	11598	12769	13906	15112
乐平市	Leping	11517	12729	13849	15064
萍乡市	**Pingxiang**	**12769**	**14046**	**15274**	**16598**
安源区	Anyuan	14845	16255	17656	19151
湘东区	Xiangdong	13116	14264	15481	16832
莲花县	Lianhua	6848	7644	8518	9591
上栗县	Shangli	12486	13834	15054	16366
芦溪县	Luxi	12994	14189	15459	16750
九江市	**Jiujiang**	**10139**	**11143**	**12157**	**13303**
濂溪区	Lianxi	14058	15422	15407	16794
浔阳区	Xunyang	14852	16233	17564	19092
柴桑区	Caisang	10956	12030	13118	14351
武宁县	Wuning	10707	11810	12897	14147
修水县	Xiushui	6689	7599	8465	9415
永修县	Yongxiu	11521	12662	13814	15127
德安县	De'an	11526	12713	13851	15167
庐山市	Lushan	9738	10712	12988	14196
都昌县	Duchang	5461	6253	7066	7843
湖口县	Hukou	11166	12271	13363	14619
彭泽县	Pengze	10745	11830	12907	14133
瑞昌市	Ruichang	11050	12144	13237	14468
共青城市	Gongqingcheng	13193	14460	13843	15139

1-26-2　各县(市、区)农村居民人均可支配收入情况(2014-2017年)
Per Capita Income of Rural Households by Region(2014-2017)

单位：元/人　　(yuan/person)

地　区	Region	2014	2015	2016	2017
新余市	**Xinyu**	**12831**	**13986**	**15203**	**16581**
渝水区	Yushui	12970	14306	15565	16997
分宜县	Fenyi	12575	13656	14831	16166
鹰潭市	**Yingtan**	**11350**	**12383**	**13534**	**14737**
月湖区	Yuehu	12173	13282	14545	15831
余江区	Yujiang	11345	12650	13902	15157
贵溪市	Guixi	11392	12588	13507	14732
赣州市	**Ganzhou**	**6946**	**7786**	**8729**	**9717**
章贡区	Zhanggong	10158	11438	12768	14078
赣县区	Ganxian	6888	7747	8588	9542
信丰县	Xinfeng	8607	9700	10803	11909
大余县	Dayu	7762	8677	9664	10657
上犹县	Shangyou	6835	7634	8494	9407
崇义县	Chongyi	6845	7633	8515	9390
安远县	Anyuan	6740	7537	8371	9227
龙南县	Longnan	7640	8572	9506	10481
定南县	Dingnan	6069	6797	7722	8806
全南县	Quannan	5330	6001	6839	7802
宁都县	Ningdu	6780	7695	8609	9559
于都县	Yudu	6878	7862	8799	9793
兴国县	Xingguo	6842	7849	8794	9729
会昌县	Huichang	6792	7764	8715	9612
寻乌县	Xunwu	6702	7597	8444	9424
石城县	Shicheng	5818	6662	7398	8435
瑞金市	Ruijin	7156	8251	9211	10301
南康区	Nankang	7278	8237	9166	10165
吉安市	**Ji'an**	**9262**	**10355**	**11380**	**12543**
吉州区	Jizhou	11293	12625	13862	15276
青原区	Qingyuan	9322	10366	11350	12406
吉安县	Ji'an	7234	8283	9317	10325
吉水县	Jishui	11292	12568	13825	15179
峡江县	Xiajiang	8506	9519	10423	11497
新干县	Xingan	10569	11700	12858	14118
永丰县	Yongfeng	10873	12167	13347	14722
泰和县	Taihe	10144	11351	12452	13722
遂川县	Suichuan	6752	7677	8570	9506
万安县	Wan'an	6751	7649	8490	9530
安福县	Anfu	9985	11063	12125	13289
永新县	Yongxin	6667	7587	8432	9453
井冈山市	Jinggangshan	6799	7687	8577	9556

1-26-3 各县(市、区)农村居民人均可支配收入情况(2014-2017年)
Per Capita Income of Rural Households by Region(2014-2017)

单位：元/人 (yuan/person)

地区	Region	2014	2015	2016	2017
宜春市	**Yichun**	**10526**	**11621**	**12643**	**13747**
袁州区	Yuanzhou	10253	11360	12326	13425
奉新县	Fengxin	11782	13066	14164	15371
万载县	Wanzai	8395	9268	10167	11106
上高县	Shanggao	12421	13713	14879	16114
宜丰县	Yifeng	10895	12072	13086	14175
靖安县	Jing'an	9898	11016	12029	13127
铜鼓县	Tonggu	6824	7725	8490	9257
丰城市	Fengcheng	12025	13228	14313	15573
樟树市	Zhangshu	11924	13271	14412	15671
高安市	Gaoan	11690	12859	13926	15072
抚州市	**Fuzhou**	**10410**	**11441**	**12447**	**13563**
临川区	Linchuan	12531	13925	15150	16529
南城县	Nancheng	11749	12924	14074	15369
黎川县	Lichuan	9924	10887	11779	12816
南丰县	Nanfeng	15688	17147	18519	20130
崇仁县	Chongren	12530	13721	14873	16167
乐安县	Le'an	6219	7083	7898	8794
宜黄县	Yihuang	9969	10956	11865	12933
金溪县	Jinxi	10425	11582	12624	13710
资溪县	Zixi	9831	10725	11605	12637
东乡区	Dongxiang	12163	13391	14543	15896
广昌县	Guangchang	6553	7430	8304	9364
上饶市	**Shangrao**	**9102**	**10112**	**11103**	**12174**
信州区	Xinzhou	12075	13382	14358	15692
广信区	GuangXin	6857	7726	8535	9520
广丰区	Guangfeng	11268	12541	13760	15134
玉山县	Yushan	10305	11580	12788	14045
铅山县	Qianshan	8860	9952	10927	11965
横峰县	Hengfeng	6791	7627	8423	9469
弋阳县	Yiyang	9371	10518	11532	12630
余干县	Yugan	6827	7736	8577	9472
鄱阳县	Poyang	6866	7731	8574	9483
万年县	Wannian	9213	10374	11403	12491
婺源县	Wuyaun	8833	9806	10750	11797
德兴市	Dexing	10590	11748	12873	14089

1-27-1 各县(市、区)农村居民人均可支配收入情况(2018-2022年)

Per Capita Income of Rural Households by Region(2018-2022)

单位：元/人 (yuan/person)

地 区	Region	2018	2019	2020	2021	2022
南昌市	**Nanchang**	**17866**	**19498**	**20921**	**22913**	**24218**
东湖区	Donghu	—	—	—	—	—
西湖区	Xihu	—	—	—	—	—
青云谱区	Qingyunpu	—	—	—	—	—
湾里区	Wanli	13770	15016	16185	17575	18481
青山湖区	Qingshanhu	20388	22113	23742	25935	27455
南昌县	Nanchang	19629	21504	23112	25444	27080
新建区	Xinjian	17887	19577	21167	23163	24413
安义县	Anyi	15950	17437	18924	20881	22178
进贤县	Jinxian	18352	20077	21438	23501	24858
景德镇市	**Jingdezhen**	**16510**	**17985**	**19297**	**20996**	**22331**
昌江区	Changjiang	17142	18646	20007	21777	23026
珠山区	Zhushan	—	—	—	—	—
浮梁县	Fuliang	16521	18014	19547	21580	23100
乐平市	Leping	16477	17919	19150	20644	21957
萍乡市	**Pingxiang**	**18012**	**19536**	**20831**	**22862**	**24279**
安源区	Anyuan	20715	22425	23885	26059	27461
湘东区	Xiangdong	18214	19757	21219	23149	24492
莲花县	Lianhua	10671	11786	12843	14461	15742
上栗县	Shangli	17762	19279	20534	22564	23986
芦溪县	Luxi	18143	19616	21068	23050	24752
九江市	**Jiujiang**	**14482**	**15772**	**17051**	**18838**	**20108**
濂溪区	Lianxi	18171	19661	21161	23425	25002
浔阳区	Xunyang	—	—	—	—	—
柴桑区	Chaisang	15682	17102	18531	20544	21803
武宁县	Wuning	15412	16784	18086	20022	21311
修水县	Xiushui	10437	11564	12684	14320	15670
永修县	Yongxiu	16497	17949	19051	21011	22478
德安县	De'an	16567	18025	19476	21443	22824
庐山市	Lushan	15393	16702	17792	19482	20604
都昌县	Duchang	8722	9664	10515	11803	12916
湖口县	Hukou	15920	17353	18659	20362	21676
彭泽县	Pengze	15390	16745	18113	20065	21514
瑞昌市	Ruichang	15741	17095	18454	20207	21511
共青城市	Gongqingcheng	16418	17830	19048	21072	22639

1-27-2 各县(市、区)农村居民人均可支配收入情况(2018-2022年)
Per Capita Income of Rural Households by Region(2018-2022)

单位：元/人 (yuan/person)

地　区	Region	2018	2019	2020	2021	2022
新余市	**Xinyu**	**17993**	**19481**	**20747**	**22604**	**23859**
渝水区	Yushui	18445	19952	21275	22936	24250
分宜县	Fenyi	17540	19024	20168	22067	23278
鹰潭市	**Yingtan**	**16145**	**17668**	**18873**	**20686**	**21892**
月湖区	Yuehu	17324	18963	20011	21903	23174
余江区	Yujiang	16656	18278	19543	21582	23033
贵溪市	Guixi	16139	17646	18869	20645	21830
赣州市	**Ganzhou**	**10782**	**11941**	**13036**	**14675**	**15900**
章贡区	Zhanggong	15565	17148	18593	20936	22626
赣县区	Ganxian	10546	11754	12790	14410	15856
信丰县	Xinfeng	13076	14388	15625	17597	19018
大余县	Dayu	11712	12886	13972	15539	16648
上犹县	Shangyou	10406	11478	12434	14055	15421
崇义县	Chongyi	10412	11471	12449	13832	14863
安远县	Anyuan	10348	11381	12302	13544	14792
龙南县	Longnan	11591	12760	13683	15395	16612
定南县	Dingnan	9703	10892	11886	13389	14811
全南县	Quannan	8593	9654	10717	11912	13132
宁都县	Ningdu	10515	11618	12706	14265	15479
于都县	Yudu	10775	11930	13037	14483	15622
兴国县	Xingguo	10712	11909	13049	14525	15719
会昌县	Huichang	10751	11829	13098	14716	15905
寻乌县	Xunwu	10599	11872	13077	14834	16405
石城县	Shicheng	9573	10738	12042	13731	15137
瑞金市	Ruijin	11355	12510	13655	15360	16573
南康区	Nankang	11308	12452	13471	14983	16191
吉安市	**Ji'an**	**13820**	**15227**	**16491**	**18298**	**19588**
吉州区	Jizhou	16836	18503	20038	22048	23516
青原区	Qingyuan	13597	14943	16183	17972	19267
吉安县	Ji'an	11411	12565	13761	15482	16915
吉水县	Jishui	16646	18261	19605	21414	22839
峡江县	Xiajiang	12692	14025	15009	16435	17594
新干县	Xingan	15536	17043	18272	20274	21752
永丰县	Yongfeng	16203	17904	19385	21512	22897
泰和县	Taihe	15067	16536	17811	19503	20878
遂川县	Suichuan	10648	11804	12928	14536	16036
万安县	Wan'an	10585	11710	13049	14605	15896
安福县	Anfu	14604	16028	17366	19333	20591
永新县	Yongxin	10458	11614	12708	14166	15422
井冈山市	Jinggangshan	10583	11643	12872	14551	15974

1-27-3 各县(市、区)农村居民人均可支配收入情况(2018-2022年)
Per Capita Income of Rural Households by Region(2018-2022)

单位：元/人 (yuan/person)

地　　区	Region	2018	2019	2020	2021	2022
宜春市	**Yichun**	**14975**	**16362**	**17588**	**19135**	**20366**
袁州区	Yuanzhou	14669	16052	17296	18647	19833
奉新县	Fengxin	16642	18168	19560	21428	22877
万载县	Wanzai	12180	13364	14326	15472	16387
上高县	Shanggao	17567	19152	20402	22169	23480
宜丰县	Yifeng	15339	16731	17990	19787	21125
靖安县	Jing'an	14380	15661	16824	18429	19519
铜鼓县	Tonggu	10142	11100	11972	13176	13903
丰城市	Fengcheng	16919	18496	20070	22099	23501
樟树市	Zhangshu	16972	18531	19865	21454	22961
高安市	Gaoan	16400	17907	19253	21207	22612
抚州市	**Fuzhou**	**14767**	**16081**	**17385**	**19141**	**20436**
临川区	Linchuan	18033	19697	21304	23652	25251
南城县	Nancheng	16783	18338	19646	21552	22990
黎川县	Lichuan	13918	15147	16227	17736	18872
南丰县	Nanfeng	21774	23571	25204	27478	29146
崇仁县	Chongren	17574	19097	20657	22661	24165
乐安县	Le'an	9800	10804	11834	13290	14495
宜黄县	Yihuang	14097	15352	16534	18072	19348
金溪县	Jinxi	14875	16160	17405	19192	20421
资溪县	Zixi	13762	14987	16225	17883	19200
东乡区	Dongxiang	17294	18842	20293	22180	23601
广昌县	Guangchang	10399	11481	12553	14056	15319
上饶市	**Shangrao**	**13346**	**14670**	**15888**	**17492**	**18736**
信州区	Xinzhou	17146	18744	20113	21830	23306
广信区	GuangXin	10498	11592	12686	14292	15601
广丰区	Guangfeng	16541	18117	19377	21200	22737
玉山县	Yushan	15424	16969	18431	20292	21577
铅山县	Qianshan	13079	14353	15517	16762	17823
横峰县	Hengfeng	10470	11542	12610	14176	15602
弋阳县	Yiyang	13812	15132	16184	17819	19077
余干县	Yugan	10546	11661	12870	14400	15668
鄱阳县	Poyang	10467	11599	12702	14357	15645
万年县	Wannian	13659	14952	16183	17843	18919
婺源县	Wuyaun	12977	14304	15348	16952	18008
德兴市	Dexing	15414	16857	18154	19782	21037

1-28-1 历年城镇住户基本情况
Basic Conditions of Urban Households over the Years

年 份 Year	调查户数 (户) Number of Households Surveyed (households)	家庭人口数 (人) Number of Family Members (person)	就业人口 (人) The Employed Population (person)	平均每户人口数 (人) Average Household Size (person)	平均每户就业人口数(人) Average Number of Employed Persons Per Household (person)	平均每户就业面 (%) Average Employment Ratio Per household (%)
1986	1000	4024.4	2154.7	4.0	2.2	53.5
1987	1000	3982.5	2143.9	4.0	2.1	53.8
1988	1280	4755.0	2554.7	3.7	2.0	53.7
1989	1280	4668.7	2556.7	3.7	2.0	54.7
1990	1280	4612.3	2525.1	3.6	2.0	54.8
1991	1280	4533.5	2507.1	3.5	2.0	55.3
1992	1280	4419.2	2479.6	3.5	1.9	56.1
1993	1280	4317.3	2458.0	3.4	1.9	56.9
1994	1180	3870.4	2245.9	3.3	1.9	58.0
1995	1180	3777.6	2224.2	3.2	1.9	58.9
1996	1180	3757.8	2221.3	3.2	1.9	59.1
1997	1180	3693.4	2242.0	3.1	1.9	60.7
1998	1180	3631.6	2210.2	3.1	1.9	60.9
1999	1314	4023.7	2385.5	3.1	1.8	59.3
2000	1280	3943.3	2206.0	3.1	1.7	55.9
2001	1280	3892.8	2151.1	3.0	1.7	55.3
2002	1280	3801.6	2048.0	3.0	1.6	53.9
2003	1280	3801.6	2035.2	3.0	1.6	53.5
2004	1280	3724.8	1996.8	2.9	1.6	53.6
2005	1280	3699.2	1945.6	2.9	1.5	52.6
2006	1280	3660.8	1958.4	2.9	1.5	53.5
2007	1280	3648.0	2022.4	2.9	1.6	55.4
2008	1280	3712.0	2060.8	2.9	1.6	55.5
2009	1280	3686.4	2009.6	2.9	1.6	54.5
2010	1230	3493.2	1869.6	2.8	1.5	53.5
2011	1230	3530.1	1869.6	2.9	1.5	53.0
2012	1230	3517.8	1906.5	2.9	1.6	54.2
2013	1700	5202.0	2890.0	3.1	1.7	55.6

1-28-2 历年城镇住户基本情况
Basic Conditions of Urban Households over the Years

年份 Year	平均每一就业者赡养人数(人) The Average Number of Dependants Per Employed Person (person)	平均每人每年总收入(元) Average Annual Gross Income Per Person (yuan)	平均每人每年可支配收入(元) Average Annual Disposable Income Per Person (yuan)	可支配收入指数 Disposable Income Index		平均每人每年消费性支出(元) Average Annual Consumer Spending Per Person (yuan)
				以上年为100	以1978年为100	
1986	1.9	744.1	729.8	118.0	171.9	631.0
1987	1.9	808.2	791.9	100.6	172.9	703.2
1988	1.8	965.2	937.8	95.7	165.5	876.5
1989	1.8	1116.8	1081.9	98.4	161.2	977.9
1990	1.8	1224.5	1187.9	107.5	173.3	983.8
1991	1.8	1327.3	1295.4	104.5	181.0	1110.2
1992	1.8	1589.3	1585.0	113.8	206.0	1276.0
1993	1.8	1986.7	1984.8	108.1	222.8	1585.7
1994	1.7	2779.0	2776.8	110.2	245.6	2201.0
1995	1.7	3380.9	3376.6	104.0	255.5	2712.5
1996	1.7	3782.3	3780.2	103.6	264.6	2942.2
1997	1.7	4090.7	4071.4	104.6	276.7	3199.6
1998	1.6	4274.3	4251.5	103.4	286.0	3266.8
1999	1.7	4746.2	4720.6	112.0	320.3	3482.3
2000	1.8	5129.5	5103.6	105.9	339.2	3623.5
2001	1.8	5545.7	5506.1	108.1	366.7	3894.5
2002	1.9	6521.3	6335.6	114.8	421.0	4549.3
2003	1.9	7153.7	6901.4	108.0	454.7	4914.6
2004	1.9	7876.7	7559.6	106.0	482.0	5337.8
2005	1.9	9042.5	8619.7	112.3	541.3	6109.4
2006	1.9	10014.6	9551.1	110.0	595.4	6645.5
2007	1.8	11754.2	11221.9	112.5	669.8	7810.7
2008	1.8	13463.6	12866.4	108.3	725.4	8717.4
2009	1.8	15047.2	14021.5	109.6	795.0	9740.0
2010	1.9	16558.0	15481.1	107.3	853.0	10618.7
2011	1.9	18656.5	17494.9	107.5	917.0	11747.2
2012	1.9	21150.2	19860.4	110.6	1014.2	12775.7
2013	1.8	22949.4	21872.7	107.6	1091.3	13850.5

1-29 城镇住户平均每人每年收入情况(2009-2013年)
Per Capita Annual Income of Urban Households(2009-2013)

单位：元/人 (yuan/person)

指　标	Item	2009	2010	2011	2012	2013
可支配收入	**Disposable Income**	**14021.5**	**15481.1**	**17494.9**	**19860.4**	**21872.7**
工资性收入	Income of Wages and Salaries	9789.8	10613.8	11654.4	13424.9	14767.5
#工资及补贴收入	Wages and Subsidized Income	9621.4	10434.5	11552.9	13005.2	14305.8
其他劳动收入	Other Labor Income	168.4	179.4	101.5	419.7	461.7
经营净收入	Net Business Income	1153.5	1266.2	1721.8	2206.5	2455.9
财产性收入	Property Gains	239.8	344.8	471.7	950.4	1068.2
转移性收入	Transfer Income	3864.1	4333.2	4808.6	4277.0	4657.7
#养老金或离退休金	Pension or Retirement Annuities	2794.3	3281.4	3658.5	2983.1	3248.7
赡养收入	Alimony Income	273.9	287.0	312.4	462.5	598.1
捐赠收入	Donation Income	442.2	373.5	488.3	323.1	268.6

1-30 城镇住户平均每人每年消费性支出情况(2009-2013年)
Per capita Annual Consumption Expenditure of Urban Households(2009-2013)

单位：元/人 (yuan/person)

指　标	Item	2009	2010	2011	2012	2013
消费性支出	**Consumer Spending**	**9740.0**	**10618.7**	**11747.2**	**12775.7**	**13850.5**
食品	Food	3881.6	4195.4	4675.2	5071.6	5221.1
#粮食	Grain	324.9	353.1	718.7	438.1	480.0
油脂类	Oil	170.6	164.5	191.2	200.8	218.8
肉禽及其制品类	Meat and Poultry Products	872.3	916.4	1107.3	1161.9	1113.1
蛋类	Eggs	79.3	89.1	104.3	104.0	101.0
水产品类	Aquatic Products	237.0	254.7	261.0	291.2	298.3
蔬菜类	Vegetables	486.5	581.9	580.7	671.3	732.9
干鲜瓜果类	Dry and Fresh Melon and Fruits	297.3	345.9	392.0	423.0	382.9
奶及奶制品	Milk and Dairy Products	180.8	171.0	205.8	218.1	208.2
在外饮食	Eat Out	565.3	589.1	659.4	674.6	749.1
衣着	Clothing	1053.0	1138.8	1272.9	1476.6	1566.5
居住	Residence	935.4	1109.8	1114.5	1173.9	1414.9
家庭设备用品及服务	Home Appliances and Services	761.9	854.6	914.9	966.2	1004.2
#耐用消费品	Consumer Durables	324.9	410.1	379.2	336.9	428.7
医疗保健	Health Care and Medical Services	550.3	524.2	641.2	670.7	672.5
交通通信	Transport and Communications	1145.2	1270.3	1310.2	1501.3	1812.8
#交通	Transport	676.6	733.0	763.6	915.3	1087.6
通信	Communications	468.6	537.3	546.7	586.0	725.1
教育文化娱乐服务	Education Cultural and Recreation Services	1066.9	1179.9	1429.3	1487.3	1687.0
#文化娱乐用品	Cultural and Entertainment Supplies	247.3	278.7	317.9	321.6	288.8
文化娱乐服务	Cultural and Entertainment Services	395.6	427.4	500.7	617.1	544.9
教育	Education	424.0	473.8	610.7	548.7	853.3
其他商品和服务	Other Goods and Services	345.8	345.7	389.1	427.9	471.6

1-31　城镇住户平均每百户主要耐用消费品拥有量(2009-2013年)
Main Durable Goods Owned Per 100 Urban Households(2009-2013)

品　名	Item	单位	2009	2010	2011	2012	2013
摩托车	Motorcycle	辆	20.3	20.8	19.4	25.1	25.5
家用汽车	Family Vehicle	辆	4.3	5.3	8.9	14.9	18.0
洗衣机	Washing Machine	台	92.5	93.8	93.7	91.2	92.3
电冰箱	Refrigerator	台	95.3	96.6	94.6	94.9	95.2
彩色电视机	Color Television Set	台	146.1	148.0	155.5	139.6	140.2
家用电脑	Computer	台	54.9	59.9	73.9	72.4	76.4
组合音响	Combined Stereo	套	28.0	27.8	21.5	12.8	12.3
照相机	Camera	架	31.7	33.8	36.0	31.7	31.5
微波炉	Microwave Oven	台	53.5	55.9	55.0	52.0	52.6
空调器	Air Conditioner	台	102.0	107.7	124.6	119.0	122.5
淋浴热水器	Shower Heater	台	91.1	92.3	95.5	92.6	92.2
健身器材	Body Building Equipment	套	3.0	3.2	2.1	2.1	2.3
移动电话	Mobile Telephone	部	175.2	181.2	200.5	208.2	214.0

1-32　历年农村居民家庭基本情况
Basic Conditions of Rural Households Over The Years

年　份 Year	平均每户常住人口（人） Average Permanent Population Per Household (person)	平均每户整半劳动力（人） Average Number of Full Semi Labour Force Per Household (person)	平均每个劳动力负担人口（人） Average Number of Dependents Per Laborer Force (person)	平均每人纯收入（元） Net Income Per Person (yuan)	平均每人住房面积（平方米） Average Living Space Per Person (square meters)
1978	5.7	2.8	2.5	140.7	
1979	5.7	2.3	2.5	156.5	
1980	5.9	2.5	2.4	181.2	9.1
1981	6.1	2.8	2.2	226.9	10.1
1982	6.0	2.6	2.3	269.7	11.6
1983	5.9	2.9	2.0	301.8	13.9
1984	5.9	3.0	2.0	334.1	15.6
1985	5.8	3.1	1.9	377.3	16.2
1986	5.7	3.0	1.9	395.6	17.5
1987	5.6	3.0	1.9	429.3	18.5
1988	5.5	3.0	1.8	488.2	19.4
1989	5.4	3.0	1.8	558.6	19.9
1990	5.3	3.0	1.8	669.9	20.6
1991	5.1	2.9	1.7	702.5	20.1
1992	5.0	2.9	1.7	768.4	20.7
1993	4.9	3.0	1.6	869.8	22.9
1994	4.9	3.1	1.6	1218.2	21.6
1995	4.8	3.1	1.5	1537.4	22.7
1996	4.7	3.0	1.6	1869.6	24.0
1997	4.6	3.0	1.5	2107.3	24.3
1998	4.6	3.0	1.5	2048.0	25.3
1999	4.5	3.0	1.5	2129.5	26.9
2000	4.4	3.0	1.5	2135.3	27.8
2001	4.4	3.0	1.5	2231.6	28.3
2002	4.4	3.0	1.5	2334.2	29.2
2003	4.4	3.1	1.4	2457.5	30.6
2004	4.3	3.1	1.4	2952.6	31.4
2005	4.3	3.1	1.4	3265.5	34.1
2006	4.3	3.2	1.4	3584.7	35.9
2007	4.3	3.2	1.4	4097.8	36.8
2008	4.3	3.2	1.4	4697.2	37.6
2009	4.3	3.2	1.4	5075.0	39.5
2010	4.3	3.2	1.4	5788.6	40.3
2011	4.3	3.1	1.4	6891.6	46.8
2012	4.2	3.0	1.4	7827.8	47.6
2013	4.2	2.9	1.5	8781.5	49.1

1-33 农民家庭平均每人纯收入情况(2009-2013年)
The Average Net Income per person of Rural Households(2009-2013)

单位：元 (yuan)

指 标	Item	2009	2010	2011	2012	2013
全年纯收入	**Net Income for the Whole Year**	**5075.0**	**5788.6**	**6891.6**	**7827.8**	**8781.5**
工资性收入	Income from Wages and Salaries	2019.0	2394.6	2934.5	3801.3	4422.1
在非企业组织中劳动得到的收入	Income from Labor in A Non-enterprise Organization	191.0	211.2	196.0	236.9	267.7
在本地劳动得到的收入	Income from Local Labor	606.7	728.2	1095.7	1480.9	1751.2
常住人口外出从业得到的收入	Income from Employment Outside the Home	1221.2	1455.2	1642.8	2083.5	2403.2
家庭经营收入	Income from Household Operations	2685.3	2919.4	3421.4	3448.3	3683.8
第一产业	Primary Industry	2165.2	2341.4	2752.9	2526.7	2668.2
种植业收入	Income from Farming	1761.9	1910.1	2184.7	2058.3	2176.3
林业收入	Forestry	105.8	125.0	138.0	131.7	115.5
牧业收入	Animal Husbandry	245.5	257.7	382.5	295.9	298.7
渔业收入	Fishery	52.1	48.6	47.8	40.8	77.6
第二产业	Secondary Industry	220.5	240.9	244.6	265.1	283.6
第三产业	Tertiary Industry	299.7	337.1	423.9	656.5	732.0
财产性收入	Property Income	80.4	100.2	111.5	156.1	191.0
转移性收入	Transfer Income	290.3	374.3	424.2	422.1	484.6

1-34 农民家庭平均每人总支出情况(2009-2013年)
Per Capita Total Expenditure of Rural Households(2009-2013)

单位：元 (yuan)

指 标	Item	2009	2010	2011	2012	2013
全年总支出	**Annual Total Expenditure**	**5306.2**	**5904.3**	**7280.8**	**7352.5**	**7762.9**
家庭经营费用支出	Expenditure on Production and Management	1297.2	1484.4	1837.7	1534.2	1578.8
第一产业	Primary Industry	1053.5	1210.9	1532.6	1270.9	1222.9
第二产业	Secondary Industry	82.9	93.1	106.7	90.5	82.5
第三产业	Tertiary Industry	160.8	180.4	198.4	172.8	273.5
购置生产性固定资产支出	Expenditures on the Purchase of Productive Fixed Assets	148.5	133.3	164.4	111.8	121.0
生活消费支出	Living Expenditure	3532.7	3911.6	4660.1	5129.8	5653.6
食品	Food	1609.2	1812.7	2106.4	2233.0	2389.1
衣着	Clothing	162.6	174.6	233.6	265.0	308.6
居住	Residence	725.1	782.7	888.9	1030.2	1163.1
家庭设备、用品及服务	Household Equipment, Supplies and Services	181.9	205.3	277.5	278.3	323.9
交通和通讯	Transportation and Communications	295.8	331.8	393.3	494.5	587.6
文化、教育、娱乐用品及服务	Culture, Education, Entertainment and Services	254.8	285.2	319.4	342.7	356.4
医疗保健	Medical Articles	232.8	243.8	346.7	380.4	401.3
其他商品和服务	Other Commodities and Services	70.5	75.5	94.3	105.6	123.8
财产性支出	Property Expenditure	21.1	34.8	19.2	0.7	0.9
转移性支出	Transfer Expenditure	288.6	332.2	587.6	571.5	403.8

1-35 农民家庭平均每百户主要耐用消费品拥有量情况(2009-2013年)
Main Durable Goods Owned Per 100 Rural Households(2009-2013)

指　标	Item	单位	2009	2010	2011	2012	2013
自行车	Bicycle	辆	83.5	84.9	60.8	62.7	63.3
洗衣机	Washing Machine	台	11.6	14.1	22.0	27.8	31.9
电冰箱	Refrigerator	台	34.7	45.8	68.1	73.6	78.1
摩托车	Motorcycle	辆	58.3	60.5	67.9	69.3	75.8
彩色电视机	Color Television Set	台	103.8	106.9	117.0	120.5	127.4
抽油烟机	Range Hood	台	2.7	3.8	6.5	8.7	14.2
空调机	Air Conditioner	台	6.2	10.2	17.4	21.2	30.0
热水器	Shower Heater	台	11.1	16.3	29.0	33.9	46.6
微波炉	Microwave Oven	台	1.4	2.7	3.8	5.3	9.1
电话机	Telephone	部	53.8	50.9	25.1	22.9	19.3
移动电话	Mobile Telephone	部	127.3	141.0	189.4	200.2	220.9
照相机	Camera	架	2.4	2.7	2.5	2.6	4.5
家用计算机	Computer	台	3.3	5.2	10.6	13.3	18.5

主要统计指标解释

可支配收入　指城乡住户在调查期内获得的可用于最终消费支出和储蓄的总和，即住户可以用来自由支配的收入。可支配收入既包括现金，也包括实物收入。按照收入来源，可支配收入包含四项，分别为：工资性收入、经营净收入、财产净收入、转移净收入。计算公式为：

可支配收入=工资性收入+经营净收入+财产净收入+转移净收入

其中：经营净收入=经营收入-经营费用-生产性固定资产折旧-生产税净额（生产税-生产补贴）

财产净收入=财产性收入-财产性支出

转移净收入=转移性收入-转移性支出

工资性收入　指就业人员通过各种途径得到的全部劳动报酬和各种福利，包括受雇于单位或个人、从事各种自由职业、兼职和零星劳动得到的全部劳动报酬和福利。

经营净收入　指住户或住户成员从事生产经营活动所获得的净收入，是全部经营收入中扣除经营费用、生产性固定资产折旧和生产税净额（生产税减去生产补贴）之后得到的净收入。

财产净收入　指住户或住户成员将其所拥有的金融资产和自然资源交由其他机构单位、住户或个人支配而获得的回报并扣除相关的费用之后得到的净收入。财产净收入包括利息净收入、红利收入、储蓄性保险净收益和转让承包土地经营权租金净收入等。

转移净收入　指国家、单位、社会团体对住户的各种经常性转移支付和住户之间的经常性收入转移。包括政府、非行政事业单位、社会团体对居民转移的养老金或退休金、社会救济和补助、政策性生活补贴、救灾款、经常性捐赠和赔偿以及报销医疗费等；住户之间的赡养收入、经常性捐赠和赔偿以及农村地区（村委会）在外（含国外）工作的本住户非常住成员寄回带回的收入等。是住户或住户成员当年得到的转移性收入减去转移性支出后的净额。

消费支出　指住户用于满足家庭日常生活消费需要的全部支出，包括用于消费品的支出和用于服务性消费的支出。根据用途不同，消费支出可划分为食品烟酒、衣着、居住、生活用品及服务、交通通信、教育文化娱乐、医疗保健、其他用品及服务八大类。根据来源不同，消费支出可划分为现金消费支出、实物消费支出（含自产自用、来自单位、来自政府和其他社会组织）。

转移性支出　指调查户对国家、单位、住户或个人的经常性或义务性转移支付。包括缴纳的税款、各项社会保障支出、赡养支出、经常性捐赠和赔偿支出以及其他经常转移支出等。

财产性支出　是指调查户支付的生活贷款利息以及其他财产性支出等。

城镇居民人均可支配收入（老口径）　指城镇家庭总收入扣除交纳的个人所得税和个人交纳的各项社会保障支出之后，按照城镇居民家庭人口平均的收入水平。其中家庭总收入是指该家庭中生活在一起的所有家庭人员从各种渠道得到的所有收入之和。

农民纯收入（老口径）　指农村住户当年从各个来源得到的总收入相应地扣除所发生的费用后的收入总和。纯收入主要用于再生产投入和当年生活消费支出，也可用于储蓄和各种非义务性支出。“农民人均纯收入”按人口平均的纯收入水平，反映的是一个地区或一个农户农村居民的平均收入水平。计算方法：

纯收入＝总收入-家庭经营费用支出-税费支出-生产性固定资产折旧-赠送农村内部亲友

Explanatory Notes on Main Statistical Indicators

Disposable Income refers to the income of residents for purpose of final expenditure and savings. It includes income both in cash and in kind. By sources of income, disposable income includes four categories: income from wages and salaries, net business income, net income from properties and net income from transfer.

The calculation formula is:

Disposable income=salary income+net operating income+net property income+net transfer income

Among them: net operating income=operating income-operating expenses-depreciation of productive fixed assets-net production tax (production tax-production subsidies)

Net property income=property income-property expenditure

Net transfer income=transfer income-transfer expenditure

Income from Wages and Salaries refers to remuneration and benefits of all kinds of employed persons, including those employed by other units or individuals, freelance workers, part-time jobs, and sporadic workers.

Net Business Income refers to net income earned by households and their members engaged in production and business activities. It refers to the net income of operating revenue minus operating costs, depreciation of productive fixed assets, and production tax.

Net Income from Properties refers to the net income received as returns by households or members through lending of their financial assets, non-financial assets such as housing, to other institutions, households or individuals, minus relevant costs. Net income from properties includes net income of interest, bonus income, net income of saving insurance, net income from transferring management right of contract land, income from lending of housing, income from lending other assets, net converted rents of self-owned housing. Net income from properties do not include premium of transferring ownership of assets.

Net Income from Transfer

refers to the regular transfer received from governments, institutions, social organizations to households and between households. Including government, non administrative institutions, and social organizations transferring pension or retirement benefits, social relief and subsidies, policy based living subsidies, disaster relief funds, regular donations and compensation, and reimbursement of medical expenses to residents; The maintenance income, regular donations and compensation between residents, as well as the income sent back by non resident members of the household who work outside (including overseas) in rural areas (village committees). It is the net amount of transfer income received by households or household members in the current year minus transfer expenses.

Consumption Expenditure refers to all expenditure of residents for living expenditure to satisfy family daily living. It includes expenditure in cash and in kind. It includes eight categories: food, tobacco and liquor; clothing and footwear; housing; household equipments, furnishings and services; transport and communications; education, culture and recreation; health care and medical services, and miscellaneous goods and services. According to different sources, consumption expenditure can be divided into cash consumption expenditure and physical consumption expenditure (including self production and self use, from units, from governments and other social organizations).

Expenditure from Transfer refers to regular or obligatory transfer paid to government, institutions, households or individuals. It includes tax payment, expenditure on all kinds of social security, supporting expenditure, regular donation, compensation payment and other regular transfer expenditure.

Property Expenditure It refers to the living loan interest and other property expenses paid by the surveyed households.

Per capita disposable income of urban residents (old standard) It refers to the average income level of urban households after deducting the Personal income tax paid and various social security expenditures paid by individuals from the total income of urban households. The total household income refers to the sum of all income received from various channels by all family members living together in the family.

Net income of farmers (old standard)　Refers to the total income obtained by rural residents from various sources in the current year, after deducting the expenses incurred. Net income is mainly used for reproduction inputs and current year's living expenses, as well as for savings and various non compulsory expenses. The "per capita net income of farmers" reflects the average income level of rural residents in a region or a household based on the average net income level of the population. Calculation method:

Net income=total income-household operating expenses-tax expenses-depreciation of productive fixed assets-gifts to family and friends in rural areas

价格调查

Price Survey

简要说明

消费价格指数与商品零售价格指数是根据抽样方法抽取，在全省 11 个设区市和瑞昌市、信丰县、宁都县、泰和县、上高县、南城县、铅山县等 7 个县（市），共 18 个市县选取 4400 多个具有代表性的调查点，共 28000 多个代表规格品，由专人定期到调查点采集实际成交价加权计算得到的。

工业生产者价格指数包括工业生产者出厂价格指数和工业生产者购进价格指数，根据《工业生产者价格统计报表制度》抽选样本企业，样本企业每月采集 5 日和 20 日出厂、购进时点价格，然后用其价格变动加权计算得到。

农产品生产价格指数是反映一定时期内，农产品生产者出售的农产品价格水平变动趋势及幅度的相对数。根据国家统计局《农业产值和价格综合统计报表制度》的要求，在全省 28 个市县（区）抽选出 648 家农产品生产企业、规模户和普通农户，对 25 个目标农产品类别或代表品进行调查。

房地产价格调查指数包括新建商品住宅价格指数和二手住宅价格指数，根据《房地产价格统计报表制度》，在南昌市、九江市、赣州市、吉安市、宜春市 5 个设区市按月度开展调查，按照 90 平方米及以下、90-144 平方米、144 平方米以上三个基本分类加权计算。其中，吉安市、宜春市相关数据暂时不对外公开。

Brief Description

The consumer price index and commodity retail price index are selected according to the sampling method, and more than 4,400 representative survey points are selected from 18 cities and counties in the province, including 11 prefecture-level cities, Ruichang, Xinfeng, Ningdu, Taihe, Shanggao, Nancheng and Yanshan, with a total of more than 28,000 representative specifications. It is calculated by weighting the acutal transaction price collected by specially-assigned person at the survey point on a regular basis.

The Producer Price Index (PPI) includes the Producer Price Index for Finished Goods and the Producer Price Index for Intermediate Goods. According to the "Industrial Producer Price Statistics Reporting System", a sample of enterprises is selected, and prices are collected from these sample enterprises on the 5th and 20th of each month for both sales and purchases. The PPI is then calculated by weighting the price changes of these samples.

The production price index of agricultural products is the relative number reflecting the fluctuation trend and range of the price level sold by agricultural producers in a certain period of time. According to the requirements of the Comprehensive Statistical Statement System of Agricultural Output Value and Price of the National Bureau of Statistics, 648 agricultural production enterprises, large-scale households and ordinary households were selected from 28 cities and counties (districts) in the province, and 25 target agricultural products or representative products were investigated.

House Price Survey Index includes the New Residential Housing Price Index and the Second-hand Residential Housing Price Index. According to the "Real Estate Price Statistics Reporting System", surveys are conducted on a monthly basis in five prefecture-level cities: Nanchang, Jiujiang, Ganzhou, Ji'an, and Yichun. The index is calculated by weighting the three basic categories: 90 square meters and below, 90-144 square meters, and above 144 square meters. Among them, relevant data of Ji'an and Yichun can not be disclosed temporarily.

2022 年江西居民消费价格温和上涨

2022 年江西省委、省政府加快推进高质量跨越式发展，扎实做好“六稳”工作，全面落实“六保”任务，着力保障和改善民生，农业生产稳步推进，生猪生产持续恢复，落实好重要民生商品及大宗商品的保供稳价措施，为居民生活消费提供稳定保障，物价总体平稳运行。全年居民消费价格较上年上涨 2.0%，涨幅比上年同期扩大 1.1 个百分点。其中，食品价格上涨 2.9%，消费品价格上涨 2.7%，服务价格上涨 0.9%。扣除食品和能源的核心 CPI 较上年上涨 0.7%。

一、全年 CPI 运行总体平稳

（一）与全国趋势一致

2022 年，全省居民消费价格上涨 2.0%，涨幅与全国平均水平一致，位列全国第 12 位。分类别看，食品烟酒、生活用品及服务、医疗保健价格涨幅分别低于全国平均水平 0.2、0.4、0.4 个百分点，居住、教育文化娱乐、交通通信分别高于全国平均水平 0.2、0.3、0.4 个百分点，衣着、其他用品及服务与全国平均水平持平（详见图 1）。

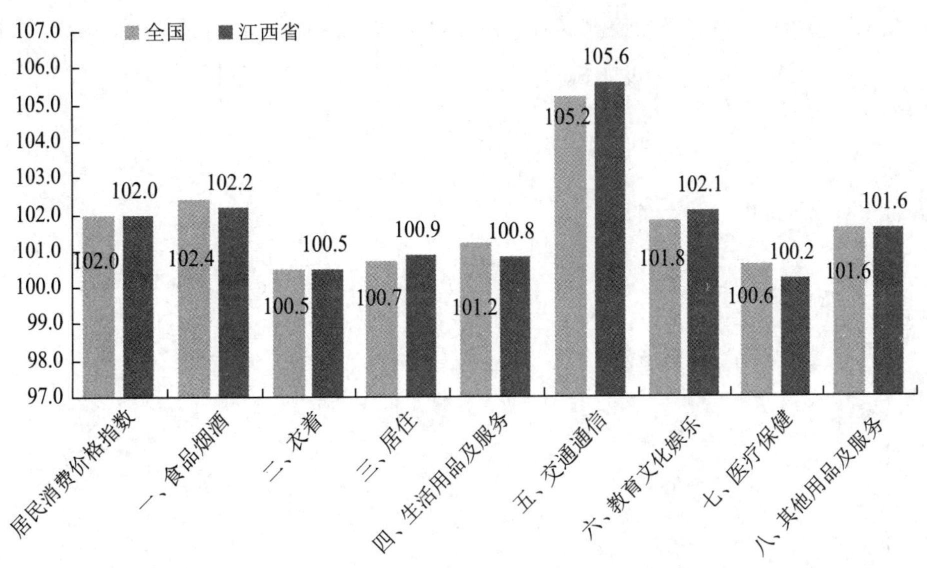

图 1　2022 年全国与江西省居民消费价格分类别指数

与中部六省比，全省居民消费价格涨幅位居中列，低于山西、湖北，高于河南、湖南，与安徽持平（详见图 2）。

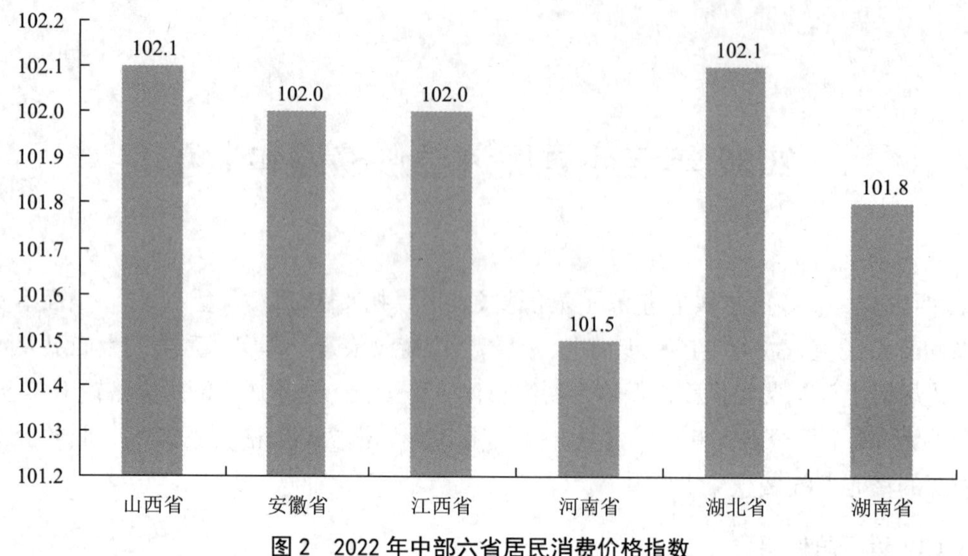

图 2　2022 年中部六省居民消费价格指数

（二）各月环比同比变动情况

1. 全年环比涨多跌少。从环比看，2022 年，1-12 月环比涨跌幅分别为 0.3%、0.8%、持平、0.4%、持平、0.2%、0.3%、-0.1%、0.5%、0.1%、-0.4%和-0.2%。上涨的月份有 7 个，较上年增加 1 个。持平的月份有 2 个，较上年增加 1 个。下降的月份有 3 个，较上年减少 2 个，主要集中在下半年，特别是第四季度（详见图 3）。

2. 同比持续上涨。从同比看，2022 年，1-12 月同比涨跌幅分别为 0.5%、0.8%、1.4%、2.0%、2.0%、2.6%、2.8%、2.6%、2.9%、2.4%、1.8%和 2.0%。从年初开始，同比涨幅逐季扩大，特别是上半年，涨幅扩大趋势明显。一季度上涨 0.9%，二季度上涨 2.2%，三季度上涨 2.8%，四季度上涨 2.0%，四季度涨幅略有回落（详见图 3）。

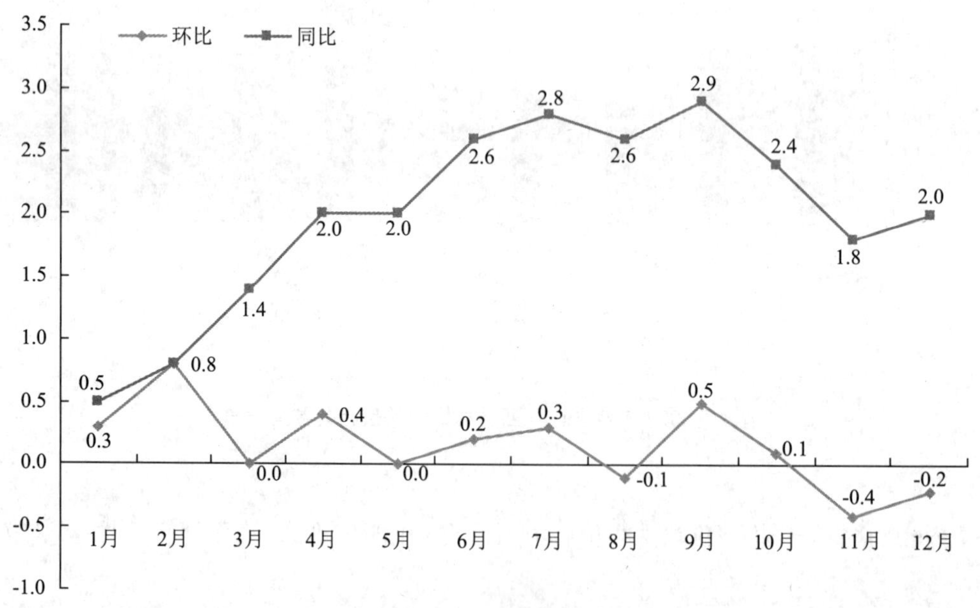

图 3　2022 年江西省居民消费价格各月涨跌幅（%）

（三）“八大类”均上涨

从分类看，2022 年，八大类商品和服务价格全部上涨。其中，交通通信价格上涨 5.6%，食品烟酒价格上涨 2.2%，教育文化娱乐价格上涨 2.1%，其他用品及服务价格上涨 1.6%，居住价格上涨 0.9%，生活用品及服务价格上涨 0.8%，衣着价格上涨 0.5%，医疗保健价格上涨 0.2%（详见图 4）。

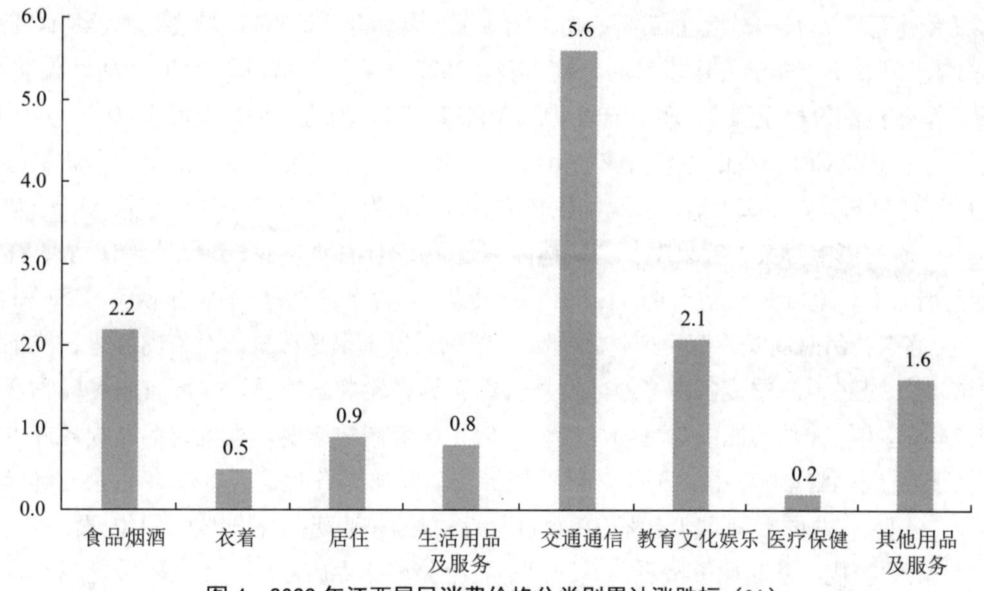

图 4　2022 年江西居民消费价格分类别累计涨跌幅（%）

二、全年 CPI 运行特点

1. 食品上涨较快。2022 年以来，食品价格同比涨幅前低后高，全年上涨 2.9%,涨幅较上年扩大 4.8 个百分点。其中有 4 个月份食品价格同比涨幅超 6.0%，其中涨幅最高月份为 9 月（同比涨幅达 9.5%），是近两年来同比涨幅最高月份。从食品各类别看，14 个小类中，上涨的类别 13 个，上涨面达 92.9%，较上年扩大 14.3 个百分点，平均涨幅 4.6%。下降的类别仅 1 个，为畜肉类下降 4.7%。全省居民的“菜篮子”主要食品粮食、食用油、猪肉、禽肉、鲜菜、蛋类、鲜果、水产品等全年价格涨跌幅分别为 1.0%、6.5%、-5.8%、5.8%、4.5%、9.0%、17.5%、0.7%，呈涨多跌少的局面。其中，以鲜果为代表的部分食品价格高位运行，鲜果全年上涨 17.5%，鸭全年上涨 11.4%，蛋类全年上涨 9.0%，均为近十年涨幅第二高位。

2. 交通价格涨幅为近十年新高。2022 年，全省交通价格上涨 7.9%，涨幅较上年扩大 2.2 个百分点，刷新了十年来交通价格最高涨幅。主要是受交通工具用燃料价格上涨拉动，全年交通工具用燃料价格上涨 21.4%，其中柴油价格上涨 23.3%、汽油价格上涨 21.5%、其他车用能源价格上涨 3.9%。其次是受交通费价格上涨拉动，全年交通费价格上涨 2.5%，其中飞机票价格上涨 9.2%、交通工具租赁费价格上涨 4.2%、长途汽车价格上涨 0.6%、出租汽车价格上涨 0.5%、火车票价格上涨 0.3%、网络车价格上涨 0.1%、市内公共交通下降 0.2%。交通工具使用和维修上涨 0.8%，交通工具上涨 0.2%。

3. 服务价格涨势放缓。2022 年，全省服务价格上涨 0.9%，涨幅较上年回落 0.1 个百分点。受疫情影响，服务价格涨势放缓，多种服务价格涨幅回落。其中教育服务价格上涨 2.6%，涨幅较上年回落 0.3 个百分点；文化娱乐服务上涨 0.7%，涨幅较上年回落 1.7 个百分点；家政服务上涨 1.9%，涨幅较上年回落 1.1 个百分点；养老服务上涨 2.2%，涨幅较上年回落 1.6 个百分点。

4.能源价格拉动工业品价格上涨。2022 年，全省工业品价格上涨 3.1%，涨幅较上年扩大 0.9 个百分点，为近十年来新高。全省工业品价格上涨主要是受能源价格上涨拉动，全省能源价格上涨 12.0%，能源价格易受供给变化影响，扣除能源价格波动的全省工业品价格仅微涨 0.4%。

三、影响 CPI 价格走势的主要原因

1. 输入性通胀影响。2022 年，乌克兰危机引发国际粮食和能源价格大幅攀升，多国经济体通胀高企。据国家统计局国家数据网站发布，2022 年 9 月，美国、欧元区、日本等经济体公布的 CPI 同比分别增长 8.2 %、9.9%、3.0%，海外输入性通胀压力相应增加。得益于我国出色的保供稳价能力，我国粮食价格相对稳定，但受国际原油价格高位运行影响，汽、柴油价上涨明显，特别是上半年，国内成品油价格政策性调价

12 次，其中 10 次上涨，95#、92#汽油相继突破 9 元大关。从全年看，2022 年成品油价格政策性调价呈现“13 涨 10 跌 1 搁浅”，下半年油价逐步回落。整体看，2022 年累计上调汽油 550 元/吨，柴油 535 元/吨。从涨价幅度看，全省汽油价格上涨 21.5%、柴油价格上涨 23.3%，液化石油气上涨 25.0%，共同影响 CPI 上涨 0.9 个百分点，是影响 CPI 上涨的主要因素。

2. 极端气候及疫情影响。2022 年，极端气候较多，疫情散发，对全省 CPI 影响较大。一是 2 月份大范围低温雨雪天气，直接影响鲜菜、鲜果生长与调运；二是 2022 年江西罕见气象干旱超历史，高温持续时间长，综合强度前所未有。高温天气始于 4 月 12 日，终止于 10 月 5 日，全省平均高温(≥35℃)日数 59.9 天，排历史第 1 位，高温持续时间长、范围广、强度大，罕见气象干旱超历史，对省内鲜果、鲜菜、禽蛋等生产造成一定影响；三是进入二季度省内多地散发疫情，实施多轮静态管理，提高省内居民物资储备情绪，且疫情防控工作，道路管控措施比以前更为严格，降低了物流周转速度，物流成本、损耗成本相应增加，同时市场供货量也受到一定影响，推动鲜果、鲜菜、蛋类、薯类价格上涨。2022 年，全省鲜果、鲜菜价格分别上涨 17.5%、4.5%，共同影响 CPI 上涨 0.4 个百分点，是影响 CPI 上涨的第二大因素。

3. 生猪市场供需变化。从猪肉价格看，1-3 月全省生猪整体供应充足，尤其春节之后需求进入淡季猪肉价格环比持续下降，至 4 月中下旬受猪周期上行趋势影响猪肉价格触底反弹，同时市场看涨情绪浓、养殖户压栏惜售、市场二次育肥现象凸显，导致供给偏紧。4-10 月我省猪肉价格环比连续 7 个月上涨，其中 7 月份单月环比上涨 25.7%，涨幅创下 2019 年 9 月以来的新高。但全省生猪产能充裕，前三季度全省生猪存栏 1710.4 万头，同比增长 10.7%，创 2015 年来新高；能繁母猪 168.5 万头，同比下降 1.0%，季度环比增长 4.8%，持续大幅上涨没有支撑， 11-12 月，猪肉价格连续两个月下降，从全年猪肉价格总体水平看略低于上年，但降幅收窄。2022 年，全省猪肉价格全年下降 5.8%，降幅较上年收窄 25.8 个百分点，影响 CPI 下降约 0.1 个百分点。

四、2023 年走势研判

1. 政府保供有力是稳定物价的定海神针。2023 年是全面贯彻党的二十大精神开局之年，是实施“十四五”规划承上启下的重要一年。“突出做好稳增长、稳就业、稳物价工作”是刚结束的全省两会 2023 年政府工作提出的总体要求之一。回顾 2022 年稳物价工作，在国际形势复杂严峻，国外粮食价格、电力价格大涨的背景下，全省粮价、居民用水、用电、用气价格平稳，全省粮食价格上涨 1.0%、水价上涨 0.3%、电价与管道燃气价格持平，全年单月同比涨幅始终运行在 3%以下，全年上涨 2.0%，物价总体平稳有序。展望 2023 年，随着全省粮食生产连续丰收，生猪产能合理充裕，重要民生商品供应充足，基础能源保障有力，保供稳价体系进一步健全，政府完全有信心、有能力继续保持物价总体稳定。

2. 疫情防控政策优化，消费潜力释放。为了高效统筹新冠病毒疫情防控，从 2023 年 1 月 8 日开始，将新型冠状病毒感染调整为“乙类乙管”，疫情防控政策进一步优化，随着疫情转入新阶段，2023 年国内消费潜能将强劲释放，出境游、跨省游等被压抑的消费需求将可能呈现“报复性增长”，全国消费经济复苏节奏将逐步加快，餐饮、电影、KTV、住宿、飞机票等消费需求也将迅速回暖，相关服务价格上涨幅度可能扩大。

3. 国际环境的不确定性。2022 年国际环境风高浪急，2023 年，地缘政治冲突是否加剧，欧洲冬季能源危机能否缓解，世界经济陷入滞胀风险上升等国际环境发展形势仍不明朗，对国内经济的冲击充满不确定性。

综上所述，2023 年虽然面临国际环境的不确定性冲突，但在消费强力复苏的大背景下，我国经济稳中有进总基调不变，加强政府保供的物价稳定器作用。预计，2023 年全省 CPI 将保持温和上涨，在合理区间波动。

（赵敏）

2022年江西PPI高开低走　年末下行幅度收窄

2022年，江西高效统筹疫情防控和经济社会发展，积极应对大宗商品价格波动传导、市场需求偏弱等因素影响，强化市场预期管理，保障生产循环畅通，着力抓好稳经济各项政策举措落实，全年工业生产者价格保持上涨。据对全省近1200家规上工业企业调查数据显示：2022年，江西工业生产者出厂价格（PPI）同比上涨3.5%，涨幅较上年同期回落7.0个百分点。江西工业生产者购进价格（IPI）同比上涨9.4%，涨幅较上年同期回落2.9个百分点。

一、江西工业生产者价格总体走势

（一）同比高开低走，12月下行幅度收窄

2022年1-11月，江西PPI同比逐月回落。分月看，1月份同比上涨9.7%，为年内最大涨幅，之后持续回落，至11月份同比下降2.0%；12月份同比下降1.5%，降幅较上月收窄0.5个百分点，下行幅度小幅收窄。分季度看，一季度上涨9.1%，二季度上涨6.0%，三季度上涨1.2%，四季度价格由上涨转为下降1.7%。购进价格走势与出厂价格基本一致（详见图1）。

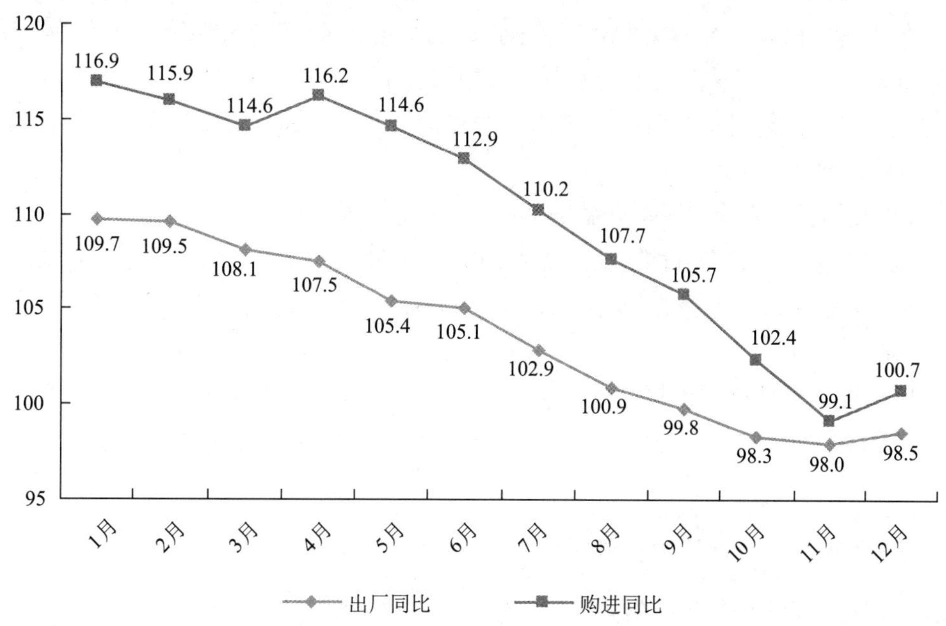

图1　2022年江西工业生产者出厂与购进价格同比指数图

（二）环比价格小幅波动，第四季度重回涨势

从环比看，2022年1-9月，各月PPI涨跌互现，波动下行，幅度高低相差3.5个百分点。步入第四季度，随着市场预期回升，需求逐步恢复，10-12月价格重又回到上涨通道，分别上涨0.4%、0.2%、0.2%。环比连续3个月为正，PPI或处于企稳阶段（详见图2）。

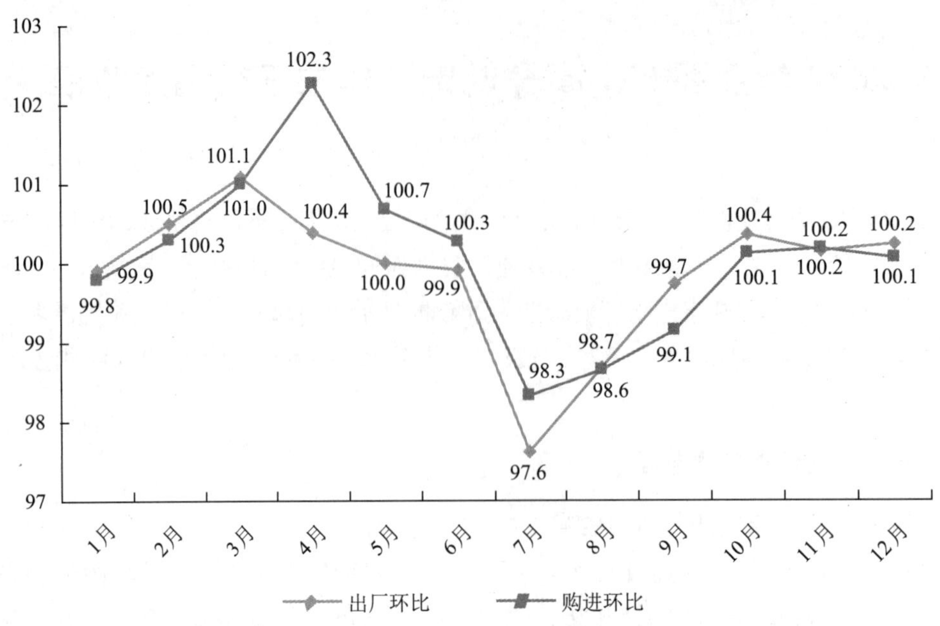

图 2　2022 年江西工业生产者出厂与购进价格环比指数图

（三）九大类原材料购进价格涨幅回落，总体低于年初水平

九大类原材料购进价格同比中，12 月与 1 月比，除农副产品类涨幅扩大 1.9 个百分点外，其余涨幅均有明显回落。分类看，化工原料类价格回落 35.0 个百分点；建筑材料及非金属类价格回落 26.7 个百分点；燃料动力类价格回落 22.7 个百分点；有色金属材料及电线类价格回落 18.6 个百分点；黑色金属材料类价格回落 18.4 个百分点；纺织原料类价格回落 13.4 个百分点；其他工业原材料及半成品类价格回落 6.7 个百分点；木材及纸浆类价格回落 3.1 个百分点。

（四）PPI 同比涨幅低于全国，涨幅居第 18 位

2022 年，全国工业生产者出厂价格同比上涨 4.1%，江西低于全国 0.6 个百分点，涨幅居全国第 18 位，中部六省居第 3 位，分别比湖北、安徽和湖南高 0.1、0.3 和 1.5 个百分点，低于山西和河南 7.9 和 1.5 个百分点。

2022 年，全国工业生产者购进价格同比上涨 6.1%，江西高于全国 3.3 个百分点，涨幅居全国第 11 位，中部六省居第 2 位，分别比湖北、河南、湖南、安徽高 1.6、3.7、4.6、5.4 个百分点，低于山西 0.3 个百分点。

二、多重因素影响重点行业出厂价格涨幅回落

（一）高基数效应，生产资料价格转降

从构成看，2022 年两大部类价格走势出现分化。其中，生产资料价格回落较大，全年同比累计上涨 4.1%，较上年同期回落 9.5 个百分点。分季度看，前三季度持续上涨，分别上涨 11.6%、7.3%、1.0%；四季度由涨转降，下降 2.8%，影响四季度 PPI 下行约 2.2 个百分点，是影响全年 PPI 总水平回落的主要原因。生产资料价格中，原材料工业价格同比上涨 9.9%；采掘工业价格同比上涨 10.1%；加工工业价格同比上涨 1.7%。受生产端向消费端价格传导加快带动，生活资料价格平稳上升，全年同比累计上涨 1.4%，较上年同期涨幅扩大 1.0 个百分点。生活资料价格中，衣着价格同比上涨 2.9%；一般日用品价格同比上涨 2.5%；食品价格同比上涨 1.6%；耐用消费品价格同比下降 1.5%。

（二）输入性价格传导压力减弱，大宗商品高位下行

2022 年，受国际地缘政治冲突加剧，国际大宗商品价格持续上涨，带动国内石油、有色金属等价格上涨，但自三季度以来，大宗商品价格高位波动下行，传导压力减弱，相关行业价格涨幅回落。一至四季度，我省石油、煤炭及其他燃料加工业价格同比指数分别为 122.8、136.8、118.7、99.9；有色金属冶炼和压延加工业同比指数分别为 121.9、110.5、94.4、91.7。三季度以来，石油、有色行业价格回落明显。

（三）需求偏弱，建筑消费类产品下行压力加大

受国内疫情多点散发及房地产开发投资下滑等因素影响，2022 年我省建筑消费类产品下行压力加大。相关行业中，钢压延加工价格同比下降 13.3%，玻璃制造同比下降 5.1%，水泥、石灰和石膏制造价格同比下降 4.3%，较上年同期分别回落 42.4、34.0、10.5 个百分点。据抚州某混凝土有限公司反映，因疫情及房地产市场不景气，行业竞争激烈，为抢占市场，12 月企业主产品商品混凝土 C30 出厂价格较上月下跌 15.6%。

（四）保供稳价落地见效，能源价格高位回落

为应对大宗商品价格上涨对工业生产带来的影响，我省采取了供需调节、市场监管、预期引导等一系列保供稳价措施，在政策推动落实下，相关行业价格涨幅较上年同期大幅回落。2022 年，煤炭相关行业价格同比上涨 6.7%，涨幅与上年同期相比回落 41.6 个百分点。其中，煤炭开采和洗选业价格同比上涨 12.1%，涨幅与上年同期相比回落 30.4 个百分点。

三、PPI 下行压力犹存，企业生产经营状况值得关注

2023 年，随着疫情带来的供应链冲击的影响减弱，经济逐步复苏，以及上年基数影响下，预计 2023 年 PPI 同比将呈现先低后高，趋向平稳走势。

（一）“高进低出”现象依然存在，生产成本难以下降

随着国际市场需求收缩，大宗商品价格高位回落，原材料成本较上年高位有所下降，但仍保持上涨。从回落速度来看，购进价格缓于出厂价格，1–12 月同比购销差分别为 7.2、6.4、6.5、8.7、9.2、7.8、7.3、6.8、5.9、4.1、1.1、2.2 个百分点，“高进低出”现象依然存在。据省统计局数据，1–10 月，全省规上工业营业成本同比增速高于营业收入 0.2 个百分点；全省规上工业制造业企业每百元营业收入中成本为 87.38 元，高于全国平均 1.73 元。据九江某钢铁有限公司反映，在成本端，焦炭市场面临提涨压力，钢厂生产成本难以下降。江西某高科股份有限公司反映，蒸汽价格与煤价联动，随着 12 月煤价上涨，蒸汽出厂价格环比上涨 12.8%。

（二）预期向好，但钢价仍处低位

受政策利好、保交楼工作推进，建筑施工有所改善，钢材市场价格呈现上行趋势。江西 PPI 数据显示，12 月钢压延加工业价格环比上涨 0.3%，较上月回升 4.3 个百分点。据某钢铁集团有限公司反映，在多因素作用下，市场对春节后钢材需求释放持乐观态度，12 月钢材价格上涨，但钢厂让利空间有限，目前钢材价格较去年和前年同期相比，处于低位水平，且钢厂产能开工率普遍不高，市场供应压力不明显。

（三）锂电新能源产业发展面临成本、人才、资金等挑战

“双碳”目标在工业领域掀起了深刻的变革，新能源产业发展步伐将进一步加快，与新能源发展的锂金属需求前景看好，价格纷纷上涨。江西锂电新能源产业起步较早，近年来，在各级政府陆续出台一系列政策加以引导和扶持下，全省锂电产业发展迅速，据对全省 26 家锂电规上企业调研显示，80.8%的被访企业反映生产成本上涨，53.8%的被访企业反映高精专技术人才紧缺，部分企业资金缺口较大等诸多困难和挑战。

（龚玉洁）

全年价格呈“低开稳升”态势　主要农产品走势渐强

——2022年农产品生产者价格情况分析

2022年是实施“十四五”规划的关键之年，江西省委省政府坚持农业农村优先发展，推进农业强省建设，夯实“稳住、进好、调优”基本盘，同时把扩大内需作为“稳住、进好、调优”的战略基点，推动供需互促升级良性循环。调查数据显示，2022年，全省农产品生产者价格同比下跌2.5%，跌幅比去年同期缩小1.4个百分点。分种类看，四大类生产价格“一涨三跌”，其中，种植业产品上涨0.7%，林业产品下跌2.6%，畜牧业产品下跌6.8%，渔业产品下跌4.7%。分季度看，价格呈逐季回暖态势，其中，一季度下跌14.3%，二季度下跌5.4%，三季度上涨5.7%，四季度上涨4.9%（见图1）。

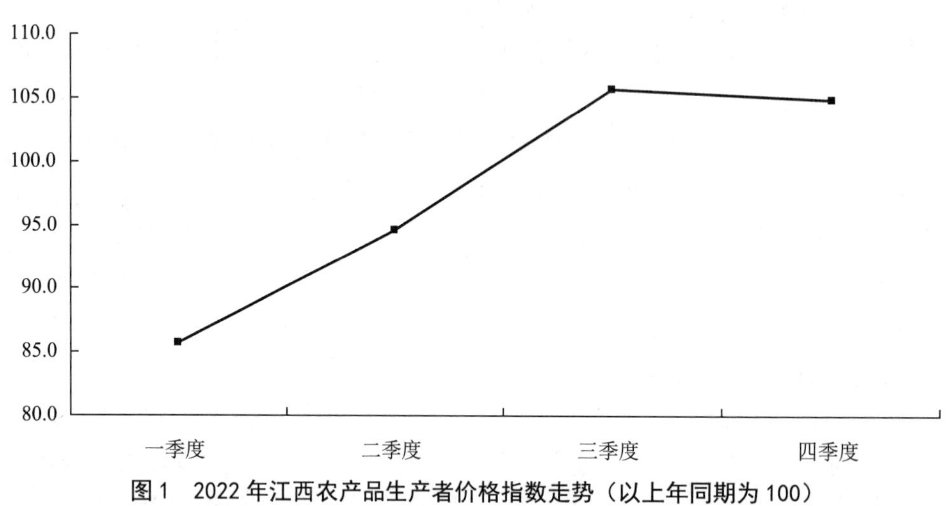

图1　2022年江西农产品生产者价格指数走势（以上年同期为100）

一、2022年农产品价格走势特点

（一）种植业产品价格涨幅逐季扩大

2022年，全省种植业生产价格同比上涨0.7%，其中一季度下跌5.1%，二季度上涨0.8%，三季度上涨2.6%，四季度上涨4.1%。

1. 稻谷价格低开高走。2022年，稻谷价格同比下跌1.1%，其中一季度下跌7.4%，二季度下跌2.2%，三季度上涨1.8%，四季度上涨5.9%。分品种看，早籼稻价格下跌1.5%，中籼稻价格上涨4.2%，晚籼稻价格下跌1.2%。

2. 经济作物全面上涨。今年夏秋两季高温少雨，干旱较为严重，导致大部分经济作物产量下降，市场供应减少，价格上涨。2022年，油料价格同比上涨6.4%，其中，花生上涨5.9%，油菜籽上涨10.8%；薯类价格上涨5.2%，豆类价格上涨2.8%，未加工烟草价格上涨8.3%。

3. 蔬菜价格高位回落。2022年，蔬菜价格同比上涨3.9%，其中一季度下跌1.5%，二季度上涨3.5%，三季度上涨9.5%，四季度下跌1.9%。分品种看，七成蔬菜品种价格上涨，其中叶菜类、白菜类、芥菜类、瓜菜类、豆类、茄果类、莴苣类、水生类蔬菜分别上涨4.4%、6.0%、11.8%、3.1%、7.3%、5.5%、7.4%、2.4%。

（二）林业产品价格跌幅扩大

2022 年，林业生产价格同比下跌 2.6%，分季呈下跌趋势，一季度上涨 1.3%，二季度下跌 0.7%，三季度下跌 3.6%，四季度受疫情影响运输能力受阻，木材、竹材出现滞销，价格下跌 8.7%。分品种看，木材采伐类价格下跌 3.4%，竹材采伐类价格上涨 2.1%，林产品价格上涨 2.2%。

（三）畜牧业产品价格由跌转涨

2022 年，畜牧业生产价格同比下跌 6.8%，分季度看，一季度下跌 34.2%，二季度下跌 14.2%，三季度上涨 21.5%，四季度上涨 17.0%。

1. 生猪价格止跌回涨。2022 年，生猪生产价格同比下跌 11.4%。分季度看，一二季度跌幅逐步收窄，下跌幅度分别为 48.7%和 21.2%；三季度止跌回涨，同比上涨 28.7%，四季度上涨 24.7%。

2. 活禽、蛋类价格全面上涨。2022 年，活禽价格同比上涨 1.6%。其中，活鸡价格上涨 1.8%，活鸭价格上涨 1.5%，鸡肉作为家禽的主要产品，对猪肉有替代作用，价格随着猪肉价格的上涨而有所上升。蛋类价格受饲料、人工等养殖成本增加的影响，同比上涨 3.2%。其中，鸡蛋价格上涨 2.8%，鸭蛋价格上涨 3.4%。

（四）淡水鱼产品价格以跌为主

2022 年，水产品生产价格同比下跌 4.7%，其中一季度上涨 0.9%，二季度下跌 7.2%，三季度下跌 7.9%，四季度下跌 5.9%。分品种看，鲫鱼跌幅最大，下跌 13.1%；鲤鱼、草鱼、鳙鱼、黄颡鱼、鲈鱼分别下跌 4.8%、7.9%、4.2%、2.3%、3.2%。

二、主要农产品价格变动因素分析

（一）粮食市场供需紧平衡，价格温和上涨

一是 2022 年全省粮食总产量 430.4 亿斤，受夏秋两季严重干旱气候影响，比上年下降 1.8%；二是受乌克兰危机、极端天气、通货膨胀等因素影响，全球粮食价格创下历史新高；三是国家为保护农民种粮积极性，促进粮食生产，粮食保护价比去年有所提高，早稻、中晚稻、粳稻价格每 100 斤分别提高了 2 元、1 元、1 元，市场普遍看好后期行情，因此稻谷整体呈温和上涨态势。

（二）极端气候影响产量，蔬菜市场供应偏紧

2022 年以来，全省气候形势复杂，极端天气较多。4–5 月份因天气持续阴雨寡照，农作物生长缓慢，部分蔬菜（如长豆角、四季豆等）出现死苗、烂苗现象，蔬菜长势欠佳。7–9 月份，全省持续高温少雨，内河流域、鄱阳湖水位下降达历史极值，蔬菜等农作物无法得到充足的灌溉，长势减缓。同时由于高温，农户不能及时进行补种，本地蔬菜、水果等农作物产量减少，导致三季度价格涨幅较大。进入 10 月后，凉爽湿润的天气利于蔬菜生长，部分蔬菜由于生长周期短，集中在四季度上市，同时受疫情影响，餐饮业需求减弱，订单有所减少，蔬菜市场供过于求，四季度蔬菜价格下跌。

（三）强化产业调控政策，生猪价格止跌回暖

2022 年初，江西省委省政府出台《关于进一步加强金融支持力度 着力稳定生猪生产的通知》，稳定生猪生产，引导养殖场户合理安排生产，优化布局，提升产能，完善产业链条。二季度为保证生猪产能基本稳定，江西建立生猪产能调控基地，实施能繁母猪一次性临时救助补贴，提振养殖户信心，全省生猪产能逐步增长，价格逐季回暖。

（四）市场供过于求，淡水鱼价格由涨转跌

2022 年一季度，由于前期淡水鱼行情见涨，不少养殖户压塘惜售，到二季度迫于饲养压力，养殖户为减少损失而集中出塘，市场上鱼类供应量增加；三季度受持续高温少雨天气的影响，养殖户怕鱼缺氧或生病而大量出塘，同时部分地区由于干旱，水源紧张，迫使养殖户提前清塘，市场上淡水鱼供过于求，价格继续下跌；四季度受疫情影响，市场需求减少，价格进一步下跌。

三、后期走势预判

由于农产品受天气、政策、市场需求等因素影响较大，过剩和短缺的生产结构性矛盾依然存在。从粮

食、生猪等主要农产品价格走势来看，预计 2023 年全省农产品生产者价格总体稳中趋升。主要原因：一是 2022 年全省粮食生产丰收，但受极端气候影响，总产量比上年下降 1.8%，市场供应受到一定影响，同时受肥料、成品油价格上涨影响，价格将持续温和上涨。二是受国内外形势、金融主体介入市场及新冠疫情等因素影响，2022 年生猪生产处于阶段性结构调整，加上上半年生猪价格较低，下半年价格震荡上行，2022 年全年生猪价格总体低于上年。预计 2023 年居民消费需求增加，全年生猪价格持平略增。

（邹文静）

量价双降边际改善 短期复苏仍然承压

——2022 年江西重点城市房价监测分析报告

2022 年，江西重点监测城市南昌、九江、赣州房地产市场在长周期人口拐点、短周期金融政策偏紧以及疫情冲击等多重因素作用下，供需两端面临冲击，市场行情总体低迷，全年呈现了“量价双降”走势。随着各项利好政策不断加码并逐步显效，四季度住宅成交量和价格都出现了一定边际改善迹象。12 月中央经济工作会议的召开后，房地产支柱产业地位再次被重申，江西继续释放稳定宽松政策信号，但在各项影响因素相互作用下，预计房地产市场短期复苏仍然承压。

一、2022 年房地产市场运行基本情况

（一）商品住宅市场成交量总体低于 2021 年

2022 年，房地产市场遭遇了 1998 年房改以来最为剧烈的周期性调整，我省三城市的新建商品住宅和二手住宅成交量都不及 2021 年。特别是受个别房企暴雷、部分期房项目停工停贷事件影响，新建商品住宅成交量出现明显下滑，个别城市降幅超过 50%。虽然下半年住宅成交总量相比上半年有所回升，但仍未扭转全年下降态势。对比新建商品住宅和二手住宅两个市场发现，市场活跃度仍以新建住宅市场为主，但二手住宅成交量下降幅度较小，稳定性更强。

1.新房成交量相比 2021 年显著减少，下半年成交量总体高于上半年

2022 年，南昌、九江、赣州三城市的新房成交总量为 52426 套，比 2021 年下降了 36.3%，成交量显著下滑。从各月成交量来看，南昌的新房成交量呈“W”型走势，上半年的成交低谷在 4 月，6 月到达反弹高点，此后连续两月下降，从 8 月开始快速反弹回升，并于 12 月达到全年最高点，成交 3989 套；九江和赣州则呈现震荡微跌态势，九江全年成交量峰值在 1 月，成交 1721 套，谷值在 9 月，成交 1026 套，12 月成交 1388 套；赣州全年成交量峰值在 2 月，成交 1053 套，谷值在 4 月，成交 423 套，12 月成交 709 套。南昌下半年成交量大幅攀升，而九江、赣州两地下半年成交量略低于上半年，总体计算，三城市的下半年成交量仍高于上半年。

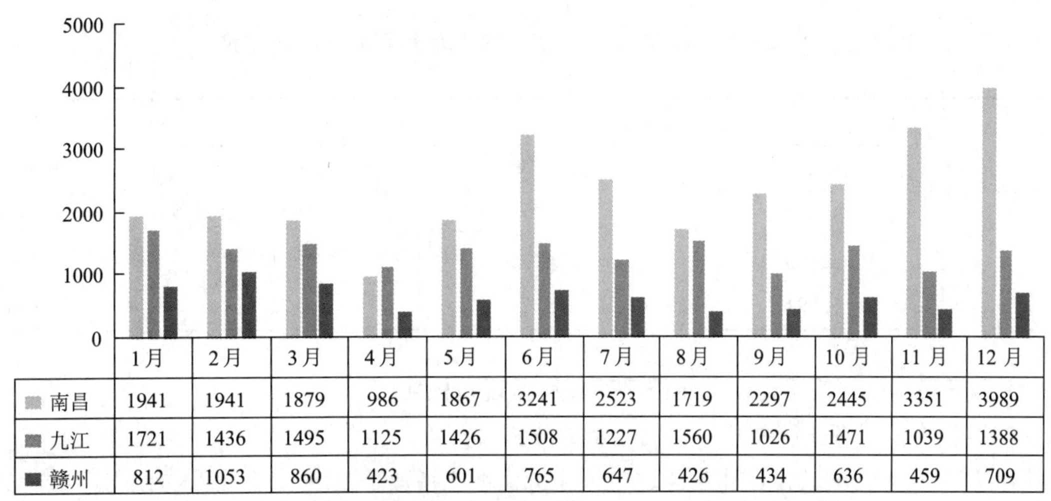

	1月	2月	3月	4月	5月	6月	7月	8月	9月	10月	11月	12月
南昌	1941	1941	1879	986	1867	3241	2523	1719	2297	2445	3351	3989
九江	1721	1436	1495	1125	1426	1508	1227	1560	1026	1471	1039	1388
赣州	812	1053	860	423	601	765	647	426	434	636	459	709

图 1 2022 年南昌、九江、赣州新建商品住宅成交量（单位：套）

2. 二手住宅成交量相比上年平稳微降，年内走势波动上涨

2022 年，南昌、九江、赣州三城市的二手房成交总量为 41288 套，比 2021 年下降了 4.8%，成交量平稳微降。从年内各月成交量来看，二手住宅市场成交量波动上涨，下半年交易热度高于上半年。三城市全年二手房交易峰值均出现在 6 月及之后，其中南昌峰值在 8 月，交易 2458 套，九江峰值在 6 月，交易 1516 套，赣州峰值在 12 月，交易 1007 套；交易谷值均出现在上半年，其中南昌谷值在 4 月，交易 855 套，九江谷值出现在 2 月，交易 441 套，赣州谷值出现在 2 月，交易 307 套。其主要原因有三：一是公积金贷款额度提高、首付比例下调等一系列政策刺激作用，二是学区房需求具有季节性特征，三是消费者对契税补贴政策到期的担忧。

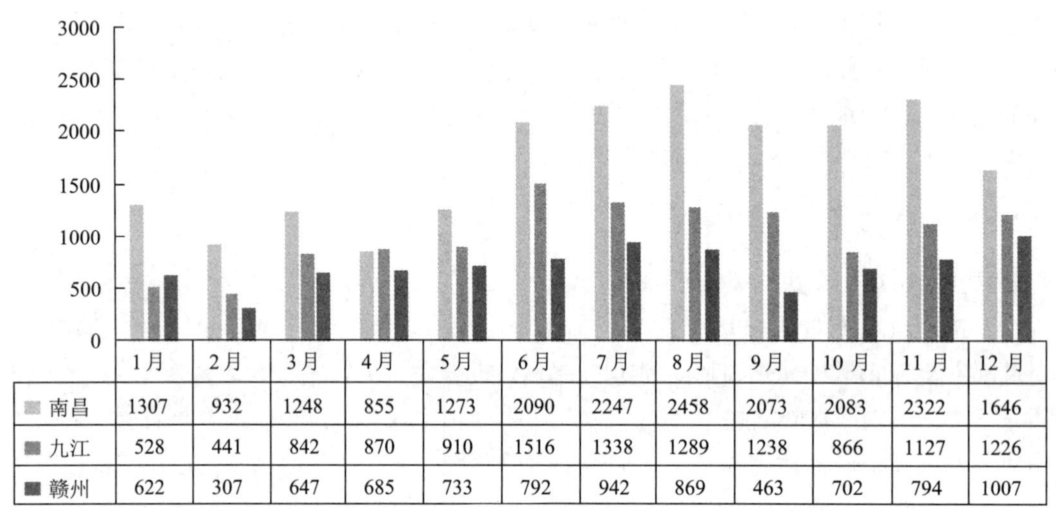

	1月	2月	3月	4月	5月	6月	7月	8月	9月	10 月	11 月	12 月
南昌	1307	932	1248	855	1273	2090	2247	2458	2073	2083	2322	1646
九江	528	441	842	870	910	1516	1338	1289	1238	866	1127	1226
赣州	622	307	647	685	733	792	942	869	463	702	794	1007

图 2　2022 年南昌、九江、赣州二手住宅成交量（单位：套）

3. 市场需求仍以新建房为主，但二手房需求稳定性更强

调查显示，2022 年三城市购房需求以新建商品住宅为主，南昌新建商品住宅成交量为二手住宅的 1.4 倍；九江新建商品住宅成交量为二手住宅 1.3 倍；唯有赣州新建商品住宅成交量为二手住宅的 0.9 倍。比较 2022 年与 2021 年的市场需求变化幅度，新建商品住宅方面，南昌、九江、赣州交易量分别下降 24.8%、41.6%、53.1%，二手住宅方面，2022 年南昌、九江、赣州交易量分别下降 8.2%、0.2%、2.3%，二手住宅交易量降幅明显较小，原因主要是期房交付问题影响了消费者选购偏好，部分购房需求从新建商品房市场转移到二手住宅市场。

表 1　2021-2022 年南昌、九江、赣州新建房和二手房成交量

单位：套

城市	新建商品住宅		二手住宅	
	2021 年	2022 年	2021 年	2022 年
南昌	37462	28179	22370	20534
九江	28105	16422	12212	12191
赣州	16691	7825	8766	8563

（二）房地产市场价格震荡走低，四季度新建房呈现积极变化

1. 新建商品住宅价格环比涨跌不一，同比指数波幅收窄

2022 年，江西重点监测城市新建商品住宅销售价格环比指数涨跌不一。南昌和赣州新建商品住宅销售价格环比指数都呈“8 涨 4 降”，进入四季度后都连续三月环比下降，且降幅逐步收窄，南昌前三季度仅 6 月环比下跌 0.6%，赣州前三季度中仅 8 月下跌 0.4%；九江新建商品住宅销售价格环比指数“2 涨 10 降”，

12 月上涨 0.2%。

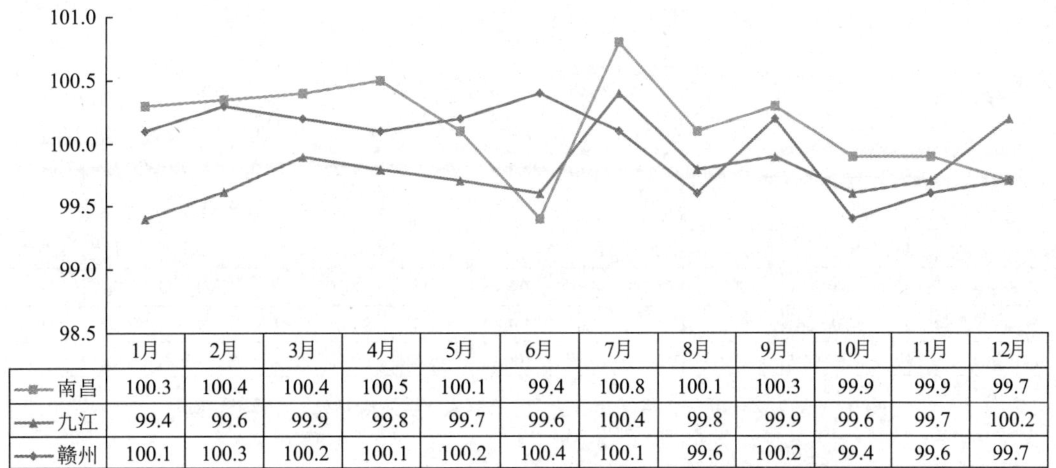

	1月	2月	3月	4月	5月	6月	7月	8月	9月	10月	11月	12月
南昌	100.3	100.4	100.4	100.5	100.1	99.4	100.8	100.1	100.3	99.9	99.9	99.7
九江	99.4	99.6	99.9	99.8	99.7	99.6	100.4	99.8	99.9	99.6	99.7	100.2
赣州	100.1	100.3	100.2	100.1	100.2	100.4	100.1	99.6	100.2	99.4	99.6	99.7

图 3　2022 年 1-12 月南昌、九江、赣州新建商品住宅销售价格环比指数

新建商品住宅销售价格同比指数波幅收窄。其中，南昌新建商品住宅销售价格同比指数连续上涨，涨幅最高的为 11 月份，同比上涨 1.9%，涨幅最低的为 6 月份，同比上涨 0.3%，总体趋势为涨幅逐步拉大；赣州 1-11 月新建商品住宅销售价格同比持续上涨，涨幅总体逐渐收窄，涨幅最高为 1 月份，同比上涨 1.9%，涨幅最低为 11 月，同比上涨 0.6%，12 月同比下跌 0.1%；九江新建商品住宅销售价格同比指数由涨转跌，1 月同比上涨 1.0%，此后保持下跌，8 月份和 10 月跌幅最大，达到 3.2%，四季度跌幅又逐月收窄，12 月跌幅收窄至 2.5%。

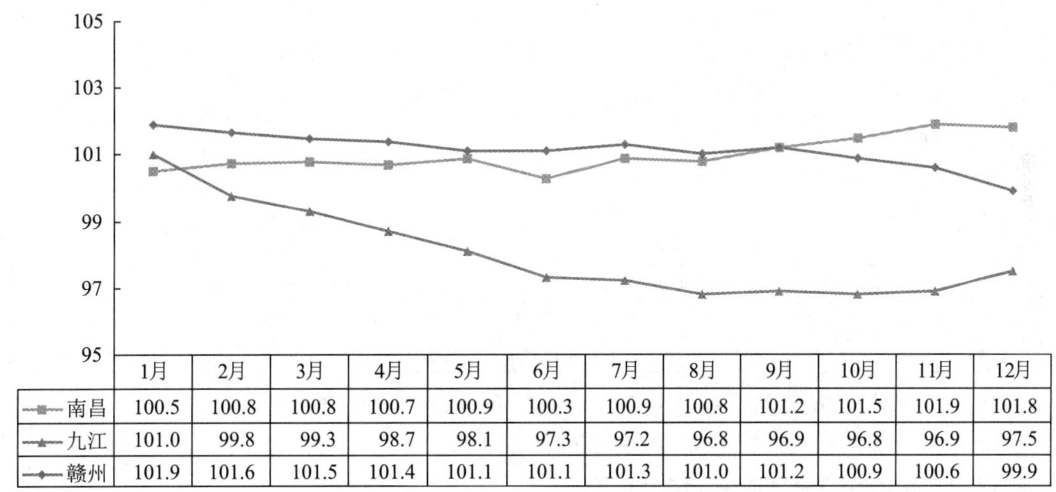

	1月	2月	3月	4月	5月	6月	7月	8月	9月	10月	11月	12月
南昌	100.5	100.8	100.8	100.7	100.9	100.3	100.9	100.8	101.2	101.5	101.9	101.8
九江	101.0	99.8	99.3	98.7	98.1	97.3	97.2	96.8	96.9	96.8	96.9	97.5
赣州	101.9	101.6	101.5	101.4	101.1	101.1	101.3	101.0	101.2	100.9	100.6	99.9

图 4　2022 年 1-12 月南昌、九江、赣州新建商品住宅销售价格同比指数

2. 二手住宅价格环比以跌为主，同比指数波动下行

从环比指数来看，今年以来江西重点监测城市二手住宅销售价格环比指数以跌为主。其中南昌环比“4 涨 8 跌”，涨幅最高的是 7 月份，环比上涨 0.5%，环比跌幅最大的是 5 月份，环比下跌 0.7%；赣州二手住宅销售价格环比上涨集中于 3-6 月，1-2 月和 7-12 月呈环比下降；九江二手住宅销售价格环比指数“1 涨 10 跌 1 平”，跌幅最大的为 10 月份，环比下跌 0.9%。

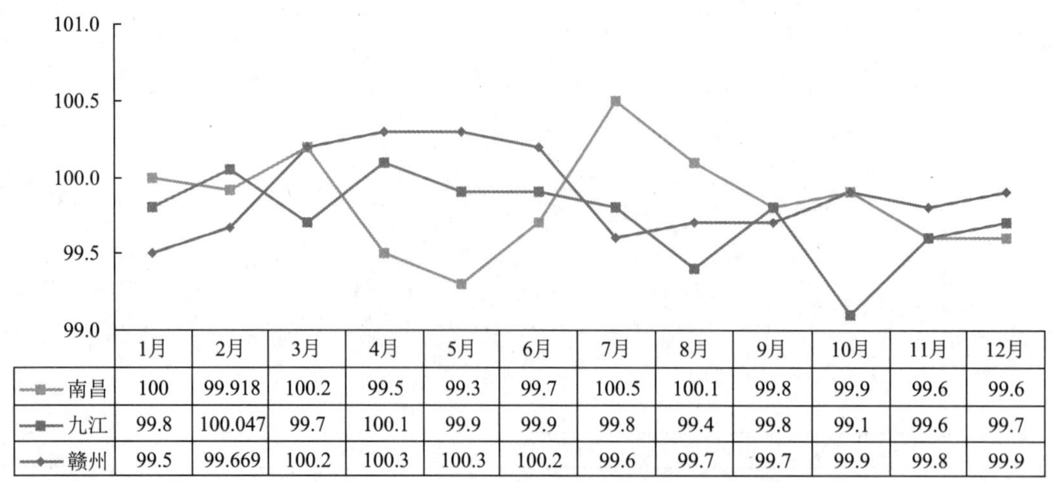

	1月	2月	3月	4月	5月	6月	7月	8月	9月	10月	11月	12月
南昌	100	99.918	100.2	99.5	99.3	99.7	100.5	100.1	99.8	99.9	99.6	99.6
九江	99.8	100.047	99.7	100.1	99.9	99.9	99.8	99.4	99.8	99.1	99.6	99.7
赣州	99.5	99.669	100.2	100.3	100.3	100.2	99.6	99.7	99.7	99.9	99.8	99.9

图 5　2022 年 1 月–12 月南昌、九江、赣州二手住宅销售价格环比指数

从同比指数来看，江西重点监测城市二手住宅销售价格同比指数波动下行。其中南昌二手住宅销售价格同比指数全年均为下跌，1 月下跌 1.0%，12 月下跌 1.7%,年末较年初跌幅扩大 0.7 个百分点，跌幅最大的为 6 月份，同比下跌 2.0%；九江 1–2 月同比上涨，3 月起保持同比下跌态势，跌幅最大的在 10 月，同比下跌 3.2%；赣州二手住宅销售价格同比指数前三季度有 7 个月上涨，进入四季度后转涨为跌，且跌幅逐月扩大。

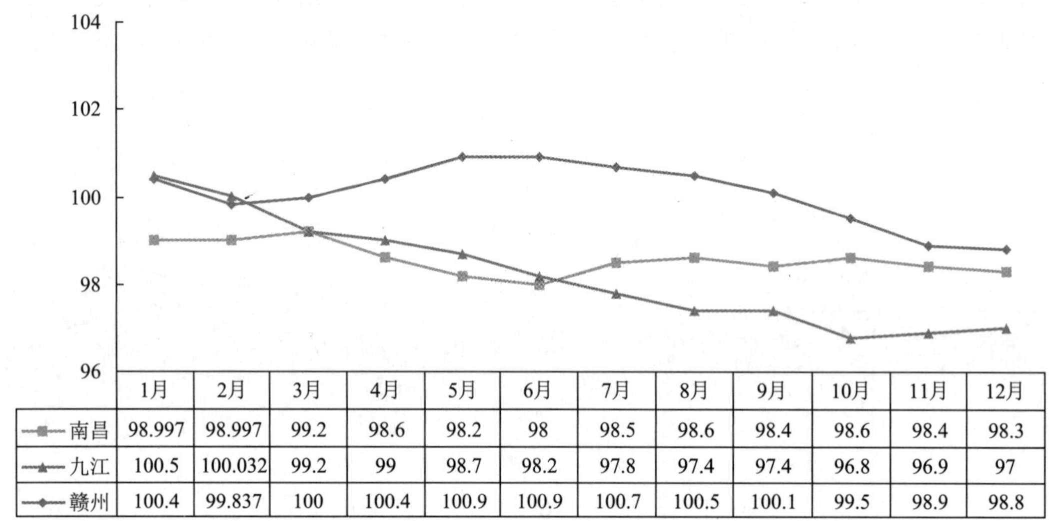

	1月	2月	3月	4月	5月	6月	7月	8月	9月	10月	11月	12月
南昌	98.997	98.997	99.2	98.6	98.2	98	98.5	98.6	98.4	98.6	98.4	98.3
九江	100.5	100.032	99.2	99	98.7	98.2	97.8	97.4	97.4	96.8	96.9	97
赣州	100.4	99.837	100	100.4	100.9	100.9	100.7	100.5	100.1	99.5	98.9	98.8

图 6　2022 年 1 月–12 月南昌、九江、赣州二手住宅销售价格同比指数

（三）新建商品住宅去化周期处于合理区间

截至 2022 年 12 月末，南昌中心城区新建商品住宅可售套数为 25432 套、可售面积为 302.4 万平方米，去化时间为 10.8 个月；九江中心城区新建商品住宅可售套数为 15518 套、可售面积为 178.8 万平方米，去化时间为 11.3 个月；赣州中心城区新建商品住宅可售套数为 6138 套、可售面积为 77.4 万平方米，去化时间为 9.4 个月。三城市新建商品住宅去化周期均处于 6–12 个月的合理区间。

（四）政策暖风持续加量

回顾 2022 年，面对持续低迷的房地产市场环境，中央端政策导向以宽松为主，从年初开始多轮支持房地产的利好政策轮番出台，江西各地也紧跟基调实施了多项房地产调控政策。从需求端来看，针对疫情反复、国际冲突影响外溢、宏观经济承压导致的居民预期收入下降，以及房企信用危机引发的观望现象，江西各地主要采取了降低首付比例、提高公积金贷款额度、契税优惠、购房补贴等方式刺激购房需求释放。从供应端来看，放松了限购限价限贷限售等限制性举措，针对部分房企暴雷、开工施工意愿不足等问题，将"保交楼"作为稳定房地产市场预期的重要举措，着力化解部分已售商品住宅项目因资金周转困难而停工或逾期交付的风险问题。从金融端来看，一方面对消费者下调个人首套房贷利率和公积金贷款利率，降低居民资金压力，另一方面积极推动政策性银行借款纾困停工项目，支持房企融资。

二、商品住宅市场主要影响因素

中央经济工作会议提出要"扎实做好保交楼、保民生、保稳定各项工作"，坚持"房住不炒"定位，有效防范化解优质头部房企风险，为2023年房地产市场总体发展定调。2023年1月，央行、银保监会完善首套房贷利率调整机制，显示国家延续了2022年9月以来的宽松政策，继续支持和鼓励房地产行业良性发展。但是目前房地产市场下行风险犹存，购房者信心尚未实质性修复，仍有多方面影响因素需要关注。

（一）需求端显露积极信号

一是全国经济大环境逐步恢复和劳动力就业形势改善。中央财经委员会办公室主任刘鹤指出今年中国经济实现整体性好转是大概率事件，这对提振房地产市场需求具有重要作用。而就业率直接关系到居民收入和购房能力，特别是青年人作为首次置业的主要群体，其就业率的提高有助于释放购房需求。根据国家统计局发布数据，2022年12月全国城镇调查失业率为5.5%，比11月下降0.2个百分点，16-24岁城镇青年劳动力调查失业率为16.7%，比7月份最高点下降3.2个百分点。二是全省城市化率仍在上升。2022年江西常住人口城镇化率为62.07%，比2021年末提高0.61个百分点，新增城镇常住人口提供了一定数量的住房刚需。三是持续出台的优惠政策和相对较低的房价走势刺激了居民消费欲望，12月三城市住宅交易量基本较11月有所反弹。但同时，需求端掣肘因素仍然明显，如部分项目烂尾和延期交房事件削弱了购房者对新建商品房的信心，需求端政策优化频繁和"买涨不买跌"意识助长了购房者观望心态，未来收入预期转化为实际购房能力还需时间等。

（二）供应端动力仍然偏弱

一方面，受销售市场恢复不及预期、企业资金压力较大等因素影响，2022年我省房地产开发投资下降12.6%，房地产开发企业投资动工积极性不高。另一方面，2022年江西土地市场成交总面积同比下降23.7%，总金额同比下降16.3%，土地成交规模大幅下降，意味着后续房企新开工面积也将受限，未来一个时期内新房的供应规模将会缩减，供应缺口将由存量房填补。

（三）市场信心尚处于修复进程当中

从房地产市场主体的角度来看，调查显示12月底受访的32家房企中，认为未来半年内房价走势预期保持稳定的占84.4%，认为缓慢下降的占12.5%，认为缓慢上涨的占3.1%；33家中介企业中，认为未来半年内房价走势预期保持稳定的占66.7%，认为缓慢下降的占24.2%，认为缓慢上涨的占9.1%，显示市场主体对房地产市场平稳发展抱有一定信心，对房价走势的预期以稳定为主，但看跌的比例仍高于看涨。从购房者角度来看，稳定预期的关键在于"保交楼"，江西采取了多项举措推进"保交楼、保民生、保稳定"，未来这些举措取得的实质性成效，将对购房者置业信心的修复产生至关重要的影响。

（四）宏观调控政策对稳定市场具有重要作用

在房地产市场弱复苏的情况下，宽松政策对市场行情产生的影响十分显著。在去年四季度，拉动三城市成交量的上涨的重要原因之一是购房者对于优惠政策到期的担忧，部分购房需求因此提前释放。对于房企而言，资金链风险和现金流不足问题对项目建设的影响极大，"金融16条""三箭齐发"等政策举措出台能够帮助房企改善资金状况，保持信贷、债券等融资渠道稳定，保障项目建设顺利推进。调查显示：12月底受访的32家房企中，认为当前房地产宏观调控政策政策适度，应保持政策的稳定性的占87.5%；33家中介企业中，认为当前房地产宏观调控政策政策适度，应保持政策的稳定性的占90.9%。

三、后期研判

过去一年江西各地对房地产市场出台了一系列政策，受时滞性影响，部分调控效果将在2023年显现。1月份，各地继续因城施策，1月18日九江宣布调整首套住房个人商贷利率下限，1月19日南昌四个县区开展了迎新春购房补贴，宽松政策的持续将继续对房地产市场产生刺激作用。

但是，制约因素仍然明显：经济复苏是长期进程，短期内居民购房意愿和购房能力难以快速恢复；房企拿地规模锐减以及开工不足限制了销售规模上涨；市场上二手房挂牌量较多，库存消化需要较长时间；融资政策短期内仍向国企央企以及部分优质民营房企倾斜，房企信用修复不能一蹴而就；疫情形势仍有不确定性，居民出行情况会影响房地产成交量等。

展望2023年，随着各项政策措施发挥作用，房企经营面有所改善，预计房地产交易量将逐步回稳，新建商品房价格也会出现边际改善。但由于房价变化相对销售变化有一定滞后性，上半年房价转跌为涨的动力稍显薄弱，预计2023年上半年房价仍呈环比小幅下跌的态势。

（陆梅梅）

2-1-1 历年各种价格指数一览表
Price Indices

(上年=100) (preceding year=100)

年 份 Year	商品零售价格指数 Retail Price Index	城 市 Urban Areas	农 村 Rural Areas	居民消费价格指数 Consumer Price Index	城 市 Urban Areas	农 村 Rural Areas
1978	100.1	100.2	100.1		100.2	
1980	104.3	106.6	102.9		106.0	
1985	108.3	109.0	107.8	109.0	108.8	109.1
1990	101.3	100.3	102.2	102.1	101.5	102.8
1991	102.4	104.0	101.2	102.8	104.4	101.3
1992	105.6	107.2	103.9	105.7	107.5	103.5
1993	111.1	112.6	110.1	114.6	115.8	112.5
1994	123.9	122.9	125.4	126.9	126.9	126.7
1995	115.9	115.0	116.9	116.9	116.9	117.0
1996	106.6	106.4	106.7	108.4	108.1	108.6
1997	99.6	100.1	99.3	102.0	103.0	102.1
1998	98.8	98.5	98.9	101.0	101.0	101.0
1999	96.8	97.3	96.3	98.6	99.1	98.1
2000	98.5	98.6	98.5	100.3	102.1	99.1
2001	98.4	98.3	98.4	99.5	99.8	99.2
2002	100.2	100.1	100.3	100.1	100.2	99.9
2003	100.1	99.4	100.7	100.8	100.9	100.6
2004	103.0	101.9	104.0	103.5	103.3	103.5
2005	100.9	100.3	101.4	101.7	101.5	102.2
2006	101.2	101.0	101.4	101.2	100.9	101.6
2007	104.0	103.5	105.1	104.8	104.4	105.8
2008	106.1	106.0	106.4	106.0	105.9	106.3
2009	99.1	99.1	99.0	99.3	99.4	99.2
2010	102.7	102.6	102.9	103.0	102.9	103.3
2011	104.8	104.8	105.0	105.2	105.1	105.6
2012	102.1	101.9	102.5	102.7	102.6	103.0
2013	101.5	101.2	101.9	102.5	102.4	102.9
2014	101.2	101.1	101.4	102.3	102.4	102.2
2015	100.5	100.4	100.6	101.5	101.5	101.5
2016	100.6	100.5	100.8	102.0	102.0	101.9
2017	101.0	101.0	101.0	102.0	102.0	101.9
2018	101.0	101.0	100.8	102.1	102.1	102.2
2019	101.9	102.0	101.4	102.9	102.9	102.8
2020	101.6	101.5	101.9	102.6	102.4	103.0
2021	101.2	101.2	101.1	100.9	100.9	100.7
2022	102.6	102.6	102.9	102.0	102.0	102.0

2-1-2 各种价格指数一览表(2022年)
Price Indices(2022)

类 别	Item	以1978年价格为100 year of 1978=100	以1980年价格为100 year of 1980=100	以1990年价格为100 year of 1990=100	以1995年价格为100 year of 1995=100	以2005年价格为100 year of 2005=100	以2010年价格为100 year of 2010=100	以2015年价格为100 year of 2015=100	以2020年价格为100 year of 2020=100
商品零售价格指数	Retail Price Index	513.5	488.0	243.5	141.4	137.6	121.4	110.2	103.9
城 市	Urban	534.2	493.8	241.8	136.5	135.5	120.6	110.2	103.9
农 村	Rural	493.0	477.8	250.3	147.5	141.6	122.8	110.3	104.1
居民消费价格指数	Consumer Price Index			322.2	174.3	149.6	131.0	115.2	102.9
城 市	Urban	758.1	702.1	343.1	178.1	147.6	130.2	115.1	102.9
农 村	Rural			306.3	175.0	153.9	132.6	115.4	102.7

注：1990-1993年零售、消费价格指数中城市、农村口径为城镇、农村。

2-2-1 居民消费价格分类指数一览表(2011-2015年)
Consumer Price Indices by Category (2011-2015)

(上年=100) (preceding year=100)

项　　目	Item	2011	2012	2013	2014	2015
居民消费价格指数	**Consumer Price Index**	**105.2**	**102.7**	**102.5**	**102.3**	**101.5**
#服务项目价格指数	Price Index of Services	102.5	102.3	102.6	102.9	101.6
#消费品价格指数	Consumable Price Index	106.2	102.9	102.5	102.2	101.5
一、食品	Food	111.2	105.2	104.5	103.7	103.3
(一)粮食	Grain	114.0	103.8	102.3	103.0	102.2
(二)淀粉及制品	Starches and Tubers	106.5	101.4	100.2	101.4	102.2
(三)干豆类及豆制品	Beans and Bean Products	102.5	101.5	105.5	103.5	105.1
(四)油脂	Oil or Fat	112.8	104.2	100.0	97.0	96.2
(五)肉禽及其制品	Meat,Poultry and Processed Products	122.7	98.9	103.9	100.5	107.0
(六)蛋	Eggs	116.6	96.9	105.7	108.7	98.7
(七)水产品	Aquatic Products	107.1	112.6	107.3	101.0	100.0
(八)菜	Vegetables	99.3	118.2	107.5	101.8	109.3
(九)调味品	Flavoring	104.6	103.3	102.4	101.4	102.5
(十)糖	Carbohydrate	112.5	102.7	99.8	99.6	100.6
(十一)茶及饮料	Tea and Beverages	103.9	104.6	102.0	101.4	101.0
(十二)干鲜瓜果	Dried and Fresh Melons and Fruits	116.1	102.4	105.9	116.4	99.3
(十三)糕点饼干面包	Cake,Biscuit and Bread	107.1	104.2	101.9	102.7	100.9
(十四)液体乳及乳制品	Milk and Its Products	107.5	104.0	107.2	114.0	101.1
(十五)在外用膳食品	Dining Out	104.2	110.8	104.9	105.4	102.2
(十六)其他食品	Other Foods	104.3	102.9	102.1	100.0	100.2
二、烟酒	Tobacco and Liquor	101.0	102.2	100.6	100.1	103.0
(一)烟草	Tobacco	100.2	100.8	100.7	100.0	104.6
(二)酒	Liquor	102.8	105.2	100.5	100.3	99.9
三、衣着	Clothing	102.9	100.2	102.8	102.4	103.2
(一)服装	Garments	102.3	99.7	103.4	102.6	103.8
(二)衣着材料	Clothing Material	109.3	105.0	102.4	104.1	103.0
(三)鞋袜帽	Footwear and Hats	103.9	100.8	100.8	101.6	101.2
(四)衣着加工服务	Clothing Manufacturing Services	110.3	108.5	105.0	105.2	110.2
四、家庭设备用品及维修服务	Clothing Manufacturing Services	102.0	101.7	101.0	99.9	101.0
(一)耐用消费品	Durable Consumer Goods	98.6	99.7	99.1	99.4	99.2
(二)室内装饰品	Interior Decorations	104.0	103.2	102.4	100.0	99.3
(三)床上用品	Bed Articles	105.4	97.4	100.4	98.0	100.9
(四)家庭日用杂品	Daily Use Household Articles	103.8	103.3	101.4	99.8	100.4
(五)家庭服务及加工维修服务	Household Services and Maintenance and Renovation	110.3	110.6	109.3	104.6	111.2
五、医疗保健和个人用品	Health Care and Personal Articles	103.0	102.2	101.3	101.0	101.4
(一)医疗保健	Health Care	102.1	102.1	101.2	101.3	101.5
(二)个人用品及服务	Personal Articles and Services	104.6	102.4	101.4	100.6	101.2
六、交通通信	Transport and Communications	100.4	100.1	99.7	99.7	98.8
(一)交通	Transport	103.0	102.7	100.7	100.7	98.3
(二)通信	Communications	98.3	97.8	98.7	98.8	99.3
七、娱乐教育文化用品及服务	Recreation,Education and Culture Articles	100.7	100.9	101.8	102.8	101.1
(一)文娱用耐用消费品及服务	Durable Consumer Goods for Cultural and Recreational Use and Services	95.4	95.4	96.0	96.8	99.4
(二)教育	Education	101.3	101.9	102.9	103.6	101.7
(三)文化娱乐	Cultural and Recreational Articles	100.7	101.2	100.4	101.4	101.5
(四)旅游	Touring and Outing	103.7	102.0	104.3	106.1	99.7
八、居住	Residence	104.6	102.7	101.9	102.5	98.5
(一)建房及装修材料	Building and Building Decoration Materials	106.0	102.2	101.9	102.0	98.6
(二)住房租金	Renting	103.7	103.0	104.8	104.3	102.0
(三)自有住房	Private Housing	106.7	104.1	103.2	103.8	100.8
(四)水电燃料	Water,Electricity and Fuels	102.8	102.2	100.6	101.6	96.0

2-2-2　居民消费价格分类指数一览表(2016-2020年)
Consumer Price Indices by Category (2016-2020)

(上年=100)　　(preceding year=100)

项　　目	Item	2016	2017	2018	2019	2020
居民消费价格指数	**Consumer Price Index**	**102.0**	**102.0**	**102.1**	**102.9**	**102.6**
#服务项目价格指数	Price Index of Services	102.5	104.3	103.8	101.7	100.7
#消费品价格指数	Consumable Price Index	101.7	100.7	101.2	103.5	103.6
一、食品烟酒	Food, Tobacco and Liquor	104.4	99.3	101.0	107.8	108.8
(一)食品	Food	105.6	98.5	100.6	110.6	111.5
1.粮食	Grain	100.6	100.7	101.1	101.0	101.9
2.薯类	Potatoes	112.6	100.0	104.3	108.7	106.4
3.豆类	Beans	102.9	102.3	101.0	103.3	106.9
4.食用油	Edible Oil	101.8	101.2	99.0	100.6	102.7
5.菜	Vegetables	111.3	92.6	105.9	109.2	104.5
6.畜肉类	Meat of Livestock	114.4	93.3	93.8	131.5	141.2
7.禽肉类	Meat of Poultry	101.9	100.8	108.0	107.5	98.8
8.水产品	Aquatic Products	105.1	107.7	98.9	98.7	105.1
9.蛋类	Eggs	97.2	97.6	111.3	105.7	90.7
10.奶类	Milk	100.6	99.9	102.1	101.3	100.5
11.干鲜瓜果类	Dried and Fresh Melons and Fruits	95.7	103.6	101.4	111.8	89.6
12.糖果糕点类	Candy and Cake	100.6	103.1	103.0	100.8	100.4
13.调味品	Flavoring	101.8	102.4	102.1	100.5	100.8
14.其他食品类	Other Foods	102.5	101.2	101.3	101.0	102.2
(二)茶及饮料	Tea and Drinks	100.5	100.2	100.8	100.8	100.3
(三)烟酒	Tobacco and Liquor	101.5	99.6	100.0	100.5	100.8
1.烟草	Tobacco	102.0	99.3	99.6	100.0	100.4
2.酒类	Liquor	100.7	100.1	100.8	101.5	101.5
(四)在外餐饮	Dinning Out	102.7	101.5	103.0	103.2	104.7
二、衣着	Clothing	100.9	102.1	100.2	100.9	99.2
(一)服装	Garments	100.9	102.3	100.5	100.7	98.9
(二)服装材料	Clothing Material	100.5	103.0	104.5	103.3	99.1
(三)其他衣着及配件	Other Clothing and Accessories	101.3	100.8	100.2	100.6	100.0
(四)衣着加工服务费	Clothing Manufacturing Service Fee	107.2	105.9	102.9	103.7	102.1
(五)鞋类	Footwear	100.2	101.4	98.8	101.1	99.8
三、居住	Residence	101.0	103.4	102.6	101.0	99.4
(一)租赁房房租	Rent of Rental Housing	103.9	103.9	101.7	100.7	99.5
(二)住房保养维修及管理	Housing Maintenance and Management	103.0	104.6	106.0	103.0	101.6
(三)水电燃料	Water,Electricity and Fuels	97.6	102.4	101.8	99.2	97.7
(四)自有住房	Private Housing	102.0	103.4	101.9	101.3	99.5
四、生活用品及服务	Articles for Daily Use and Services	100.1	101.2	101.0	100.3	99.7
(一)家具及室内装饰品	Furniture and Interior Decorations	100.4	103.7	102.7	101.2	100.5
(二)家用器具	Household Appliances	98.4	100.5	100.3	98.3	97.5
(三)家用纺织品	Home Textiles	99.6	99.8	100.0	100.6	99.6
(四)家庭日用杂品	Household Articles for Daily Use	100.0	100.6	100.8	101.2	100.4
(五)个人护理用品	Personal-care Supplies	100.8	101.1	100.5	100.3	99.9
(六)家庭服务	Household Services	107.1	103.1	102.9	102.1	103.3
五、交通通信	Transport and Communications	98.8	101.9	101.6	97.8	96.3
(一)交通	Transport	99.2	102.8	103.1	97.2	94.7
(二)通信	Communications	98.2	100.3	98.8	98.9	99.2
六、教育文化娱乐	Education, Culture and Recreation	101.5	102.5	102.6	102.4	102.1
(一)教育	Education	102.7	103.5	103.4	102.6	103.4
(二)文化娱乐	Cultural and Recreational Articles	99.8	100.9	101.3	102.1	100.0
七、医疗保健	Health Care	102.7	109.0	108.3	101.0	99.9
(一)药品及医疗器具	Medical Instrument and Articles	103.2	105.2	101.4	101.8	100.7
(二)医疗服务	Medical Service	102.5	111.0	111.6	100.7	99.6
八、其他用品及服务	Other Supplies and Services	102.6	102.6	100.8	102.9	104.9
(一)其他用品类	Other Supplies	101.6	101.2	99.0	104.5	108.6
(二)其他服务类	Other Services	103.6	103.9	102.4	101.4	101.4

注：2016年居民消费价格指数目录进行了调整。

2-2-3 居民消费价格分类指数一览表(2021-2022年)
Consumer Price Indices by Category (2021-2022)

(上年=100) (preceding year=100)

项　目	Item	2021	2022
居民消费价格指数	**Consumer Price Index**	**100.9**	**102.0**
#服务价格指数	Price Index of Services	101.0	100.9
#消费品价格指数	Consumable Price Index	100.8	102.7
一、食品烟酒	Food, tobacco and Liquor	99.3	102.2
(一)食品	Food	98.1	102.9
1.粮食	Grain	101.1	101.0
2.薯类	Potatoes	99.1	108.7
3.豆类	Beans	104.1	103.6
4.食用油	Edible oil	108.6	106.5
5.菜及食用菌	Vegetables	106.3	104.3
6.畜肉类	Meat of Livestock	79.8	95.3
7.禽肉类	Meat of Poultry	95.2	105.8
8.水产品	Aquatic products	112.3	100.7
9.蛋类	Eggs	107.1	109.0
10.奶类	Milk	100.5	101.1
11.干鲜瓜果类	Dried and Fresh Melons and Fruits	102.3	114.6
12.糖果糕点类	Candy and Cake	102.0	101.1
13.调味品	Flavoring	100.8	102.8
14.其他食品类	Other foods	100.5	100.7
(二)茶及饮料	Tea and drinks	100.6	101.0
(三)烟酒	Tobacco and Liquor	101.5	100.6
1.卷烟	Tobacco	101.8	100.8
2.酒类	Liquor	101.0	100.2
(四)在外餐饮	Dinning Out	101.6	101.2
二、衣着	Clothing	99.7	100.5
(一)服装	Garments	99.9	100.6
(二)鞋类	Footwear	98.7	100.2
三、居住	Residence	100.9	100.9
(一)租赁房房租	Rent of Rental Housing	100.1	99.7
(二)住房保养维修及管理	Housing maintenance and management	102.2	101.8
(三)水电燃料	Water,Electricity and Fuels	102.6	104.0
(四)自有住房	Private Housing	100.1	99.8
四、生活用品及服务	Articles for Daily Use and services	100.4	100.8
(一)家具及室内装饰品	Furniture and Interior Decorations	100.4	100.5
(二)家用器具	Household Appliances	100.7	100.6
(三)家用纺织品	Home Textiles	100.3	99.7
(四)家庭日用杂品	Household Articles for Daily Use	100.6	100.3
(五)个人护理用品	Personal-care Supplies	98.8	102.1
(六)家庭服务	Household Services	101.6	102.1
五、交通通信	Transport and Communications	104.3	105.6
(一)交通	Transport	105.7	107.9
(二)通信	Communications	100.5	99.2
六、教育文化娱乐	Education, Culture and Recreation	103.0	102.1
(一)教育	Education	102.9	102.7
(二)文化娱乐	Cultural and Recreational Articles	103.2	100.8
七、医疗保健	Health Care	99.9	100.2
(一)药品及医疗器具	Medical Instrument and Articles	99.5	100.4
(二)医疗服务	Medical Service	100.1	100.1
八、其他用品及服务	Other Supplies and Services	98.7	101.6
(一)其他用品	Other Supplies	100.5	101.5
(二)其他服务	Other Services	96.2	101.8

注：2021年居民消费价格指数目录进行了调整。

2-3-1　居民消费价格分类指数一览表(2022年)
Consumer Price Indices by Category (2022)

(上年=100)　　(preceding year=100)

项　　目	Item	全　省 Province	城　市 Urban Areas	农　村 Rural Areas
居民消费价格指数	**Consumer Price Index**	**102.0**	**102.0**	**102.0**
#服务价格指数	Price Index of Services	100.9	100.8	101.0
#消费品价格指数	Consumer Price Index	102.7	102.7	102.6
一、食品烟酒	Food, Tobacco and Liquor	102.2	102.4	101.8
(一)食品	Food	102.9	103.0	102.5
1.粮食	Grain	101.0	100.8	101.5
2.薯类	Potatoes	108.7	107.9	111.1
3.豆类	Beans	103.6	103.7	103.3
4.食用油	Edible Oil	106.5	106.7	106.2
5.菜及食用菌	Vegetables	104.3	104.5	103.9
6.畜肉类	Meat of Livestock	95.3	95.9	94.1
7.禽肉类	Meat of Poultry	105.8	105.9	105.3
8.水产品	Aquatic Products	100.7	100.2	101.9
9.蛋类	Eggs	109.0	109.7	107.3
10.奶类	Milk	101.1	101.0	101.5
11.干鲜瓜果类	Dried and Fresh Melons and Fruits	114.6	114.5	114.6
12.糖果糕点类	Candy and Cake	101.1	101.4	100.4
13.调味品	Flavoring	102.8	103.3	101.4
14.其他食品类	Other Foods	100.7	99.6	102.6
(二)茶及饮料	Tea and Drinks	101.0	101.5	100.3
(三)烟酒	Tobacco and Liquor	100.6	101.1	99.9
1.卷烟	Tobacco	100.8	101.1	100.3
2.酒类	Liquor	100.2	101.0	98.9
(四)在外餐饮	Dinning Out	101.2	101.2	101.1
二、衣着	Clothing	100.5	100.8	99.7
(一)服装	Garments	100.6	100.8	100.0
(二)鞋类	Footwear	100.2	101.0	98.4
三、居住	Residence	100.9	100.6	101.7
(一)租赁房房租	Rent of Rental Housing	99.7	99.7	99.7
(二)住房保养维修及管理	Housing Maintenance and Management	101.8	102.0	101.4
(三)水电燃料	Water,Electricity and Fuels	104.0	102.9	106.4
(四)自有住房	Private Housing	99.8	99.7	100.1
四、生活用品及服务	Articles for Daily Use and Services	100.8	100.7	101.0
(一)家具及室内装饰品	Furniture and Interior Decorations	100.5	100.4	100.8
(二)家用器具	Household Appliances	100.6	100.3	101.4
(三)家用纺织品	Home Textiles	99.7	99.2	101.7
(四)家庭日用杂品	Household Articles for Daily Use	100.3	100.5	99.9
(五)个人护理用品	Personal-care Supplies	102.1	102.0	102.5
(六)家庭服务	Household Services	102.1	101.9	102.8
五、交通通信	Transport and Communications	105.6	105.8	105.2
(一)交通	Transport	107.9	107.8	108.0
(二)通信	Communications	99.2	99.1	99.3
六、教育文化娱乐	Education, Culture and Recreation	102.1	101.8	102.7
(一)教育	Education	102.7	102.4	103.3
(二)文化娱乐	Cultural and Recreational Articles	100.8	100.8	101.0
七、医疗保健	Health Care	100.2	100.2	100.1
(一)药品及医疗器具	Medical Instrument and Articles	100.4	100.6	100.1
(二)医疗服务	Medical Service	100.1	100.1	100.1
八、其他用品及服务	Other Supplies and Services	101.6	101.8	101.2
(一)其他用品	Other Supplies	101.5	101.6	101.3
(二)其他服务	Other Services	101.8	102.1	101.0

2-3-2 全省各月居民消费价格分类指数一览表(2022年)

(上月=100)

项　　目	Item	1月	2月
居民消费价格指数	**Consumer Price Index**	**100.3**	**100.8**
#服务价格指数	Price Index of Services	100.4	100.2
#消费品价格指数	Consumer Price Index	100.2	101.2
一、食品烟酒	Food, Tobacco and Liquor	100.3	101.7
(一)食品	Food	100.5	102.4
1.粮食	Grain	100.1	100.5
2.薯类	Potatoes	102.6	104.5
3.豆类	Beans	100.7	101.6
4.食用油	Edible Oil	100.2	100.6
5.菜及食用菌	Vegetables	97.8	109.5
6.畜肉类	Meat of Livestock	99.3	98.7
7.禽肉类	Meat of Poultry	101.7	101.2
8.水产品	Aquatic Products	103.0	105.8
9.蛋类	Eggs	99.2	99.1
10.奶类	Milk	100.0	99.8
11.干鲜瓜果类	Dried and Fresh Melons and Fruits	104.7	103.2
12.糖果糕点类	Candy and Cake	99.4	99.6
13.调味品	Flavoring	100.2	100.2
14.其他食品类	Other Foods	99.0	100.1
(二)茶及饮料	Tea and Drinks	100.2	100.4
(三)烟酒	Tobacco and Liquor	99.7	100.0
1.卷烟	Tobacco	100.2	100.0
2.酒类	Liquor	98.4	100.2
(四)在外餐饮	Dinning Out	100.1	100.6
二、衣着	Clothing	99.4	99.7
(一)服装	Garments	99.3	99.5
(二)鞋类	Footwear	100.1	100.4
三、居住	Residence	100.1	100.0
(一)租赁房房租	Rent of Rental Housing	99.9	100.1
(二)住房保养维修及管理	Housing Maintenance and Management	99.8	99.8
(三)水电燃料	Water,Electricity and Fuels	100.7	100.0
(四)自有住房	Private Housing	100.0	100.1
四、生活用品及服务	Articles for Daily Use and Services	99.8	100.5
(一)家具及室内装饰品	Furniture and Interior Decorations	99.8	100.7
(二)家用器具	Household Appliances	100.1	101.2
(三)家用纺织品	Home Textiles	100.2	100.2
(四)家庭日用杂品	Household Articles for Daily Use	99.1	100.4
(五)个人护理用品	Personal-care Supplies	99.0	101.1
(六)家庭服务	Household Services	103.1	97.5
五、交通通信	Transport and Communications	101.2	101.7
(一)交通	Transport	101.4	102.3
(二)通信	Communications	100.4	99.9
六、教育文化娱乐	Education, Culture and Recreation	100.1	100.8
(一)教育	Education	100.1	100.6
(二)文化娱乐	Cultural and Recreational Articles	100.0	101.2
七、医疗保健	Health Care	100.1	100.0
(一)药品及医疗器具	Medical Instrument and Articles	100.0	100.1
(二)医疗服务	Medical Service	100.1	100.0
八、其他用品及服务	Other Supplies and Services	101.2	99.9
(一)其他用品	Other Supplies	99.9	101.1
(二)其他服务	Other Services	103.1	98.3

Consumer Price Indices by Category of Province-wide(2022)

(preceding month=100)

3月	4月	5月	6月	7月	8月	9月	10月	11月	12月
100.0	**100.4**	**100.0**	**100.2**	**100.3**	**99.9**	**100.5**	**100.1**	**99.6**	**99.8**
99.8	100.1	100.0	100.1	100.3	100.0	99.9	100.0	99.8	100.1
100.1	100.6	100.0	100.3	100.4	99.8	100.9	100.1	99.5	99.7
98.8	100.9	99.9	99.7	101.6	100.5	101.7	100.0	98.9	99.9
98.1	101.3	99.8	99.6	102.4	100.7	102.5	99.9	98.3	99.8
99.2	100.5	100.6	100.3	100.0	100.2	100.0	101.0	100.2	99.8
101.7	106.2	101.5	96.8	100.1	102.2	101.4	98.3	98.7	101.3
99.4	100.1	100.1	99.4	100.0	100.3	100.5	100.2	99.9	100.0
100.3	100.4	100.2	101.4	101.7	101.1	100.1	100.4	100.9	99.7
100.3	100.6	90.6	94.7	104.6	101.8	109.8	95.4	88.5	105.3
92.4	100.0	103.2	101.6	112.9	100.8	103.9	105.1	99.2	94.9
99.1	101.3	101.2	101.4	101.5	101.2	101.7	100.2	100.5	99.2
97.3	102.0	99.6	99.0	99.1	100.7	101.6	97.6	98.9	99.2
98.8	104.2	101.0	98.2	100.5	102.4	105.5	101.8	101.4	99.7
100.7	100.6	100.2	99.9	100.5	100.2	99.0	100.4	100.2	100.9
97.8	105.3	105.2	100.4	95.7	99.2	99.9	97.6	101.2	102.1
100.6	100.5	100.3	100.1	100.1	100.1	100.0	99.8	100.1	99.9
100.2	100.0	100.2	100.7	100.6	100.2	100.2	100.0	100.0	100.1
100.9	99.7	100.9	100.7	99.9	100.1	99.5	100.4	99.4	99.8
100.0	99.9	100.2	100.2	100.2	100.4	99.8	99.9	100.1	100.1
100.4	100.0	99.9	100.1	100.2	100.1	99.9	100.3	100.1	100.0
100.0	100.0	100.0	100.0	100.1	100.2	100.1	100.1	100.1	100.0
101.3	100.0	99.7	100.3	100.4	99.9	99.4	100.6	100.3	100.0
99.7	100.2	100.2	100.0	99.9	100.0	100.1	100.3	100.0	100.2
100.8	99.8	99.5	100.4	99.7	99.4	101.9	100.9	100.2	100.9
101.0	99.7	99.3	100.5	99.6	99.4	102.2	100.9	100.2	101.0
100.0	100.2	100.4	100.3	100.1	98.9	100.2	100.4	100.3	100.1
100.3	99.8	100.1	99.8	99.9	100.0	100.0	100.1	100.0	100.0
99.9	99.9	100.0	99.9	100.0	100.0	100.0	100.0	100.0	100.0
100.0	99.7	100.5	99.8	99.8	100.0	100.2	100.4	99.9	100.1
102.0	99.5	100.1	99.6	99.6	99.8	99.6	100.4	100.2	99.9
99.9	100.0	99.9	99.9	100.1	100.0	100.0	100.0	100.0	100.0
100.2	100.4	100.0	99.8	100.1	99.9	100.1	100.2	99.6	100.3
100.0	99.9	100.2	99.8	99.6	100.2	100.2	99.8	100.2	99.9
99.9	100.4	99.9	99.1	100.8	99.6	99.7	100.3	98.2	100.8
100.1	99.7	100.2	99.8	98.8	100.0	99.3	100.6	99.4	100.0
100.5	100.6	99.4	100.3	100.5	99.9	100.0	100.2	100.5	100.2
100.6	101.3	100.7	99.9	99.8	99.7	100.8	100.2	99.9	99.9
100.4	100.4	100.0	100.1	100.0	100.0	100.4	100.0	100.0	100.3
101.6	101.1	100.1	102.4	99.0	98.3	99.4	99.7	100.3	98.2
102.1	101.5	100.2	103.2	98.7	97.8	99.1	99.5	100.6	97.4
100.1	99.9	99.7	99.8	100.2	99.8	100.0	100.4	99.5	100.4
99.7	100.0	100.0	99.9	100.5	100.1	100.0	100.2	99.7	100.1
100.1	100.0	100.0	100.0	100.1	100.1	100.1	100.0	100.0	100.0
98.9	99.9	99.8	99.7	101.4	100.2	99.7	100.8	99.0	100.4
100.1	100.0	100.0	100.0	100.1	100.0	100.0	100.1	100.0	100.0
100.2	100.0	100.1	99.9	100.2	100.2	99.9	100.2	100.0	100.0
100.0	100.0	100.0	100.0	100.0	100.0	100.0	100.0	100.0	100.0
101.0	100.3	100.6	99.9	99.2	99.8	99.8	100.5	99.8	100.8
101.9	100.3	101.0	99.8	98.6	99.7	99.7	100.7	99.8	100.7
99.7	100.3	100.1	100.0	100.1	100.1	100.0	100.1	99.8	101.0

2-3-3 全省各月居民消费价格分类指数一览表(2022年)

(上年同月=100)

项　目	Item	1月	2月	3月
居民消费价格指数	**Consumer Price Index**	**100.5**	**100.8**	**101.4**
#服务价格指数	Price Index of Services	101.4	101.3	101.0
#消费品价格指数	Consumer Price Index	99.9	100.5	101.6
一、食品烟酒	Food, Tobacco and Liquor	97.1	97.7	99.0
(一)食品	Food	95.1	95.9	98.0
1.粮食	Grain	100.3	100.3	100.3
2.薯类	Potatoes	100.9	99.1	102.1
3.豆类	Beans	104.9	104.4	103.5
4.食用油	Edible Oil	107.1	107.4	107.0
5.菜及食用菌	Vegetables	91.0	103.1	114.7
6.畜肉类	Meat of Livestock	72.6	71.4	72.5
7.禽肉类	Meat of Poultry	100.2	96.6	99.7
8.水产品	Aquatic Products	110.6	106.2	103.0
9.蛋类	Eggs	104.3	105.0	107.6
10.奶类	Milk	100.5	100.7	101.6
11.干鲜瓜果类	Dried and Fresh Melons and Fruits	111.5	108.7	105.9
12.糖果糕点类	Candy and Cake	101.3	100.9	101.0
13.调味品	Flavoring	101.7	102.0	102.0
14.其他食品类	Other Foods	99.0	99.0	100.8
(二)茶及饮料	Tea and Drinks	100.2	100.6	101.3
(三)烟酒	Tobacco and Liquor	100.8	101.0	101.1
1.卷烟	Tobacco	101.3	101.2	101.2
2.酒类	Liquor	99.4	100.3	100.8
(四)在外餐饮	Dinning Out	101.2	101.5	100.9
二、衣着	Clothing	99.6	99.7	100.7
(一)服装	Garments	99.7	99.8	100.9
(二)鞋类	Footwear	99.0	99.4	99.7
三、居住	Residence	101.2	101.3	101.5
(一)租赁房房租	Rent of Rental Housing	99.9	100.0	99.6
(二)住房保养维修及管理	Housing Maintenance and Management	103.1	103.1	102.7
(三)水电燃料	Water,Electricity and Fuels	104.0	104.3	106.7
(四)自有住房	Private Housing	99.9	100.0	99.7
四、生活用品及服务	Articles for Daily Use and Services	100.1	100.7	100.9
(一)家具及室内装饰品	Furniture and Interior Decorations	100.1	100.5	100.6
(二)家用器具	Household Appliances	100.0	101.3	101.2
(三)家用纺织品	Home Textiles	101.2	101.2	100.9
(四)家庭日用杂品	Household Articles for Daily Use	99.9	100.1	100.5
(五)个人护理用品	Personal-care Supplies	98.2	99.9	101.2
(六)家庭服务	Household Services	104.0	101.5	101.9
五、交通通信	Transport and Communications	105.6	106.1	106.4
(一)交通	Transport	108.0	108.8	109.1
(二)通信	Communications	99.0	98.9	99.0
六、教育文化娱乐	Education, Culture and Recreation	103.2	103.2	103.0
(一)教育	Education	103.4	103.9	103.6
(二)文化娱乐	Cultural and Recreational Articles	102.8	101.8	101.8
七、医疗保健	Health Care	100.1	100.1	100.2
(一)药品及医疗器具	Medical Instrument and Articles	99.7	99.9	100.3
(二)医疗服务	Medical Service	100.3	100.3	100.2
八、其他用品及服务	Other Supplies and Services	100.2	100.1	101.9
(一)其他用品	Other Supplies	97.7	99.4	102.2
(二)其他服务	Other Services	103.8	101.1	101.4

Consumer Price Indices by Category of Province-wide(2022)

(the same month of preceding year=100)

4月	5月	6月	7月	8月	9月	10月	11月	12月
102.0	**102.0**	**102.6**	**102.8**	**102.6**	**102.9**	**102.4**	**101.8**	**102.0**
100.8	100.8	100.9	100.8	100.8	100.5	100.6	100.6	100.6
102.7	102.8	103.6	104.1	103.8	104.4	103.6	102.5	102.8
100.9	101.5	102.4	104.6	104.9	106.4	105.8	103.0	103.8
100.9	101.8	103.3	106.7	107.1	109.5	108.4	104.0	105.3
100.1	100.5	100.7	100.7	100.7	101.3	102.5	102.8	102.4
109.7	112.8	110.2	110.7	111.0	111.1	110.5	111.1	116.1
103.7	103.3	103.2	103.3	103.9	104.2	103.9	102.3	102.2
105.6	105.4	105.3	106.5	106.8	106.3	106.5	107.6	107.0
119.7	111.0	105.9	112.2	109.8	115.4	98.3	83.3	96.3
78.5	87.0	96.3	111.1	113.1	118.6	126.7	115.5	110.9
102.0	104.3	106.2	107.6	109.4	110.8	111.1	111.8	110.4
98.9	94.3	93.8	95.0	98.6	101.7	102.7	103.7	103.4
112.2	111.0	108.9	108.6	103.9	109.7	112.5	111.6	112.2
101.6	101.2	100.6	100.7	101.1	100.5	101.4	101.1	102.4
114.0	119.9	122.4	118.7	116.8	116.5	115.1	113.5	112.5
101.4	101.1	101.4	101.0	101.3	101.5	101.1	100.9	100.3
101.8	102.0	102.9	103.5	103.8	103.6	103.7	103.9	102.6
100.0	101.2	101.7	101.5	101.2	101.1	101.6	101.0	100.3
100.7	100.7	100.8	101.0	101.3	101.4	101.5	101.6	101.5
100.8	100.4	100.4	100.4	100.5	100.6	100.6	100.7	100.6
100.7	100.8	100.6	100.5	100.6	100.7	100.8	100.8	100.7
101.0	99.6	99.9	100.3	100.3	100.3	100.2	100.5	100.3
101.0	101.1	101.2	101.2	101.2	101.2	101.3	101.3	101.4
100.4	99.5	99.9	100.1	99.5	100.8	101.0	102.7	102.5
100.4	99.6	99.9	100.0	99.3	100.8	101.1	102.8	102.7
99.9	99.1	99.9	100.5	100.5	100.7	100.6	102.0	101.6
101.3	101.4	101.2	101.1	100.9	100.5	100.1	100.2	100.2
99.7	99.6	99.4	99.6	99.5	99.6	99.8	99.9	99.8
102.2	102.6	102.4	102.2	101.8	100.8	100.3	99.9	100.0
106.1	106.1	105.9	105.1	104.3	103.0	100.7	101.1	101.1
99.7	99.7	99.6	99.6	99.7	99.7	99.9	100.0	99.9
101.0	100.8	100.8	100.7	100.5	101.0	100.9	100.9	100.8
100.6	100.8	100.8	100.3	100.8	101.1	99.9	100.1	100.3
101.1	100.7	100.3	100.8	100.2	100.3	101.2	99.8	99.9
100.5	100.4	100.3	99.2	99.0	98.8	98.8	98.3	98.2
100.6	99.5	99.9	99.3	99.9	100.3	100.5	101.3	101.5
101.7	102.4	103.2	103.6	102.0	103.7	102.7	104.0	102.9
102.0	102.0	102.0	102.0	101.7	102.1	102.0	101.9	102.2
107.3	107.0	109.1	106.6	105.3	104.8	103.3	103.2	102.8
110.2	109.8	112.7	109.3	107.6	106.8	104.4	104.3	103.7
99.0	98.9	98.7	98.9	98.9	99.1	99.8	99.8	100.2
102.5	102.3	102.4	102.0	102.1	101.1	101.1	100.9	101.1
103.5	103.5	103.5	103.0	102.9	101.2	101.2	101.2	101.1
100.5	99.9	100.2	100.0	100.4	100.9	100.7	100.2	101.0
100.3	100.2	100.1	100.2	100.2	100.1	100.2	100.2	100.2
100.6	100.5	100.4	100.7	100.5	100.5	100.7	100.8	100.8
100.2	100.0	100.0	100.0	100.0	100.0	100.0	100.0	100.0
102.2	102.4	102.1	101.2	101.5	101.2	101.6	102.4	102.8
102.6	103.1	102.6	100.8	101.3	100.9	101.6	103.0	103.0
101.6	101.4	101.5	101.7	101.7	101.7	101.6	101.5	102.5

2-3-4 全省各月居民消费价格分类指数一览表(2022年)

(上年同期=100)

项 目	Item	1月	2月	3月
居民消费价格指数	**Consumer Price Index**	**100.5**	**100.6**	**100.9**
#服务价格指数	Price Index of Services	101.4	101.4	101.2
#消费品价格指数	Consumer Price Index	99.9	100.2	100.7
一、食品烟酒	Food, Tobacco and Liquor	97.1	97.4	97.9
(一)食品	Food	95.1	95.5	96.3
1.粮食	Grain	100.3	100.3	100.3
2.薯类	Potatoes	100.9	100.0	100.7
3.豆类	Beans	104.9	104.7	104.3
4.食用油	Edible Oil	107.1	107.3	107.2
5.菜及食用菌	Vegetables	91.0	96.9	102.4
6.畜肉类	Meat of Livestock	72.6	72.0	72.2
7.禽肉类	Meat of Poultry	100.2	98.3	98.8
8.水产品	Aquatic Products	110.6	108.3	106.5
9.蛋类	Eggs	104.3	104.7	105.6
10.奶类	Milk	100.5	100.6	100.9
11.干鲜瓜果类	Dried and Fresh Melons and Fruits	111.5	110.1	108.7
12.糖果糕点类	Candy and Cake	101.3	101.1	101.1
13.调味品	Flavoring	101.7	101.9	101.9
14.其他食品类	Other Foods	99.0	99.0	99.6
(二)茶及饮料	Tea and Drinks	100.2	100.4	100.7
(三)烟酒	Tobacco and Liquor	100.8	100.9	100.9
1.卷烟	Tobacco	101.3	101.2	101.2
2.酒类	Liquor	99.4	99.9	100.2
(四)在外餐饮	Dinning Out	101.2	101.4	101.2
二、衣着	Clothing	99.6	99.6	100.0
(一)服装	Garments	99.7	99.7	100.1
(二)鞋类	Footwear	99.0	99.2	99.3
三、居住	Residence	101.2	101.3	101.3
(一)租赁房房租	Rent of Rental Housing	99.9	99.9	99.8
(二)住房保养维修及管理	Housing Maintenance and Management	103.1	103.1	103.0
(三)水电燃料	Water,Electricity and Fuels	104.0	104.1	105.0
(四)自有住房	Private Housing	99.9	100.0	99.9
四、生活用品及服务	Articles for Daily Use and Services	100.1	100.4	100.6
(一)家具及室内装饰品	Furniture and Interior Decorations	100.1	100.3	100.4
(二)家用器具	Household Appliances	100.0	100.6	100.8
(三)家用纺织品	Home Textiles	101.2	101.2	101.1
(四)家庭日用杂品	Household Articles for Daily Use	99.9	100.0	100.2
(五)个人护理用品	Personal-care Supplies	98.2	99.0	99.7
(六)家庭服务	Household Services	104.0	102.8	102.5
五、交通通信	Transport and Communications	105.6	105.9	106.1
(一)交通	Transport	108.0	108.4	108.6
(二)通信	Communications	99.0	99.0	99.0
六、教育文化娱乐	Education, Culture and Recreation	103.2	103.2	103.2
(一)教育	Education	103.4	103.7	103.6
(二)文化娱乐	Cultural and Recreational Articles	102.8	102.3	102.1
七、医疗保健	Health Care	100.1	100.1	100.2
(一)药品及医疗器具	Medical Instrument and Articles	99.7	99.8	100.0
(二)医疗服务	Medical Service	100.3	100.3	100.2
八、其他用品及服务	Other Supplies and Services	100.2	100.2	100.7
(一)其他用品	Other Supplies	97.7	98.6	99.8
(二)其他服务	Other Services	103.8	102.5	102.1

Consumer Price Indices by Category of Province-wide(2022)

(preceding year=100)

4月	5月	6月	7月	8月	9月	10月	11月	12月
101.2	**101.3**	**101.5**	**101.7**	**101.8**	**102.0**	**102.0**	**102.0**	**102.0**
101.1	101.1	101.0	101.0	101.0	100.9	100.9	100.9	100.9
101.2	101.5	101.9	102.2	102.4	102.6	102.7	102.7	102.7
98.7	99.2	99.7	100.4	101.0	101.6	102.0	102.1	102.2
97.4	98.3	99.1	100.1	100.9	101.9	102.5	102.6	102.9
100.2	100.3	100.4	100.4	100.4	100.5	100.7	100.9	101.0
102.9	104.9	105.8	106.5	107.0	107.5	107.8	108.1	108.7
104.1	104.0	103.8	103.8	103.8	103.8	103.8	103.7	103.6
106.8	106.5	106.3	106.3	106.4	106.4	106.4	106.5	106.5
106.3	107.2	107.0	107.7	107.9	108.8	107.6	105.1	104.3
73.6	75.9	78.7	82.5	85.7	88.8	92.0	94.0	95.3
99.6	100.5	101.4	102.3	103.2	104.0	104.7	105.3	105.8
104.4	102.2	100.7	99.8	99.7	99.9	100.2	100.5	100.7
107.2	108.0	108.1	108.2	107.6	107.9	108.4	108.7	109.0
101.1	101.1	101.0	101.0	101.0	101.0	101.0	101.0	101.1
110.0	112.0	113.7	114.4	114.7	114.9	114.9	114.8	114.6
101.1	101.1	101.2	101.1	101.2	101.2	101.2	101.2	101.1
101.9	101.9	102.1	102.3	102.5	102.6	102.7	102.8	102.8
99.7	100.0	100.3	100.4	100.5	100.6	100.7	100.7	100.7
100.7	100.7	100.7	100.7	100.8	100.9	100.9	101.0	101.0
100.9	100.8	100.7	100.7	100.7	100.7	100.6	100.7	100.6
101.1	101.0	100.9	100.9	100.8	100.8	100.8	100.8	100.8
100.4	100.2	100.2	100.2	100.2	100.2	100.2	100.2	100.2
101.2	101.1	101.1	101.2	101.2	101.2	101.2	101.2	101.2
100.1	100.0	100.0	100.0	99.9	100.0	100.1	100.3	100.5
100.2	100.1	100.1	100.1	100.0	100.0	100.2	100.4	100.6
99.5	99.4	99.5	99.6	99.7	99.8	99.9	100.1	100.2
101.3	101.3	101.3	101.3	101.2	101.2	101.1	101.0	100.9
99.8	99.7	99.7	99.7	99.7	99.7	99.7	99.7	99.7
102.8	102.7	102.7	102.6	102.5	102.3	102.1	101.9	101.8
105.3	105.4	105.5	105.4	105.3	105.0	104.6	104.3	104.0
99.8	99.8	99.8	99.8	99.7	99.7	99.8	99.8	99.8
100.7	100.7	100.7	100.7	100.7	100.7	100.7	100.8	100.8
100.4	100.5	100.6	100.5	100.6	100.6	100.5	100.5	100.5
100.9	100.9	100.8	100.8	100.7	100.7	100.7	100.6	100.6
101.0	100.8	100.8	100.5	100.3	100.2	100.0	99.9	99.7
100.3	100.1	100.1	100.0	100.0	100.0	100.0	100.2	100.3
100.2	100.7	101.1	101.4	101.5	101.8	101.8	102.0	102.1
102.4	102.3	102.3	102.2	102.2	102.2	102.1	102.1	102.1
106.4	106.5	106.9	106.9	106.7	106.5	106.1	105.9	105.6
109.0	109.2	109.8	109.7	109.4	109.1	108.6	108.2	107.9
99.0	99.0	98.9	98.9	98.9	98.9	99.0	99.1	99.2
103.0	102.9	102.8	102.7	102.6	102.4	102.3	102.2	102.1
103.6	103.6	103.6	103.5	103.4	103.2	103.0	102.8	102.7
101.7	101.4	101.2	101.0	100.9	100.9	100.9	100.8	100.8
100.2	100.2	100.2	100.2	100.2	100.2	100.2	100.2	100.2
100.1	100.2	100.2	100.3	100.3	100.3	100.4	100.4	100.4
100.2	100.2	100.2	100.1	100.1	100.1	100.1	100.1	100.1
101.1	101.4	101.5	101.4	101.4	101.4	101.4	101.5	101.6
100.5	101.0	101.3	101.2	101.2	101.2	101.2	101.4	101.5
102.0	101.9	101.8	101.8	101.8	101.8	101.7	101.7	101.8

2-4-1 主要城市居民消费价格总指数一览表(2011-2022年)
Major Urban Consumer Price Index(2011-2022)

(上年=100) (preceding year=100)

年 份 Year	南昌市 Nan chang	景德镇市 Jing dezhen	萍乡市 Ping xiang	九江市 Jiu jiang	新余市 Xin yu	鹰潭市 Ying tan	赣州市 Gan zhou	吉安市 Ji'an	宜春市 Yi chun	抚州市 Fu zhou	上饶市 Shang rao
2011	105.0	105.1	104.9	105.1	105.2	105.1	104.9	104.7	104.7	105.0	105.0
2012	102.9	102.7	102.6	102.8	102.3	102.5	102.8	102.6	102.5	102.4	102.6
2013	102.3	102.5	102.4	102.5	102.6	102.7	102.4	102.3	102.6	101.8	102.7
2014	102.5	102.4	102.6	102.1	101.4	102.4	102.1	102.1	101.8	103.2	102.3
2015	101.6	101.7	101.2	101.9	100.9	101.5	102.1	101.5	100.9	100.9	101.2
2016	102.1	101.8	102.1	102.1	101.5	102.0	102.0	101.3	102.5	101.5	101.7
2017	102.1	102.3	101.9	102.3	102.0	101.7	102.1	101.5	101.8	101.6	102.1
2018	102.3	101.5	102.2	101.7	101.9	102.2	102.1	102.0	101.7	102.1	102.3
2019	102.8	102.9	103.0	102.5	103.0	102.8	102.5	102.4	102.9	102.6	102.4
2020	102.5	102.1	101.9	102.6	102.5	102.0	102.1	102.0	102.6	102.3	102.4
2021	101.0	100.6	100.7	100.9	100.7	100.7	101.4	100.8	101.1	100.5	100.8
2022	101.8	101.9	102.0	102.3	101.8	102.1	102.3	101.8	102.1	101.6	102.4

2-4-2　主要城市居民消费价格分类指数一览表(2022年)
Major Urban Consumer Price Indices by Category(2022)

(上年=100)　　(preceding year=100)

类　别	Item	南昌市 Nan chang	景德镇市 Jing dezhen	萍乡市 Ping xiang	九江市 Jiu jiang	新余市 Xin yu	鹰潭市 Ying tan
居民消费价格总指数	**Consumer Price Index**	**101.8**	**101.9**	**102.0**	**102.3**	**101.8**	**102.1**
一、食品烟酒	**Food, Tobacco and Liquor**	**102.3**	**101.7**	**102.4**	**103.4**	**102.3**	**103.0**
粮　食	Grain	100.0	102.1	102.5	101.8	100.4	100.7
鲜　菜	Vegetables	102.8	103.6	102.7	106.9	108.7	104.6
畜　肉	Meat of Livestock	97.0	97.1	94.1	98.2	94.7	98.9
水产品	Aquatic Products	100.0	101.0	96.7	102.9	103.0	102.9
蛋	Eggs	107.8	101.3	110.2	114.3	109.1	116.1
鲜　果	Fresh Fruits	118.6	111.3	110.1	116.2	124.4	120.3
二、衣着	**Clothing**	**101.5**	**101.1**	**99.6**	**102.0**	**99.5**	**99.5**
三、居住	**Residence**	**100.3**	**101.2**	**100.5**	**100.5**	**100.7**	**100.8**
四、生活用品及服务	**Articles for Daily Use and Services**	**100.6**	**100.7**	**100.6**	**101.1**	**101.6**	**101.4**
五、交通通信	**Transport and Communications**	**105.8**	**105.9**	**105.9**	**106.0**	**105.8**	**105.8**
六、教育文化娱乐	**Education, Culture and Recreation**	**101.0**	**102.0**	**103.6**	**101.7**	**100.4**	**101.4**
七、医疗保健	**Health Care**	**100.3**	**100.2**	**99.6**	**99.7**	**100.2**	**99.9**
八、其他用品及服务	**Other Supplies and Services**	**103.2**	**100.7**	**99.8**	**100.3**	**102.2**	**101.4**

2-4-2　续表　continued

(上年=100)　　(preceding year=100)

类　别	Item	赣州市 Gan zhou	吉安市 Ji'an	宜春市 Yi chun	抚州市 Fu zhou	上饶市 Shang rao
居民消费价格总指数	**Consumer Price Index**	**102.3**	**101.8**	**102.1**	**101.6**	**102.4**
一、食品烟酒	**Food, Tobacco and Liquor**	**102.0**	**102.0**	**101.8**	**102.4**	**102.8**
粮　食	Grain	101.0	101.9	100.1	99.5	102.2
鲜　菜	Vegetables	108.9	102.6	106.6	105.0	102.2
畜　肉	Meat of Livestock	91.5	94.4	92.3	98.1	97.5
水产品	Aquatic Products	97.8	99.8	105.4	95.3	101.6
蛋	Eggs	111.2	110.6	110.5	111.2	108.9
鲜　果	Fresh Fruits	114.9	115.7	108.7	117.1	124.9
二、衣着	**Clothing**	**99.2**	**100.1**	**100.6**	**99.9**	**102.6**
三、居住	**Residence**	**100.9**	**100.9**	**101.8**	**100.8**	**100.2**
四、生活用品及服务	**Articles for Daily Use and Services**	**101.7**	**100.0**	**100.0**	**100.6**	**99.4**
五、交通通信	**Transport and Communications**	**105.5**	**106.4**	**106.6**	**104.8**	**106.1**
六、教育文化娱乐	**Education, Culture and Recreation**	**105.1**	**101.0**	**101.6**	**99.9**	**103.8**
七、医疗保健	**Health Care**	**100.5**	**100.0**	**99.9**	**100.0**	**101.6**
八、其他用品及服务	**Other Supplies and Services**	**101.3**	**100.5**	**101.2**	**100.9**	**101.8**

2-5-1 商品零售价格分类指数一览表(2011-2015年)

(上年=100)

项　目	Item	2011
商品零售价格指数	**Retail Price Index**	**104.8**
一、食品类	Food	111.1
(一)粮食	Grain	113.9
(二)淀粉及制品	Starches and Tubers	106.3
(三)干豆类及豆制品	Beans and Bean Products	102.6
(四)油脂	Oil or Fat	112.6
(五)肉禽及其制品	Meat,Poultry and Processed Products	121.8
(六)蛋	Eggs	116.3
(七)水产品	Aquatic products	107.2
(八)菜	Vegetables	99.1
(九)调味品	Flavoring	104.6
(十)糖	Carbohydrate	112.3
(十一)干鲜瓜果	Dried and Fresh Melons and Fruits	115.5
(十二)糕点饼干面包	Cake,Biscuit and Bread	108.0
(十三)液体乳及乳制品	Milk and Its Products	108.0
(十四)在外用膳食品	Dining Out	104.2
(十五)其他食品	Other Foods	104.1
二、饮料、烟酒	Beverages, Tobacco and Liquor	102.0
(一)茶及饮料	Tea and Beverages	104.0
(二)烟草	Tobacco	100.2
(三)酒	Liquor	103.3
三、服装、鞋帽	Garments, Shoes and Hats	102.6
(一)服装	Garments	102.5
(二)鞋袜帽	Footgear and Hats	103.2
(三)其他	Others	99.1
四、纺织品	Textiles	106.9
(一)衣着材料	Clothing	108.7
(二)床上用品	Bedding	105.3
五、家用电器及音像器材	Household Appliances, Music and Video Equipment	96.8
(一)家庭设备	Household Appliances	97.6
(二)文娱用耐用消费品	Cultural and Recreat Durable Consumable	95.4
(三)专业音像器材	Professional Music and Video Equipment	100.0
六、文化办公用品	Cultural and Office Appliances	99.7
七、日用品	Articles for Daily Use	103.0
(一)日用百货	General Merchandise for Daily Use	102.9
(二)日用杂品	Daily Use Articles	103.6
(三)洗涤用品	Cleaning Supplies	103.8
(四)其他日用品	Other Daily Necessities	101.7
八、体育娱乐用品	Sports and Recreation Articles	100.2
(一)体育用品	Sports Articles	100.5
(二)娱乐用品	Recreation Articles	100.0
九、交通、通信用品	Transportation and Communication Appliances	96.6
(一)交通运输机械	Transportation Equipments	99.3
(二)通信器材	Communication Equipments	93.2
十、家具	Furniture	100.8
十一、化妆品	Cosmetics	101.1
十二、金银珠宝	Gold, Silver and Jewelry	119.9
十三、中西药品及医疗保健用品	Traditional Chinese and Western Medicines and Health Care Articles	102.9
(一)医疗器具及用品	Medical Apparatus and Articles	100.4
(二)中药材及中成药	Traditional Chinese Medicines	108.5
(三)西药	Western Medicines	99.5
(四)保健器具及用品	Medical Apparatus and Articles	101.8
十四、书报杂志及电子出版物类	Books, Newspapers, Magazines and Electronic Publications	100.5
(一)教材及参考书	Teaching Material and Reference Book	101.0
(二)书报杂志	Books and Magazines	100.2
(三)电子音像制品	Audio-visual Products	99.5
十五、燃料	Fuels	108.7
(一)煤炭及制品	Coal and Coal Products	107.1
(二)石油及制品	Petroleum and Related Products	109.3
十六、建筑材料及五金电料	Building Materials and Hardware	106.5
(一)建筑装潢材料	Building Decoration Materials	107.1
(二)五金电料	Hardware Plumbing	104.0

Retail Price Indices by Category (2011-2015)

(preceding year=100)

2012	2013	2014	2015
102.1	**101.5**	**101.2**	**100.5**
105.3	104.6	103.7	103.4
103.8	102.4	102.9	102.3
102.3	99.7	101.7	101.9
101.9	105.7	103.2	105.0
104.5	100.0	96.7	96.2
99.1	104.3	100.8	106.9
96.5	105.7	109.1	98.7
112.7	107.4	101.6	100.2
117.7	107.6	101.6	109.5
103.5	102.5	101.2	102.5
102.7	99.6	99.4	100.7
102.2	105.6	116.2	99.9
104.3	101.7	102.4	101.0
104.2	107.8	114.3	101.1
111.1	105.0	105.5	102.2
102.9	101.7	100.2	100.2
103.2	100.8	100.4	102.1
104.7	102.0	101.7	101.2
100.8	100.6	100.0	104.5
105.2	100.4	100.2	99.9
100.1	102.7	102.5	103.1
99.9	103.4	102.9	104.1
100.8	101.2	101.7	101.2
99.7	100.7	102.3	100.4
100.3	101.2	100.8	102.2
105.1	102.4	104.1	103.7
96.1	100.1	97.5	100.7
97.1	97.8	98.1	98.5
98.1	98.1	98.4	98.5
95.1	97.0	97.7	98.6
102.5	100.1	98.7	98.3
99.4	98.0	99.2	99.8
102.5	100.9	100.9	100.3
102.3	100.7	100.9	100.6
101.6	100.1	100.4	100.1
105.2	102.2	101.7	100.8
100.1	100.2	100.1	99.3
100.3	100.2	100.4	100.3
102.1	100.9	100.8	99.7
99.1	99.7	100.2	100.7
96.4	97.0	97.6	98.3
98.7	99.0	99.9	99.2
93.3	94.0	94.2	96.8
104.1	100.1	100.9	100.6
101.0	101.4	100.9	100.6
101.6	92.2	91.6	94.2
103.0	101.6	101.4	101.3
101.7	100.8	100.1	100.9
105.7	102.7	102.2	101.1
101.6	101.1	100.6	101.7
101.6	100.5	102.2	100.7
101.2	100.5	100.8	101.0
101.9	100.9	101.1	100.7
101.0	100.4	100.8	101.8
99.5	99.9	100.1	99.6
103.3	100.1	99.9	87.5
105.5	103.4	101.1	99.3
102.5	99.0	99.5	83.2
100.8	101.3	100.5	97.7
100.1	101.3	100.3	97.1
103.8	101.4	101.9	100.5

2-5-2 商品零售价格分类指数一览表(2016-2020年)

(上年=100)

项　　目	Item	2016
商品零售价格指数	**Retail Price Index**	**100.6**
一、食品	Food	105.2
(一)粮食	Grain	101.2
(二)薯类	Starches and Tubers	111.9
(三)豆类	Beans and Bean Products	102.7
(四)食用油	Oil or Fat	101.7
(五)菜	Meat,Poultry and Processed Products	112.2
(六)畜肉类	Eggs	113.7
(七)禽肉类	Aquatic Products	102.6
(八)水产品	Vegetables	106.2
(九)蛋类	Flavoring	96.9
(十)奶类	Carbohydrate	100.8
(十一)干鲜瓜果类	Dried and Fresh Melons and Fruits	95.8
(十二)糖果糕点类	Candy and Cake	100.4
(十三)调味品	Milk and Its Products	101.9
(十四)其他食品类	Dining Out	102.8
(十五)在外餐饮	Other Foods	102.8
二、饮料、烟酒	Beverages, Tobacco and Liquor	101.2
(一)茶及饮料	Tea and Beverages	100.9
(二)烟草	Tobacco	101.7
(三)酒类	Liquor	100.6
三、服装、鞋帽	Garments, Shoes and Hats	100.5
(一)服装	Garments	100.7
(二)鞋袜帽	Footgear and Hats	99.8
(三)其他衣着配件	Others	102.2
四、纺织品	Textiles	99.3
(一)服装材料	Clothing	100.4
(二)床上用品	Bedding	99.0
五、家用电器及音像器材	Household Appliances, Music and Video Equipment	97.8
(一)家庭设备	Household Appliances	97.9
(二)文娱用耐用消费品	Cultural and Recreat Durable Consumable	97.1
(三)专业音像器材	Professional Music and Video Equipment	100.5
六、文化办公用品	Cultural and Office Appliances	100.6
七、日用品	Articles for Daily Use	99.9
(一)日用百货	General Merchandise for Daily Use	100.3
(二)厨具餐具茶具	Daily Use Articles	100.4
(三)清洗用品	Cleaning Supplies	99.8
(四)其他日用品	Other Daily Necessities	99.1
八、体育娱乐用品	Sports and Recreation Articles	100.7
(一)体育户外用品	Sports Articles	100.3
(二)娱乐用品	Recreation Articles	100.9
九、交通、通信用品	Transportation and Communication Appliances	96.6
(一)交通运输机械	Transportation Equipments	99.1
(二)通信器材	Communication Equipments	88.2
十、家具	Furniture	100.4
十一、化妆品	Cosmetics	100.5
十二、金银饰品	Gold, Silver and Jewelry	101.6
十三、中西药品及医疗保健用品	Traditional Chinese and Western Medicines and Health Care Articles	103.3
(一)医疗卫生器具	Medical Apparatus and Articles	101.3
(二)中药	Traditional Chinese Medicines	104.4
(三)西药	Western Medicines	103.7
(四)保健器具及用品	Medical Apparatus and Articles	101.0
十四、书报杂志及电子出版物	Books, Newspapers, Magazines and Electronic Publications	100.7
(一)教材及参考书	Teaching Material and Reference Book	99.5
(二)书报杂志	Books and Magazines	101.6
(三)计算机办公软件	Audio-visual Products	101.4
十五、燃料	Fuels	96.7
(一)煤炭及制品	Coal and Coal Products	110.7
(二)石油及制品	Petroleum and Related Products	94.2
十六、建筑材料及五金电料	Building Materials and Hardware	100.1
(一)建筑装潢材料	Building Decoration Materials	99.9
(二)五金水暖	Hardware Plumbing	100.7

注：2016年商品零售价格指数目录进行了调整。

Retail Price Indices by Category (2016-2020)

(preceding year=100)

2017	2018	2019	2020
101.0	**101.0**	**101.9**	**101.6**
99.7	101.1	108.9	110.0
100.9	101.0	100.8	101.8
99.4	104.9	106.6	106.8
102.8	101.1	103.0	106.7
101.4	99.5	99.9	101.9
92.6	106.3	110.0	105.4
94.5	94.7	129.9	140.8
101.7	109.5	108.0	97.4
108.5	97.8	98.3	106.5
97.3	111.3	105.4	90.6
100.1	103.4	101.4	100.5
104.4	101.0	112.3	89.0
103.5	102.8	100.6	100.5
102.4	101.5	99.7	100.1
102.5	101.7	102.1	103.4
101.5	102.7	102.9	104.7
99.6	100.4	100.6	100.7
99.7	101.1	100.0	100.6
99.2	100.0	100.0	100.4
100.2	100.6	101.8	101.1
102.2	100.0	101.2	99.4
102.7	100.1	101.1	98.9
100.8	99.6	101.4	101.0
100.1	99.3	99.1	100.8
99.2	100.4	100.4	99.2
102.8	105.2	103.4	98.7
98.3	99.1	99.6	99.4
99.9	99.2	98.4	97.9
99.8	100.6	98.6	97.3
99.5	96.4	97.8	98.8
103.4	99.5	99.3	99.4
103.1	100.6	100.2	100.2
99.4	100.1	100.7	100.0
100.6	101.3	100.4	99.4
100.2	99.4	100.4	102.6
97.8	98.9	102.3	99.7
98.4	99.5	100.2	99.9
100.9	101.1	100.0	99.8
101.1	101.4	100.8	100.0
100.7	101.0	99.5	99.7
97.3	97.7	98.2	97.8
98.2	98.5	98.8	98.1
94.1	94.5	95.8	96.8
104.5	103.4	101.4	100.5
101.3	100.5	100.9	100.1
102.2	98.0	107.6	115.0
104.8	100.9	101.7	100.4
100.4	100.6	101.6	98.5
106.3	103.8	102.2	102.7
105.6	99.6	101.8	99.5
101.5	101.6	100.7	101.0
101.3	107.0	104.2	101.4
100.8	102.4	102.4	101.2
101.8	113.6	107.4	102.1
101.0	101.3	99.6	99.7
108.7	108.3	95.7	91.0
102.7	102.3	100.2	102.0
109.9	109.5	94.9	88.9
102.8	103.3	101.0	100.5
102.8	103.6	100.8	100.3
102.8	102.6	101.7	100.8

2-5-3 商品零售价格分类指数一览表(2021-2022年)
Retail Price Indices by Category (2021-2022)

(上年=100) (preceding year=100)

项目		2021	2022
商品零售价格指数	**Retail Price Index**	**101.2**	**102.6**
一、食品	Food	98.6	102.5
(一)粮食	Grain	101.0	100.8
(二)薯类	Starches and Tubers	100.0	108.0
(三)豆类	Beans and Bean Products	103.7	103.6
(四)食用油	Oil or Fat	109.0	106.4
(五)菜及食用菌	Meat,Poultry and Processed Products	106.4	104.4
(六)畜肉类	Eggs	80.5	95.8
(七)禽肉类	Aquatic products	94.3	105.7
(八)水产品	Vegetables	111.8	100.4
(九)蛋类	Flavoring	107.1	109.1
(十)奶类	Carbohydrate	100.4	101.1
(十一)干鲜瓜果类	Dried and Fresh Melons and Fruits	102.5	114.3
(十二)糖果糕点类	Candy and Cake	102.6	101.2
(十三)调味品	Milk and Its Products	101.0	102.9
(十四)其他食品类	Dining Out	100.6	100.4
(十五)餐饮业零售	Other Foods	101.6	101.3
二、饮料、烟酒	Beverages, Tobacco and Liquor	101.5	101.0
(一)茶及饮料	Tea and Beverages	100.8	101.7
(二)卷烟	Tobacco	102.0	100.9
(三)酒类	Liquor	100.8	100.9
三、服装、鞋帽	Garments, Shoes and Hats	99.7	100.7
(一)服装	Garments	99.9	100.7
(二)鞋帽袜	Footgear and Hats	99.0	100.9
(三)其他衣着配件	Others	100.9	99.8
四、纺织品	Textiles	100.0	98.7
(一)服装材料	Clothing	97.3	99.9
(二)床上用品	Bedding	100.4	98.5
五、家用电器及音像器材	Household Appliances, Music and Video Equipment	100.9	99.4
(一)家庭设备	Household Appliances	100.4	100.4
(二)文娱用耐用消费品	Cultural and Recreat Durable Consumable	101.9	97.1
(三)专业音像器材	Professional Music and Video Equipment	101.0	100.5
六、文化办公用品	Cultural and Office Appliances	99.1	100.0
七、日用品	Articles for Daily Use	100.2	100.8
(一)日用百货	General Merchandise for Daily Use	100.5	100.9
(二)厨具餐具茶具	Daily Use Articles	98.7	102.0
(三)清洗用品	Cleaning Supplies	101.1	99.9
(四)其他日用品	Other Daily Necessities	100.1	100.6
八、体育娱乐用品	Sports and Recreation Articles	100.4	101.0
(一)体育户外用品	Sports Articles	100.4	105.1
(二)娱乐用品	Recreation Articles	100.4	100.4
九、交通、通信用品	Transportation and Communication Appliances	99.8	99.7
(一)交通运输机械	Transportation Equipments	99.4	100.2
(二)通信器材	Communication Equipments	101.9	97.4
十、家具	Furniture	101.0	101.0
十一、化妆品	Cosmetics	98.5	102.3
十二、金银饰品	Gold, Silver and Jewelry	100.9	102.1
十三、中西药品及医疗保健用品	Traditional Chinese and Western Medicines and Health Care Articles	99.8	100.4
(一)医疗卫生器具	Medical Apparatus and Articles	94.8	97.9
(二)中药	Traditional Chinese Medicines	102.2	102.3
(三)西药	Western Medicines	98.7	99.8
(四)保健器具及用品	Medical Apparatus and Articles	101.6	100.5
十四、书报杂志及电子出版物	Books, Newspapers, Magazines and Electronic Publications	100.9	102.3
(一)教材及参考书	Teaching Material and Reference Book	101.6	103.6
(二)书报杂志及音像制品	Books and Magazines	100.2	100.6
(三)计算机办公软件	Audio-visual Products	99.8	100.8
十五、燃料	Fuels	115.7	119.7
(一)煤炭及制品	Coal and Coal Products	120.4	123.0
(二)石油及制品	Petroleum and Related Products	115.7	119.6
十六、建筑材料及五金电料	Building Materials and Hardware	102.5	100.8
(一)建筑装潢材料	Building Decoration Materials	102.7	100.7
(二)五金水暖	Hardware Plumbing	102.0	101.3

注：2021年商品零售价格指数目录进行了调整。

2-6-1 商品零售价格分类指数一览表(2022年)
Retail Price Indices by Category (2022)

(上年=100) (preceding year=100)

项目	Item	全省 Province	城市 Urban Areas	农村 Rural Areas
商品零售价格指数	**Retail Price Index**	**102.6**	**102.6**	**102.9**
一、食品	Food	102.5	102.6	102.1
(一)粮食	Grain	100.8	100.7	101.5
(二)薯类	Potatoes	108.0	107.7	110.2
(三)豆类	Beans	103.6	103.6	103.3
(四)食用油	Edible oil	106.4	106.4	106.1
(五)菜及食用菌	Vegetables and Edible Mushrooms	104.4	104.5	103.3
(六)畜肉类	Meat of Livestock	95.8	96.0	94.5
(七)禽肉类	Meat of Poultry	105.7	105.7	105.4
(八)水产品	Aquatic products	100.4	100.1	101.6
(九)蛋类	Eggs	109.1	109.4	107.1
(十)奶类	Milk	101.1	101.1	101.4
(十一)干鲜瓜果类	Dried and Fresh Melons and Fruits	114.3	114.2	114.7
(十二)糖果糕点类	Candy and Cake	101.2	101.6	99.4
(十三)调味品	Flavoring	102.9	103.2	101.7
(十四)其他食品类	Other Foods	100.4	99.9	102.5
(十五)餐饮业零售	Food and Beverage Retail	101.3	101.3	101.0
二、饮料、烟酒	Beverages, Tobacco and Liquor	101.0	101.2	100.1
(一)茶及饮料	Tea and Beverages	101.7	101.8	100.4
(二)卷烟	Tobacco	100.9	101.0	100.3
(三)酒类	Liquor	100.9	101.1	99.3
三、服装、鞋帽	Garments, Shoes and Hats	100.7	100.9	99.6
(一)服装	Garments	100.7	100.9	99.5
(二)鞋帽袜	Footgear and Hats	100.9	101.1	99.6
(三)其他衣着配件	Others	99.8	99.3	104.1
四、纺织品	Textiles	98.7	98.2	101.5
(一)服装材料	Clothing	99.9	99.4	103.5
(二)床上用品	Bedding	98.5	98.1	101.2
五、家用电器及音像器材	Household Appliances, Music and Video Equipment	99.4	99.4	99.5
(一)家庭设备	Household Appliances	100.4	100.3	101.2
(二)文娱用耐用消费品	Cultural and Recreat Durable Consumable	97.1	97.3	96.0
(三)专业音像器材	Professional Music and Video Equipment	100.5	100.5	99.8
六、文化办公用品	Cultural and Office Appliances	100.0	100.1	99.8
七、日用品	Articles for Daily Use	100.8	100.8	100.8
(一)日用百货	General Merchandise for Daily Use	100.9	100.9	100.9
(二)厨具餐具茶具	Kitchenware tableware and Tea set	102.0	102.0	102.1
(三)清洗用品	Cleaning Supplies	99.9	100.0	99.3
(四)其他日用品	Other Daily Necessities	100.6	100.6	100.9
八、体育娱乐用品	Sports and Recreation Articles	101.0	101.1	100.9
(一)体育户外用品	Sports Articles	105.1	105.0	106.4
(二)娱乐用品	Recreation Articles	100.4	100.4	100.5
九、交通、通信用品	Transportation and Communication Appliances	99.7	99.7	100.1
(一)交通运输机械	Transportation Equipments	100.2	100.2	100.4
(二)通信器材	Communication Equipments	97.4	97.1	99.0
十、家具	Furniture	101.0	100.9	101.7
十一、化妆品	Cosmetics	102.3	102.3	102.1
十二、金银饰品	Gold, Silver and Jewelry	102.1	102.2	101.5
十三、中西药品及医疗保健用品	Traditional Chinese and Western Medicines and Health Care Articles	100.4	100.4	100.3
(一)医疗卫生器具	Medical Apparatus and Articles	97.9	97.9	97.6
(二)中药	Traditional Chinese and Medicines	102.3	102.7	100.5
(三)西药	Western Medicines	99.8	99.6	100.5
(四)保健器具及用品	Medical Apparatus and Articles	100.5	100.6	99.6
十四、书报杂志及电子出版物	Books, Newspapers, Magazines and Electronic Publications	102.3	102.2	103.0
(一)教材及参考书	Teaching Material and Reference Book	103.6	103.5	104.4
(二)书报杂志及音像制品	Books and Magazines	100.6	100.6	100.9
(三)计算机办公软件	Computer office software	100.8	100.8	100.7
十五、燃料	Fuels	119.7	119.0	124.0
(一)煤炭及制品	Coal and Coal Products	123.0	121.2	133.3
(二)石油及制品	Petroleum and Related Products	119.6	118.9	123.8
十六、建筑材料及五金电料	Building Materials and Hardware	100.8	100.6	101.6
(一)建筑装潢材料	Building Decoration Materials	100.7	100.4	101.9
(二)五金水暖	Hardware Plumbing	101.3	101.5	100.3

2-6-2 全省各月商品零售价格分类指数一览表(2022年)

(上月=100)

项　　目	Item	1月	2月
商品零售价格指数	**Retail Price Index**	**100.2**	**101.0**
一、食品	Food	100.6	102.0
(一)粮食	Grain	100.0	100.5
(二)薯类	Potatoes	102.6	104.3
(三)豆类	Beans	100.6	101.1
(四)食用油	Edible Oil	99.7	100.6
(五)菜及食用菌	Vegetables and Edible Mushrooms	98.7	109.6
(六)畜肉类	Meat of Livestock	99.7	98.7
(七)禽肉类	Meat of Poultry	101.6	101.1
(八)水产品	Aquatic Products	103.6	106.0
(九)蛋类	Eggs	99.2	98.7
(十)奶类	Milk	100.1	99.8
(十一)干鲜瓜果类	Dried and Fresh Melons and Fruits	104.9	103.0
(十二)糖果糕点类	Candy and Cake	99.2	99.5
(十三)调味品	Flavoring	100.2	100.2
(十四)其他食品类	Other Foods	98.9	99.8
(十五)餐饮业零售	Food and Beverage Retail	100.2	100.6
二、饮料、烟酒	Beverages, Tobacco and Liquor	99.6	100.1
(一)茶及饮料	Tea and Beverages	100.4	100.7
(二)卷烟	Tobacco	100.2	100.0
(三)酒类	Liquor	97.9	100.1
三、服装、鞋帽	Garments, Shoes and Hats	99.5	99.6
(一)服装	Garments	99.3	99.3
(二)鞋帽袜	Footgear and Hats	100.6	100.5
(三)其他衣着配件	Others	99.5	100.1
四、纺织品	Textiles	100.2	100.1
(一)服装材料	Clothing	100.1	100.0
(二)床上用品	Bedding	100.2	100.1
五、家用电器及音像器材	Household Appliances, Music and Video Equipment	99.7	100.8
(一)家庭设备	Household Appliances	100.0	101.2
(二)文娱用耐用消费品	Cultural and Recreat Durable Consumable	99.1	99.7
(三)专业音像器材	Professional Music and Video Equipment	99.8	101.5
六、文化办公用品	Cultural and Office Appliances	98.6	101.2
七、日用品	Articles for Daily Use	99.1	100.4
(一)日用百货	General Merchandise for Daily Use	98.9	100.6
(二)厨具餐具茶具	Kitchenware Tableware and Tea Set	100.0	100.2
(三)清洗用品	Cleaning Supplies	98.9	98.9
(四)其他日用品	Other Daily Necessities	99.2	100.6
八、体育娱乐用品	Sports and Recreation Articles	100.0	100.5
(一)体育户外用品	Sports Articles	101.1	102.1
(二)娱乐用品	Recreation Articles	99.8	100.2
九、交通、通信用品	Transportation and Communication Appliances	100.5	99.9
(一)交通运输机械	Transportation Equipments	100.4	100.0
(二)通信器材	Communication Equipments	101.2	99.6
十、家具	Furniture	100.1	100.5
十一、化妆品	Cosmetics	98.8	101.2
十二、金银饰品	Gold, Silver and Jewelry	100.5	101.7
十三、中西药品及医疗保健用品	Traditional Chinese and Western Medicines and Health Care Articles	100.0	100.1
(一)医疗卫生器具	Medical Apparatus and Articles	98.7	99.9
(二)中药	Traditional Chinese and Medicines	100.5	100.3
(三)西药	Western Medicines	100.0	100.2
(四)保健器具及用品	Medical Apparatus and Articles	99.8	100.0
十四、书报杂志及电子出版物	Books, Newspapers, Magazines and Electronic Publications	100.1	99.6
(一)教材及参考书	Teaching Material and Reference Book	100.0	99.3
(二)书报杂志及音像制品	Books and Magazines	100.4	100.0
(三)计算机办公软件	Computer Office Software	100.0	100.3
十五、燃料	Fuels	102.2	104.7
(一)煤炭及制品	Coal and Coal Products	101.3	100.7
(二)石油及制品	Petroleum and Related Products	102.3	104.7
十六、建筑材料及五金电料	Building Materials and Hardware	99.1	99.7
(一)建筑装潢材料	Building Decoration Materials	98.9	99.7
(二)五金水暖	Hardware Plumbing	99.9	99.9

Retail Price Indices of Province-wide by Category(2022)

(preceding month=100)

3月	4月	5月	6月	7月	8月	9月	10月	11月	12月
100.6	**100.5**	**99.9**	**100.4**	**99.9**	**99.6**	**100.4**	**100.2**	**99.8**	**99.7**
98.6	101.2	99.8	99.6	101.8	100.6	101.7	99.9	98.7	100.0
99.4	100.3	100.8	100.2	99.9	100.2	99.7	101.4	100.3	100.0
102.0	106.4	101.0	96.1	100.4	101.7	100.1	98.4	100.1	101.6
99.7	100.2	100.2	99.4	100.0	100.2	100.4	100.2	99.8	99.9
100.3	100.6	100.2	101.4	101.8	100.9	100.0	100.2	101.0	99.8
100.6	100.4	90.2	94.5	104.9	102.0	108.4	95.7	88.8	105.1
92.9	100.2	102.6	101.3	112.3	100.7	103.3	105.2	99.3	95.3
99.3	101.6	101.1	101.2	101.4	101.3	101.6	100.0	100.6	99.1
97.1	102.3	99.3	98.7	99.1	101.2	102.0	96.5	98.8	99.2
98.9	104.5	100.9	98.0	100.5	102.7	105.6	101.6	101.5	99.7
100.8	100.5	100.4	99.9	100.3	100.3	98.9	100.6	100.1	101.0
97.3	106.0	105.8	100.9	94.8	98.9	99.1	96.7	101.7	102.2
100.9	100.4	100.2	100.0	100.1	100.2	100.1	99.9	100.1	99.9
100.2	99.8	100.2	100.9	100.8	100.2	100.2	100.1	100.1	100.2
101.0	99.5	101.1	100.7	100.0	100.1	99.3	100.5	99.3	99.8
99.8	100.2	100.2	100.0	99.9	100.0	100.1	100.2	100.2	100.3
100.6	99.9	99.9	100.2	100.2	100.2	99.7	100.4	100.2	99.9
99.9	99.7	100.3	100.4	100.1	100.8	99.7	100.0	100.2	100.2
100.0	100.0	100.0	100.0	100.1	100.1	100.1	100.2	100.1	100.0
102.1	100.0	99.6	100.4	100.5	100.0	99.0	101.2	100.4	99.7
100.9	99.8	99.1	100.4	99.8	99.5	102.1	100.8	100.1	101.3
101.1	99.6	98.9	100.5	99.8	99.5	102.6	100.9	100.1	101.5
100.2	100.7	100.2	100.1	99.9	99.4	99.8	100.4	100.1	100.5
100.2	99.8	99.4	100.7	100.0	99.9	99.9	100.4	99.9	100.1
99.7	99.7	99.7	99.8	99.6	99.9	98.8	100.9	99.1	100.0
100.0	100.1	100.2	100.2	99.9	100.0	100.0	100.2	100.0	100.0
99.7	99.7	99.6	99.7	99.5	99.9	98.7	101.0	99.0	100.1
99.5	100.2	99.6	99.3	100.6	99.5	100.1	100.3	98.2	100.8
99.9	100.5	99.8	99.1	100.8	99.6	99.6	100.5	98.0	100.9
98.7	99.8	99.4	100.0	99.5	100.1	100.3	99.7	98.8	100.5
99.5	99.6	99.1	98.3	101.8	98.2	101.2	100.8	98.0	101.1
100.1	100.4	99.8	99.0	100.3	100.3	100.8	100.3	99.5	100.6
100.7	100.8	100.0	100.3	100.1	99.7	99.8	100.3	99.8	100.7
100.6	100.2	99.5	100.0	100.9	100.2	100.1	100.1	101.6	100.3
99.9	102.2	100.3	101.3	99.3	100.5	98.6	99.9	98.2	101.4
102.6	101.3	99.5	100.3	99.2	99.2	100.3	100.7	98.3	99.5
100.6	101.0	100.7	100.3	99.7	99.2	99.8	100.6	98.5	101.3
100.2	100.5	100.3	99.9	99.9	99.8	99.7	101.1	99.2	100.3
100.5	100.9	102.0	99.3	100.3	99.2	98.7	102.2	96.8	101.1
100.1	100.4	100.0	100.0	99.8	99.9	99.9	100.9	99.6	100.2
100.0	100.0	99.6	99.8	99.7	99.8	99.8	100.5	99.8	100.0
99.9	100.0	99.7	100.0	99.5	99.9	99.8	100.2	100.1	99.8
100.5	99.7	99.3	99.2	100.7	99.6	99.8	101.7	98.7	100.8
100.0	99.8	100.1	100.1	99.5	100.3	100.3	99.9	100.1	99.8
100.2	101.6	101.3	99.8	99.8	100.0	100.8	100.2	100.5	99.5
103.4	99.2	100.3	99.6	97.0	100.9	99.7	101.1	101.4	100.6
100.1	100.0	100.1	100.0	100.2	100.2	99.9	100.2	100.0	99.9
99.9	99.8	100.5	99.7	100.1	99.5	100.0	100.0	100.2	100.0
100.2	100.0	99.7	100.3	100.3	100.5	99.9	100.7	100.0	100.2
100.0	100.0	100.1	99.9	100.2	100.1	100.0	100.0	100.0	99.7
100.4	100.0	100.1	100.0	100.1	100.0	99.8	100.3	99.8	100.0
100.1	100.0	100.2	99.9	99.9	100.1	100.5	100.1	99.9	99.9
100.2	100.0	100.3	100.0	99.7	100.1	100.4	100.0	99.9	99.7
100.0	100.0	100.3	100.1	100.1	100.0	100.1	100.2	100.0	100.0
100.0	100.2	99.7	99.5	100.2	100.4	101.5	100.2	99.7	100.4
107.1	101.7	100.6	104.6	97.1	96.1	98.8	99.2	101.7	95.5
102.5	101.8	100.0	102.3	103.4	97.5	99.5	99.6	99.9	102.0
107.1	101.7	100.6	104.6	97.0	96.1	98.8	99.2	101.8	95.4
99.8	99.3	100.3	99.7	99.6	100.0	100.4	100.9	99.9	100.2
99.7	99.2	100.5	99.4	99.4	100.1	100.3	101.0	99.9	100.2
100.0	99.9	99.6	100.7	100.3	99.4	100.7	100.1	100.2	100.2

2-6-3 全省各月商品零售价格分类指数一览表(2022年)

(上年同月=100)

项　　目	Item	1月	2月
商品零售价格指数	**Retail Price Index**	**101.0**	**101.6**
一、食品	Food	96.3	96.9
(一)粮食	Grain	100.4	100.1
(二)薯类	Potatoes	101.4	98.8
(三)豆类	Beans	104.7	104.2
(四)食用油	Edible Oil	107.0	107.6
(五)菜及食用菌	Vegetables and Edible Mushrooms	91.6	103.5
(六)畜肉类	Meat of Livestock	73.9	72.7
(七)禽肉类	Meat of Poultry	99.8	95.9
(八)水产品	Aquatic Products	110.2	105.5
(九)蛋类	Eggs	104.6	104.9
(十)奶类	Milk	100.2	100.6
(十一)干鲜瓜果类	Dried and Fresh Melons and Fruits	111.9	108.9
(十二)糖果糕点类	Candy and Cake	101.7	101.3
(十三)调味品	Flavoring	101.9	102.1
(十四)其他食品类	Other Foods	98.8	98.7
(十五)餐饮业零售	Food and Beverage Retail	101.1	101.4
二、饮料、烟酒	Beverages, Tobacco and Liquor	100.8	101.2
(一)茶及饮料	Tea and Beverages	100.3	101.1
(二)卷烟	Tobacco	101.7	101.6
(三)酒类	Liquor	99.2	100.4
三、服装、鞋帽	Garments, Shoes and Hats	100.0	100.1
(一)服装	Garments	100.0	100.1
(二)鞋帽袜	Footgear and Hats	99.7	100.4
(三)其他衣着配件	Others	99.5	99.6
四、纺织品	Textiles	100.2	100.0
(一)服装材料	Clothing	97.1	96.8
(二)床上用品	Bedding	100.7	100.6
五、家用电器及音像器材	Household Appliances, Music and Video Equipment	100.5	101.3
(一)家庭设备	Household Appliances	99.7	101.1
(二)文娱用耐用消费品	Cultural and Recreat Durable Consumable	100.7	99.8
(三)专业音像器材	Professional Music and Video Equipment	103.1	105.0
六、文化办公用品	Cultural and Office Appliances	98.5	99.7
七、日用品	Articles for Daily Use	99.2	99.7
(一)日用百货	General Merchandise for Daily Use	99.8	100.9
(二)厨具餐具茶具	Kitchenware Tableware and Tea Set	100.7	100.0
(三)清洗用品	Cleaning Supplies	99.3	98.4
(四)其他日用品	Other Daily Necessities	98.0	98.5
八、体育娱乐用品	Sports and Recreation Articles	100.1	100.5
(一)体育户外用品	Sports Articles	101.5	104.3
(二)娱乐用品	Recreation Articles	99.8	99.8
九、交通、通信用品	Transportation and Communication Appliances	100.3	100.0
(一)交通运输机械	Transportation Equipments	101.2	100.8
(二)通信器材	Communication Equipments	96.6	96.4
十、家具	Furniture	101.1	101.3
十一、化妆品	Cosmetics	97.7	99.6
十二、金银饰品	Gold, Silver and Jewelry	96.9	100.0
十三、中西药品及医疗保健用品	Traditional Chinese and Western Medicines and Health Care Articles	99.9	100.0
(一)医疗卫生器具	Medical Apparatus and Articles	96.7	96.9
(二)中药	Traditional Chinese and Medicines	102.2	102.4
(三)西药	Western Medicines	99.0	99.1
(四)保健器具及用品	Medical Apparatus and Articles	100.6	100.6
十四、书报杂志及电子出版物	Books, Newspapers, Magazines and Electronic Publications	103.2	102.8
(一)教材及参考书	Teaching Material and Reference Book	105.6	104.8
(二)书报杂志及音像制品	Books and Magazines	100.2	100.2
(三)计算机办公软件	Computer Office Software	100.3	100.5
十五、燃料	Fuels	119.3	122.1
(一)煤炭及制品	Coal and Coal Products	129.8	130.0
(二)石油及制品	Petroleum and Related Products	119.1	122.0
十六、建筑材料及五金电料	Building Materials and Hardware	103.6	103.4
(一)建筑装潢材料	Building Decoration Materials	103.7	103.6
(二)五金水暖	Hardware Plumbing	103.4	102.8

Retail Price Indices of Province-wide by Category(2022)

(the same month of preceding year=100)

3月	4月	5月	6月	7月	8月	9月	10月	11月	12月
102.6	**103.3**	**103.1**	**103.7**	**103.5**	**103.1**	**103.2**	**102.4**	**102.0**	**102.2**
98.6	101.2	101.9	103.0	105.6	105.9	107.4	106.6	103.4	104.5
100.7	99.8	100.3	100.3	100.3	100.2	100.5	102.1	102.7	102.6
102.2	109.5	111.0	109.3	110.6	110.5	109.4	108.9	110.2	115.2
103.7	104.2	104.0	103.3	103.4	103.9	104.1	103.7	101.8	101.7
106.9	105.5	105.4	105.0	106.5	106.6	106.1	106.2	107.2	106.5
115.5	120.2	110.8	105.7	112.2	109.8	113.9	97.6	83.8	96.3
73.8	80.1	87.9	96.6	110.9	112.9	117.2	125.2	115.1	110.9
99.4	102.4	104.7	106.1	107.2	109.2	110.7	110.9	112.1	110.4
102.0	98.5	93.9	92.8	94.1	98.5	102.2	102.7	103.9	103.5
107.8	112.7	111.1	108.9	108.4	103.9	109.7	112.4	111.8	112.2
101.9	101.5	101.3	100.7	100.6	101.0	100.3	101.6	101.3	102.7
105.5	114.2	119.9	123.5	118.6	116.8	115.6	113.5	112.3	110.9
101.4	101.6	101.2	101.4	100.9	101.2	101.6	101.4	100.9	100.4
102.0	101.7	101.7	103.0	103.6	103.8	103.6	103.8	104.2	103.0
100.7	99.6	100.9	101.4	101.3	100.9	100.7	101.4	100.8	100.1
100.8	101.0	101.2	101.3	101.2	101.3	101.3	101.3	101.4	101.7
101.7	101.1	100.7	100.8	100.8	100.9	100.9	101.1	101.2	101.0
102.6	101.1	101.0	101.3	101.4	102.2	102.2	102.2	102.3	102.2
101.6	100.8	101.0	100.7	100.5	100.5	100.6	100.8	100.9	100.7
101.4	101.9	99.9	100.6	101.1	101.2	101.0	101.1	101.5	100.9
101.2	100.9	99.5	99.9	100.0	99.7	100.8	100.9	102.7	102.9
101.3	100.9	99.5	99.8	99.8	99.3	100.8	100.9	102.8	103.0
100.9	100.9	99.6	100.4	100.9	101.4	101.1	100.8	102.0	102.5
99.5	100.5	99.3	100.0	99.8	100.0	99.7	99.5	99.9	100.0
99.4	98.9	98.7	98.8	98.8	98.2	97.7	98.1	97.9	97.6
97.0	97.6	101.6	101.8	101.6	101.4	101.4	101.4	100.9	100.9
99.8	99.1	98.3	98.3	98.3	97.7	97.1	97.5	97.4	97.1
100.6	99.9	99.1	98.8	99.1	98.7	99.1	99.4	98.3	98.5
100.9	100.9	100.4	100.0	100.6	100.0	100.3	101.2	99.8	99.9
98.1	97.5	96.6	96.8	95.9	96.0	96.4	95.8	95.5	95.7
104.8	100.9	99.2	98.2	99.6	98.6	99.7	99.6	98.4	98.9
99.8	99.8	99.9	99.6	99.4	100.2	101.0	100.7	101.0	100.7
100.6	101.0	101.0	101.3	100.4	100.8	100.8	101.2	101.8	101.8
101.3	100.5	99.6	99.9	99.6	100.5	101.1	101.4	102.9	102.9
100.4	102.9	103.3	104.5	102.0	103.6	102.2	101.4	101.7	101.7
100.6	101.0	101.5	101.3	98.7	99.2	99.6	101.6	98.5	98.5
99.8	101.1	102.0	102.2	101.2	100.9	100.4	100.7	101.2	101.4
100.4	101.0	101.3	101.4	101.4	101.2	101.0	101.8	101.1	101.4
104.8	105.8	107.8	106.9	107.2	105.6	104.1	105.9	102.9	104.0
99.7	100.2	100.3	100.5	100.4	100.5	100.4	101.2	100.8	100.9
100.2	100.4	100.0	99.9	99.5	99.3	99.0	99.3	99.5	99.5
101.0	101.2	100.7	100.8	100.3	100.0	99.4	99.2	99.3	99.2
96.9	96.7	96.4	95.6	96.3	96.4	97.0	99.6	100.2	100.7
101.1	101.0	101.1	101.4	100.8	101.1	101.7	100.7	100.6	100.5
100.1	100.9	102.7	103.0	104.2	102.7	104.6	103.2	105.1	103.7
105.4	103.6	102.4	101.3	99.9	102.0	101.3	103.4	104.0	105.5
100.3	100.5	100.4	100.3	100.5	100.4	100.3	100.6	100.7	100.6
97.6	97.8	98.6	98.8	98.9	97.8	97.5	97.7	98.0	98.2
102.6	102.6	102.1	102.5	102.7	102.0	101.7	102.4	102.3	102.4
99.2	99.6	99.7	99.6	99.8	100.0	100.0	100.1	100.6	100.3
101.2	100.9	100.7	100.2	100.4	100.3	100.4	100.6	100.2	100.1
103.1	103.2	103.4	103.2	103.1	103.4	100.8	101.0	100.5	100.4
105.5	105.6	105.8	105.6	105.3	105.6	100.6	100.6	99.9	99.6
100.0	100.1	100.5	100.5	100.6	100.9	101.0	101.2	101.2	101.2
100.5	100.6	100.4	99.8	100.1	99.9	101.6	101.8	101.6	102.1
125.0	127.7	126.8	130.8	123.5	119.2	117.2	109.5	109.2	108.9
129.8	132.3	130.1	132.0	132.2	122.6	119.8	110.3	106.2	110.9
125.0	127.7	126.8	130.8	123.4	119.1	117.1	109.5	109.3	108.9
102.4	101.4	101.5	101.3	100.9	100.3	99.3	98.5	98.2	98.9
102.4	101.2	101.7	101.4	100.9	100.4	98.9	98.1	97.6	98.4
102.4	102.1	101.0	101.0	101.0	100.1	100.8	100.0	100.2	100.9

2-6-4 全省各月商品零售价格分类指数一览表(2022年)

(上年同期=100)

项　　目	Item	1月	2月
商品零售价格指数	**Retail Price Index**	**101.0**	**101.3**
一、食品	Food	96.3	96.6
(一)粮食	Grain	100.4	100.2
(二)薯类	Potatoes	101.4	100.1
(三)豆类	Beans	104.7	104.5
(四)食用油	Edible Oil	107.0	107.3
(五)菜及食用菌	Vegetables and Edible Mushrooms	91.6	97.4
(六)畜肉类	Meat of Livestock	73.9	73.3
(七)禽肉类	Meat of Poultry	99.8	97.8
(八)水产品	Aquatic Products	110.2	107.8
(九)蛋类	Eggs	104.6	104.8
(十)奶类	Milk	100.2	100.4
(十一)干鲜瓜果类	Dried and Fresh Melons and Fruits	111.9	110.3
(十二)糖果糕点类	Candy and Cake	101.7	101.5
(十三)调味品	Flavoring	101.9	102.0
(十四)其他食品类	Other Foods	98.8	98.7
(十五)餐饮业零售	Food and Beverage Retail	101.1	101.2
二、饮料、烟酒	Beverages, Tobacco and Liquor	100.8	101.0
(一)茶及饮料	Tea and Beverages	100.3	100.7
(二)卷烟	Tobacco	101.7	101.6
(三)酒	Liquor	99.2	99.8
三、服装、鞋帽	Garments, Shoes and Hats	100.0	100.0
(一)服装	Garments	100.0	100.0
(二)鞋帽袜	Footgear and Hats	99.7	100.0
(三)其他衣着配件	Others	99.5	99.5
四、纺织品	Textiles	100.2	100.1
(一)服装材料	Clothing	97.1	97.0
(二)床上用品	Bedding	100.7	100.6
五、家用电器及音像器材	Household Appliances, Music and Video Equipment	100.5	100.9
(一)家庭设备	Household Appliances	99.7	100.4
(二)文娱用耐用消费品	Cultural and Recreat Durable Consumable	100.7	100.2
(三)专业音像器材	Professional Music and Video Equipment	103.1	104.0
六、文化办公用品	Cultural and Office Appliances	98.5	99.1
七、日用品	Articles for Daily Use	99.2	99.4
(一)日用百货	General Merchandise for Daily Use	99.8	100.3
(二)厨具餐具茶具	Kitchenware Tableware and Tea Set	100.7	100.3
(三)清洗用品	Cleaning Supplies	99.3	98.9
(四)其他日用品	Other Daily Necessities	98.0	98.2
八、体育娱乐用品	Sports and Recreation Articles	100.1	100.3
(一)体育户外用品	Sports Articles	101.5	102.9
(二)娱乐用品	Recreation Articles	99.8	99.8
九、交通、通信用品	Transportation and Communication Appliances	100.3	100.1
(一)交通运输机械	Transportation Equipments	101.2	101.0
(二)通信器材	Communication Equipments	96.6	96.5
十、家具	Furniture	101.1	101.2
十一、化妆品	Cosmetics	97.7	98.6
十二、金银饰品	Gold, Silver and Jewelry	96.9	98.5
十三、中西药品及医疗保健用品	Traditional Chinese and Western Medicines and Health Care Articles	99.9	100.0
(一)医疗卫生器具	Medical Apparatus and Articles	96.7	96.8
(二)中药	Traditional Chinese and Medicines	102.2	102.3
(三)西药	Western Medicines	99.0	99.0
(四)保健器具及用品	Medical Apparatus and Articles	100.6	100.6
十四、书报杂志及电子出版物	Books, Newspapers, Magazines and Electronic Publications	103.2	103.0
(一)教材及参考书	Teaching Material and Reference Book	105.6	105.2
(二)书报杂志及音像制品	Books and Magazines	100.2	100.2
(三)计算机办公软件	Computer Office Software	100.3	100.4
十五、燃料	Fuels	119.3	120.7
(一)煤炭及制品	Coal and Coal Products	129.8	129.9
(二)石油及制品	Petroleum and Related Products	119.1	120.6
十六、建筑材料及五金电料	Building Materials and Hardware	103.6	103.5
(一)建筑装潢材料	Building Decoration Materials	103.7	103.6
(二)五金水暖	Hardware Plumbing	103.4	103.1

Retail Price Indices of Province-wide by Category(2022)

(preceding year=100)

3月	4月	5月	6月	7月	8月	9月	10月	11月	12月
101.8	**102.1**	**102.3**	**102.6**	**102.7**	**102.7**	**102.8**	**102.7**	**102.7**	**102.6**
97.3	98.2	98.9	99.6	100.4	101.1	101.8	102.2	102.3	102.5
100.4	100.2	100.2	100.3	100.3	100.3	100.3	100.5	100.7	100.8
100.8	103.0	104.6	105.4	106.1	106.6	107.0	107.1	107.4	108.0
104.2	104.2	104.2	104.0	103.9	103.9	103.9	103.9	103.7	103.6
107.2	106.8	106.5	106.2	106.3	106.3	106.3	106.3	106.4	106.4
103.0	106.9	107.6	107.3	108.0	108.2	108.8	107.6	105.1	104.4
73.5	74.9	77.2	79.9	83.6	86.7	89.6	92.6	94.5	95.8
98.4	99.4	100.4	101.3	102.2	103.0	103.9	104.6	105.2	105.7
105.8	103.8	101.7	100.1	99.2	99.1	99.4	99.7	100.1	100.4
105.7	107.4	108.2	108.3	108.3	107.7	108.0	108.4	108.7	109.1
100.9	101.1	101.1	101.0	101.0	101.0	100.9	101.0	101.0	101.1
108.7	110.1	112.1	113.9	114.6	114.9	114.9	114.8	114.6	114.3
101.4	101.5	101.4	101.4	101.3	101.3	101.3	101.4	101.3	101.2
102.0	101.9	101.9	102.1	102.3	102.5	102.6	102.7	102.9	102.9
99.4	99.4	99.7	100.0	100.2	100.3	100.3	100.4	100.5	100.4
101.1	101.1	101.1	101.1	101.1	101.2	101.2	101.2	101.2	101.3
101.2	101.2	101.1	101.1	101.0	101.0	101.0	101.0	101.0	101.0
101.3	101.3	101.2	101.2	101.3	101.4	101.5	101.5	101.6	101.7
101.6	101.4	101.3	101.2	101.1	101.0	101.0	101.0	101.0	100.9
100.4	100.7	100.6	100.6	100.7	100.7	100.8	100.8	100.8	100.9
100.4	100.5	100.3	100.3	100.2	100.2	100.2	100.3	100.5	100.7
100.5	100.6	100.4	100.3	100.2	100.1	100.2	100.2	100.5	100.7
100.3	100.4	100.3	100.3	100.4	100.5	100.6	100.6	100.7	100.9
99.5	99.8	99.7	99.7	99.7	99.8	99.8	99.7	99.7	99.8
99.9	99.6	99.4	99.3	99.3	99.1	99.0	98.9	98.8	98.7
97.0	97.1	98.0	98.6	99.0	99.3	99.5	99.7	99.8	99.9
100.3	100.0	99.7	99.4	99.3	99.1	98.9	98.7	98.6	98.5
100.8	100.6	100.3	100.0	99.9	99.7	99.7	99.6	99.5	99.4
100.6	100.7	100.6	100.5	100.5	100.5	100.4	100.5	100.5	100.4
99.5	99.0	98.5	98.2	97.9	97.7	97.5	97.3	97.2	97.1
104.3	103.4	102.6	101.8	101.5	101.1	101.0	100.8	100.6	100.5
99.3	99.4	99.5	99.5	99.5	99.6	99.8	99.9	100.0	100.0
99.8	100.1	100.3	100.5	100.4	100.5	100.5	100.6	100.7	100.8
100.7	100.6	100.4	100.3	100.2	100.3	100.4	100.5	100.7	100.9
100.4	101.0	101.5	102.0	102.0	102.2	102.2	102.1	102.1	102.0
99.5	99.9	100.2	100.4	100.1	100.0	100.0	100.1	100.0	99.9
98.7	99.3	99.9	100.2	100.4	100.4	100.4	100.5	100.5	100.6
100.3	100.5	100.7	100.8	100.9	100.9	100.9	101.0	101.0	101.0
103.5	104.1	104.8	105.2	105.5	105.5	105.3	105.4	105.2	105.1
99.8	99.9	100.0	100.1	100.1	100.2	100.2	100.3	100.3	100.4
100.2	100.2	100.2	100.1	100.0	100.0	99.8	99.8	99.8	99.7
101.0	101.0	101.0	100.9	100.8	100.7	100.6	100.4	100.3	100.2
96.6	96.7	96.6	96.4	96.4	96.4	96.5	96.8	97.1	97.4
101.2	101.1	101.1	101.2	101.1	101.1	101.2	101.1	101.1	101.0
99.1	99.6	100.2	100.7	101.2	101.3	101.7	101.8	102.1	102.3
100.7	101.4	101.6	101.6	101.3	101.4	101.4	101.6	101.8	102.1
100.1	100.2	100.2	100.2	100.3	100.3	100.3	100.3	100.4	100.4
97.1	97.3	97.5	97.7	97.9	97.9	97.8	97.8	97.8	97.9
102.4	102.5	102.4	102.4	102.4	102.4	102.3	102.3	102.3	102.3
99.1	99.2	99.3	99.4	99.4	99.5	99.6	99.6	99.7	99.8
100.8	100.8	100.8	100.7	100.7	100.6	100.6	100.6	100.6	100.5
103.0	103.1	103.1	103.1	103.1	103.2	102.9	102.7	102.5	102.3
105.3	105.4	105.5	105.5	105.4	105.5	104.9	104.5	104.0	103.6
100.1	100.1	100.2	100.2	100.3	100.4	100.4	100.5	100.6	100.6
100.4	100.5	100.4	100.3	100.3	100.3	100.4	100.5	100.6	100.8
122.2	123.6	124.3	125.4	125.1	124.3	123.5	122.0	120.7	119.7
129.8	130.5	130.4	130.6	130.9	129.7	128.5	126.4	124.2	123.0
122.1	123.5	124.2	125.3	125.0	124.3	123.4	121.9	120.6	119.6
103.1	102.7	102.5	102.3	102.1	101.9	101.6	101.3	101.0	100.8
103.2	102.7	102.5	102.3	102.1	101.9	101.6	101.2	100.9	100.7
102.9	102.7	102.3	102.1	101.9	101.7	101.6	101.4	101.3	101.3

2-7 工业生产者价格指数一览表(1992-2022年)
Producer Price Indices for Industrial Products(1992-2022)

(上年价格=100) (preceding year=100)

年 份 Year	工业生产者出厂价格指数 Producer Price Indices for Industrial Products	生产资料 Means of Production	生活资料 Consumer Goods	工业生产者购进价格指数 Purchasing Price Indices for Industrial Producers
1992	106.2	104.8	108.8	107.9
1993	115.3	117.9	110.9	129.7
1994	124.7	117.3	136.8	123.6
1995	114.8	114.0	117.3	114.7
1996	104.1	104.2	103.3	105.8
1997	101.7	103.5	97.3	100.4
1998	98.4	98.6	97.4	95.4
1999	96.1	96.0	96.7	96.9
2000	101.0	102.2	97.7	101.2
2001	98.1	97.7	99.3	99.3
2002	98.5	98.5	98.5	98.6
2003	104.0	105.3	100.1	106.5
2004	109.7	112.5	101.5	114.5
2005	108.8	110.8	100.5	110.0
2006	109.7	111.5	101.5	108.6
2007	106.2	106.6	104.1	107.9
2008	106.4	107.0	103.5	114.2
2009	93.0	91.3	100.7	90.7
2010	115.3	117.9	103.1	111.8
2011	111.3	112.8	105.6	112.4
2012	96.5	95.1	101.4	98.3
2013	98.5	98.0	100.3	98.4
2014	97.8	97.0	100.6	98.4
2015	93.7	91.9	100.3	93.6
2016	98.6	98.1	100.2	97.7
2017	107.9	110.5	100.5	107.2
2018	104.2	105.3	100.9	103.2
2019	98.9	98.8	99.3	98.2
2020	98.3	98.1	99.0	97.0
2021	110.5	113.6	100.4	112.3
2022	103.5	104.1	101.4	109.4

2-8-1 主要城市商品零售价格总指数一览表(2011-2022年)
Major Urban Retail Price Index(2011-2022)

(上年=100) (preceding year=100)

年 份 Year	南昌市 Nanchang	景德镇市 Jingdezhen	萍乡市 Pingxiang	九江市 Jiujiang	新余市 Xinyu	鹰潭市 Yingtan	赣州市 Ganzhou	吉安市 Ji'an	宜春市 Yichun	抚州市 Fuzhou	上饶市 Shangrao
2011	105.2	104.3	104.8	104.3	105.9	104.7	104.1	104.8	104.7	104.9	104.0
2012	102.4	101.7	101.6	101.8	101.1	101.8	102.6	101.2	101.6	101.5	101.9
2013	101.3	102.0	101.7	100.9	100.8	101.5	101.2	100.6	100.6	101.4	101.9
2014	101.1	101.8	101.5	100.9	100.3	101.3	100.7	101.0	100.1	102.7	101.1
2015	100.5	101.1	100.1	100.8	99.5	100.3	100.5	100.3	99.8	100.6	100.8
2016	100.4	100.8	101.5	99.7	100.2	99.8	100.9	100.1	101.4	100.4	100.6
2017	101.0	100.1	101.4	100.7	100.6	101.8	101.5	99.9	100.2	101.7	100.5
2018	100.8	101.2	101.1	100.9	101.5	101.9	100.3	100.2	101.6	100.5	101.3
2019	101.3	102.1	101.6	102.5	102.3	102.0	101.2	102.1	102.3	101.6	101.6
2020	101.5	101.9	101.0	102.0	101.8	100.7	101.1	100.9	101.6	101.1	101.4
2021	101.6	101.7	101.0	101.5	101.7	102.6	102.5	102.0	100.8	102.8	102.0
2022	102.8	102.8	102.5	103.1	102.7	104.4	103.9	103.1	102.5	104.9	105.2

2-8-2 主要城市商品零售价格分类指数一览表(2022年)

(上年=100)

项　　目	Item	南昌市 Nanchang	景德镇市 Jingdezhen
商品零售价格总指数	**Retail Price Index**	**102.8**	**102.8**
一、食品	Food	102.5	102.0
二、饮料、烟酒	Beverages, Tobacco and Liquor	101.7	100.0
三、服装、鞋帽	Garments, Shoes and Hats	101.5	101.2
四、纺织品	Textiles	96.4	99.4
五、家用电器及音像器材	Household Appliances, Music and Video Equipment	98.7	100.0
六、文化办公用品	Cultural and Office Appliances	98.3	100.5
七、日用品	Articles for Daily Use	100.9	100.6
八、体育娱乐用品	Sports and Recreation Articles	100.5	102.6
九、交通、通信用品	Transportation and Communication Appliances	98.9	100.1
十、家具	Furniture	101.3	101.5
十一、化妆品	Cosmetics	102.7	102.5
十二、金银饰品	Gold, Silver and Jewelry	104.5	98.4
十三、中西药品及医疗保健用品	Traditional Chinese and Western Medicines and Health Care Articles	100.9	100.4
十四、书报杂志及电子出版物	Books, Newspapers, Magazines and Electronic Publications	101.6	100.1
十五、燃料	Fuels	117.8	119.4
十六、建筑材料及五金电料	Building Materials and Hardware	100.2	101.7

Major Urban Retail Price Indices by Category(2022)

(preceding year=100)

萍乡市 Pingxiang	九江市 Jiujiang	新余市 Xinyu	鹰潭市 Yingtan	赣州市 Ganzhou	吉安市 Ji'an	宜春市 Yichun	抚州市 Fuzhou	上饶市 Shangrao
102.5	**103.1**	**102.7**	**104.4**	**103.9**	**103.1**	**102.5**	**104.9**	**105.2**
102.7	103.9	103.0	103.7	102.2	102.3	101.9	102.9	103.3
101.5	100.7	100.0	101.5	99.7	101.9	102.2	101.4	101.1
99.4	102.1	99.4	99.4	99.3	99.9	100.6	99.8	102.7
103.6	98.7	102.1	102.1	99.6	100.2	100.0	99.5	97.4
100.1	100.8	99.9	100.5	99.1	99.1	99.8	99.9	96.3
99.5	104.5	103.1	102.8	101.4	98.0	99.1	100.7	101.1
98.1	100.2	100.6	102.6	101.2	101.7	99.3	101.1	103.0
103.5	101.8	101.6	100.9	101.4	99.3	100.0	100.8	101.5
99.3	99.4	99.4	100.2	99.3	100.4	99.6	104.3	104.2
97.1	103.6	100.6	100.0	101.3	97.2	99.2	102.2	96.2
101.1	102.8	102.3	103.1	102.1	101.4	101.7	99.7	101.6
103.1	100.9	103.9	100.4	98.8	98.9	98.5	101.8	102.3
99.3	98.8	101.0	99.6	100.7	100.8	99.5	99.9	101.9
100.5	106.7	100.6	100.0	105.4	102.0	102.7	103.3	103.8
120.5	118.4	121.7	121.2	120.5	119.4	118.9	119.4	120.8
103.0	100.3	99.9	98.6	101.0	102.4	103.7	98.8	102.3

2-9 按部门分工业生产者出厂价格指数一览表(1992-2022年)

(上年价格=100)

项　目	Item	1992	1993	1994	1995	1996
总指数	**General Index**	**106.2**	**115.3**	**124.7**	**114.8**	**104.1**
按轻重工业分	**Grouped by Light & Heavy Industries**					
轻工业	Light Industry	107.7	110.6	133.1	119.3	103.7
以农产品为原料	Agricultural Products as Raw Materials	110.7	112.8	141.4	124.3	105.4
以非农产品为原料	Non-agricultural Products as Raw Materials	99.1	105.1	111.3	108.0	97.4
重工业	Heavy Industry	105.1	118.8	117.8	112.2	104.0
采掘	Mining	101.8	117.0	122.6	128.2	109.7
原材料	Raw Materials	108.9	119.1	117.8	106.0	104.9
加工	Processing	104.2	119.1	114.9	109.8	100.4
按生产生活资料分	**Grouped by Means of Production & Living**					
生产资料	Means of Production	104.8	117.9	117.3	114.0	104.2
采掘	Mining	101.8	117.0	122.6	128.2	109.7
原材料	Raw Materials	107.2	117.4	116.2	110.7	105.0
加工	Processing	104.1	118.7	115.2	110.6	101.0
生活资料	Consumer Goods	108.8	110.9	136.8	117.3	103.3
食品	Food	120.3	117.7	146.4	128.0	108.4
衣着	Clothing	101.1	104.5	146.7	113.3	97.1
一般日用品	Articles for Daily Use	100.7	109.9	114.8	113.3	108.8
耐用消费品	Durable Consumer Goods	96.6	102.7	109.2	105.0	97.2
按工业部门分	**Grouped by Industrial Department**					
冶金工业	Metallurgical Industry	103.1	121.3	127.5	115.2	99.2
电力工业	Power Industry	106.9	94.9	115.4	101.6	114.6
煤炭及炼焦工业	Coal Industry and Coking Industry	105.2	141.0	98.0	119.2	111.5
石油工业	Petroleum Industry	112.8	124.3	162.3	110.8	101.3
化学工业	Chemical Industry	100.4	103.9	112.4	118.8	101.9
机械工业	Machine Building Industry	102.9	117.9	111.9	106.9	99.3
建筑材料工业	Building Materials Industry	108.7	122.7	116.9	106.9	103.2
森林工业	Timber Industry	101.3	109.2	114.9	119.9	105.6
食品工业	Food Industry	120.3	117.7	146.4	128.0	108.0
纺织工业	Textile Industry	98.2	109.7	149.4	117.4	96.7
缝纫工业	Tailoring Industry	115.8	79.0	108.4	108.6	102.6
皮革工业	Leather Industry	97.7	105.7	128.0	113.7	108.2
造纸工业	Paper Industry	101.2	109.1	106.5	140.6	111.8
文教艺术用品工业	Industry of Cultural, Educational & Handicrafts Articles	87.2	101.5	103.7	128.0	109.1
其他工业	Other Industry	107.5	117.9	134.1	116.0	110.4

Producer Price Indices for Industrial Producers by Sector(1992-2022)

(preceding year=100)

1997	1998	1999	2000	2001	2002	2003	2004	2005	2006
101.7	**98.4**	**96.1**	**101.0**	**98.1**	**98.5**	**104.0**	**109.7**	**108.8**	**109.7**
97.7	97.1	95.2	98.2	99.0	98.0	101.6	104.0	99.2	101.6
97.5	97.2	95.5	98.5	99.4	98.3	101.2	105.2	100.6	101.7
98.2	96.5	94.4	97.0	96.2	95.6	102.2	102.9	98.0	101.6
103.8	98.8	96.5	102.4	97.6	98.8	106.1	113.0	113.3	113.8
104.9	93.8	94.5	102.0	105.4	102.7	104.8	128.6	145.5	117.9
108.0	94.4	98.1	105.7	96.7	98.4	107.4	116.1	115.6	119.8
97.9	105.3	94.9	97.2	97.5	98.3	102.8	106.0	104.2	104.7
103.5	98.6	96.0	102.2	97.7	98.5	105.3	112.5	110.8	111.5
104.9	93.8	94.5	101.4	103.3	106.6	103.7	128.2	142.2	114.0
106.4	94.2	97.8	106.1	96.6	97.0	107.8	115.2	115.1	120.9
99.1	105.0	94.1	97.1	97.7	97.7	103.0	107.6	101.7	103.3
97.3	97.4	96.7	97.7	99.3	98.5	100.1	101.5	100.5	101.5
97.1	100.9	100.1	95.4	99.2	99.0	100.9	103.5	100.3	100.4
97.9	92.8	93.0	104.2	104.0	99.6	101.2	99.3	100.7	104.0
102.5	99.2	95.4	95.8	100.2	97.7	99.2	100.7	101.6	101.9
93.5	93.8	95.5	95.4	94.1	96.7	94.8	98.3	99.7	99.4
98.7	86.0	92.5	105.6	96.1	94.7	109.9	131.0	120.7	122.7
135.2	112.3	100.6	103.0	100.2	100.5	96.2	99.7	104.6	106.2
103.0	104.8	96.5	102.2	102.6	111.3	104.2	129.9	125.0	102.4
109.9	87.5	109.3	118.9	95.6	92.1	116.9	114.0	122.8	115.4
94.5	93.4	96.7	97.9	97.1	97.8	101.3	102.9	106.1	104.1
97.1	97.9	96.6	96.2	96.0	97.6	99.8	100.4	100.3	102.8
99.0	106.7	94.0	96.1	96.6	100.1	104.2	107.6	93.0	102.4
100.4	94.9	89.4	99.8	98.2	97.3	95.6	102.3	102.9	102.2
95.7	100.3	98.9	94.5	99.9	99.1	100.9	106.1	100.9	100.2
97.2	92.4	92.2	108.2	92.5	92.0	107.7	109.6	98.7	103.7
103.0	97.7	107.6	94.3	104.7	99.6	102.6	100.8	101.0	104.2
98.3	96.7		105.3	102.9	95.3	99.9	104.7	100.4	99.8
93.3	91.9	94.4	97.8	98.9	99.2	97.9	100.3	102.8	101.2
94.4	93.9	75.2	103.8	100.0	97.7	94.2	98.8	99.8	100.4
109.5	100.3	95.3	99.5	111.1	106.6	101.5	102.5	105.7	104.9

2-9 续表

(上年价格=100)

项　目	Item	2007	2008	2009	2010	2011
总指数	**General Index**	**106.2**	**106.4**	**93.0**	**115.3**	**111.3**
按轻重工业分	**Grouped by Light & Heavy Industries**					
轻工业	Light Industry	105.0	105.4	99.5	104.3	103.7
以农产品为原料	Agricultural Products as Raw Materials	104.0	104.7	99.9	105.4	109.0
以非农产品为原料	Non-agricultural Products as Raw Materials	106.3	106.2	99.0	103.2	94.8
重工业	Heavy Industry	106.8	106.9	89.6	121.3	114.1
采掘	Mining	106.6	110.5	92.0	123.0	123.3
原材料	Raw Materials	106.5	104.2	90.8	123.7	123.0
加工	Processing	107.1	109.5	88.0	118.8	108.0
按生产生活资料分	**Grouped by Means of Production & Living**					
生产资料	Means of Production	106.6	107.0	91.3	117.9	112.8
采掘	Mining	107.2	110.1	92.8	121.5	123.3
原材料	Raw Materials	106.2	102.6	91.2	124.3	123.3
加工	Processing	106.8	109.9	91.2	113.8	106.5
生活资料	Consumer Goods	104.1	103.5	100.7	103.1	105.6
食品	Food	103.3	105.1	101.5	103.5	107.6
衣着	Clothing	106.6	102.7	100.7	103.3	106.6
一般日用品	Articles for Daily Use	102.3	102.0	100.3	102.4	103.2
耐用消费品	Durable Consumer Goods	105.4	101.7	97.8	102.1	103.4
按工业部门分	**Grouped by Industrial Department**					
冶金工业	Metallurgical Industry	110.7	106.3	82.9	131.8	123.4
电力工业	Power Industry	102.3	102.3	103.4	102.2	102.0
煤炭及炼焦工业	Coal Industry and Coking Industry	108.6	129.7	93.2	115.4	112.9
石油工业	Petroleum Industry	103.8	118.4	101.0	115.4	114.9
化学工业	Chemical Industry	102.9	111.0	100.4	108.4	109.2
机械工业	Machine Building Industry	103.5	100.8	95.9	103.4	98.8
建筑材料工业	Building Materials Industry	106.7	111.2	98.2	104.9	113.6
森林工业	Timber Industry	103.5	104.3	100.3	104.1	105.4
食品工业	Food Industry	104.3	106.5	100.8	103.9	108.4
纺织工业	Textile Industry	100.5	102.6	96.2	117.4	119.2
缝纫工业	Tailoring Industry	107.2	101.9	101.2	103.4	107.0
皮革工业	Leather Industry	103.6	106.1	97.7	102.7	104.3
造纸工业	Paper Industry	101.4	105.0	95.6	103.5	103.9
文教艺术用品工业	Industry of Cultural, Educational & Handicrafts Articles	99.6	100.9	98.8	103.8	101.0
其他工业	Other Industry	101.8	102.9	105.0	105.3	103.8

continued

(preceding year=100)

2012	2013	2014	2015	2016	2017	2018	2019	2020	2021	2022
96.5	**98.5**	**97.8**	**93.7**	**98.6**	**107.9**	**104.2**	**98.9**	**98.3**	**110.5**	**103.5**
98.3	99.7	99.9	99.1	99.4	101.4	100.3	98.6	97.7	103.7	104.1
102.5	101.3	100.8	99.8	99.3	101.4	102.2	99.8	99.2	104.0	103.4
90.2	96.7	98.5	97.9	99.4	101.4	96.7	96.1	94.9	103.3	105.0
95.8	98.0	97.0	91.7	98.3	110.9	105.9	99.1	98.6	113.7	103.2
98.2	96.4	95.2	91.2	94.3	109.7	106.9	98.9	103.0	113.4	110.1
95.2	97.5	96.9	90.0	96.3	114.1	107.6	97.2	97.8	121.7	109.9
95.8	98.5	97.2	92.7	99.6	109.4	105.0	100.0	98.6	110.5	100.0
95.1	98.0	97.0	91.9	98.1	110.5	105.3	98.8	98.1	113.6	104.1
98.2	96.4	95.2	91.2	94.3	109.7	106.9	98.9	103.0	113.4	110.1
95.2	97.4	96.8	90.0	96.1	114.3	107.6	97.0	97.4	121.3	109.9
94.7	98.4	97.3	92.9	99.2	108.9	104.2	99.5	98.1	110.9	101.7
101.4	100.3	100.6	100.3	100.2	100.5	100.9	99.3	99.0	100.4	101.4
102.7	100.0	100.7	101.3	101.6	102.0	100.9	102.1	104.5	100.6	101.6
104.2	101.9	102.0	100.9	98.9	97.5	101.7	98.1	94.5	100.3	102.9
98.1	99.4	100.1	99.0	99.7	101.2	100.5	97.0	95.7	102.8	102.5
99.7	100.0	99.0	98.9	99.5	100.0	100.2	99.8	99.5	97.4	98.5
91.0	95.9	93.8	84.8	97.5	120.7	108.5	98.5	100.5	129.2	101.0
105.6	100.4	99.0	96.3	96.5	99.4	100.2	98.9	99.1	100.7	107.0
98.3	93.8	94.2	88.7	104.3	144.4	109.4	100.4	99.0	148.3	106.7
103.8	99.2	96.6	77.5	94.7	111.1	112.4	94.8	84.8	115.3	121.7
98.1	99.2	99.0	97.4	98.5	105.8	103.1	95.2	94.1	110.7	109.2
93.6	98.0	98.7	97.7	98.7	101.9	98.5	97.9	97.9	103.7	102.4
97.5	100.2	100.7	97.9	100.3	105.7	111.3	105.9	98.6	102.4	100.5
102.2	102.2	101.5	100.7	100.5	101.1	102.5	101.5	99.4	101.1	102.1
103.8	101.2	100.9	100.4	99.7	101.2	100.9	101.7	104.4	103.0	103.3
97.7	100.1	99.1	94.9	98.5	107.4	104.8	98.2	94.9	112.4	105.7
103.8	102.6	102.2	100.7	98.7	96.6	102.5	97.2	92.4	100.9	103.6
105.1	101.0	101.1	101.6	100.1	100.5	99.1	101.3	101.0	98.9	101.5
96.1	97.9	99.0	100.1	99.9	105.5	106.3	94.2	96.3	106.7	102.0
100.7	100.5	100.1	99.9	99.7	96.1	100.5	100.4	99.7	97.1	102.1
99.9	100.8	100.7	100.4	100.0	101.6	102.0	100.8	95.8	108.6	104.3

2-10-1 按工业行业分工业生产者出厂价格指数一览表(1992-2001年)

(上年价格=100)

类 别	Item	1992	1993
总指数	**General Index**	**106.2**	**115.3**
煤炭开采和洗选产品	Mining and Washing of Coal	105.2	140.9
黑色金属矿采选产品	Mining and Processing of Ferrous Metal Ores	105.5	122.0
有色金属矿采选产品	Mining and Processing of Non-Ferrous Metal Ores	99.5	105.9
建筑材料及其他非金属矿采选业	Mining and Processing of Building Materials and Nonmetal Ores	124.5	95.4
木材及竹材采运业	Mining and Transportation of Timber and Bamboo	100.6	103.2
自来水生产与供应业	Production and Supply of Water	99.9	118.4
食品制造业	Manufacture of Foodstuff	120.3	118.8
饮料制造业	Manufacture of Beverages	115.0	104.3
烟草加工业	Manufacture of Tobacco		111.7
饲料工业	Feed Industry	112.9	116.9
纺织业	Manufacture of Textile	98.4	109.9
缝纫业	Manufacture of Tailoring	115.8	79.0
皮革、毛皮及其制品业	Manufacture of Leather, Fur, Feather and Related Products	97.7	105.7
木材加工及竹藤棕草制品业	Processing of Timber,Manufacture of Wood,Bamboo,Rattan,Palm, and Straw Products	103.5	115.4
家具制造业	Manufacture of Furniture	100.5	117.7
造纸及纸制品业	Manufacture of Paper and Paper Products	101.2	109.1
文教体育用品制造业	Manufacture of Articles for Culture, Education and Sport Activities	87.2	101.5
电力、蒸汽、热水生产和供应业	Production and Supply of Electric Power ,Steam and Heat Power	106.9	94.9
石油加工业	Processing of Petroleum	112.8	124.3
炼焦、煤气及煤制品业	Processing of Coking		142.7
化学工业	Chemical Industry	99.8	105.4
医药工业	Pharmaceutical Industry	101.6	110.4
化学纤维工业	Manufacture of Chemical Fibers	96.3	107.3
橡胶制品工业	Manufacture of Rubber	101.1	102.7
塑料制品业	Manufacture of Plastics	100.2	95.6
建筑材料及其他非金属矿制品业	Manufacture of Special Purpose Machinery	108.7	122.7
黑色金属冶炼及压延加工业	Smelting and Pressing of Ferrous Metals	106.0	133.7
有色金属冶炼及压延加工业	Smelting and Pressing of Non-ferrous Metals	107.5	109.3
金属制品业	Manufacture of Metal Products	104.1	121.5
机械工业	Machinery Manufacturing	103.8	126.8
交通运输设备制造业	Manufacture of Transport Equipment	105.9	117.5
电力机械及器材制造业	Manufacture of Electrical Machinery and Equipment	106.4	118.4
电力及通信设备制造业	Manufacture of Electrical and Communication Equipment	94.4	95.2
仪器仪表及其他计量器具制造业	Manufacture of Measuring Instruments	100.5	104.1
工艺美术品制造业	Manufacture of Artwork		

Producer Price Indices for Industrial Products by Sector(1992-2001)

(preceding year=100)

1994	1995	1996	1997	1998	1999	2000	2001
124.7	**114.8**	**104.1**	**101.7**	**98.4**	**96.1**	**101.0**	**98.1**
96.8	119.6	111.5	103.2	106.4	100.2	101.3	100.5
105.7	105.1						
157.7	138.5	105.0	107.6	85.2	88.1	99.0	117.0
89.9	131.5	142.8	93.1			104.1	101.7
113.2	121.3	101.6	91.8	95.9	86.3	101.0	96.5
119.7	105.0	121.1	128.5	114.2	122.5	108.2	111.1
150.2	130.3	100.8	94.2	97.1	95.9	93.5	98.3
102.5	104.5	93.5	99.8	1 402.3	105.3	95.7	98.4
102.1	107.9	124.1	93.2	106.3	109.3	98.7	101.4
162.5	134.2	110.1	108.0	98.9	95.1	92.7	102.9
150.7	116.5	97.9	97.6	92.7	89.0	107.7	92.5
108.4	108.6	102.6	103.0	97.7	107.6	94.3	104.7
128.0	113.7	108.2	98.3	96.7		105.3	102.9
105.3	117.3	103.2	106.7	90.8	91.1	91.5	101.1
126.4	118.7	117.3	105.6	96.6	94.0		
106.5	140.6	111.8	93.3	91.9	94.5	97.8	98.9
103.7	128.0	109.1	94.4	93.9	75.2	104.2	100.0
115.4	101.6	114.6	135.2	112.3	100.5	102.9	100.2
162.3	110.8	101.3	109.9	87.5	108.5	118.9	95.6
103.7	104.3	111.2	102.3	98.8	89.3	102.7	111.4
115.7	118.6	102.5	94.5	92.3	93.9	96.9	94.9
108.8	106.5	106.3	93.6	96.9	98.2	97.6	101.9
134.3	128.1	75.9	91.3	90.2	80.6	118.1	96.8
107.3	131.6	103.2	93.7			101.7	100.3
102.6	124.8	93.9	101.8	102.3	113.8	92.4	97.8
116.9	106.9	103.2	99.0	106.7	96.9	96.1	96.4
111.0	97.3	99.9	96.4	92.6	89.3	101.0	100.8
114.2	128.7	93.1	92.9	80.5	89.2	112.3	91.9
113.7	113.0	99.2	96.6	95.5	97.3	99.0	96.4
111.6	107.4	99.7	98.8	99.0	101.5	96.5	96.6
104.5	104.5	98.1	98.5	101.4	98.1	98.8	94.7
126.4	109.3	98.7	95.6	94.2	94.4	98.2	96.2
111.8	103.8	99.2	88.3	85.6	87.4	84.5	98.2
108.7	107.5	101.8	103.9	100.2	97.7	95.0	98.8
						100.0	100.0

2-10-2 按行业大类分工业生产者出厂价格指数一览表(2002-2010年)

(上年同期=100)

类　别	Item	2002	2003
总指数	**General Index**	**98.5**	**104.0**
煤炭开采和洗选业	Mining and Washing of Coal	112.3	101.6
黑色金属矿采选业	Mining and Processing of Ferrous Metal Ores	100.0	106.5
有色金属矿采选业	Mining and Processing of Non-Ferrous Metal Ores	91.2	111.7
非金属矿采选业	Non-Metal Mineral Mining and Selecting	99.8	101.1
农副食品加工业	Processing of Food from Agricultural Products	98.0	102.2
食品制造业	Manufacture of Foodstuff	99.7	97.7
饮料制造业	Manufacture of Beverages	100.4	98.8
烟草制品业	Manufacture of Tobacco	100.7	99.6
纺织业	Manufacture of Textile	93.1	106.8
纺织服装、鞋、帽制造业	Manufacture of Textile Wearing Apparel,Footware,and Caps	99.6	100.7
皮革、毛皮、羽毛(绒)及其制品业	Manufacture of Leather,Fur,Feather and Related Products	96.8	106.2
木材加工和木、竹、藤、棕、草制品业	Processing of Timber,Manufacture of Wood,Bamboo,Rattan,Palm, and Straw Products	97.4	95.5
家具制造业	Manufacture of Furniture	98.9	97.1
造纸和纸制品业	Manufacture of Paper and Paper Products	98.9	97.9
印刷和记录媒介复制业	Printing, Reproduction of Recording Media	100.0	99.2
文教体育用品制造业	Manufacture of Articles for Culture,Education and Sport Activites	98.3	101.3
石油加工、炼焦及核燃料加工业	Processing of Petroleum,Coking,Processing of Nuclear Fuel	93.3	117.6
化学原料和化学制品制造业	Manufacture of Raw Chemical Materials and Chemical Products	98.3	100.9
医药制造业	Manufacture of Medicines	98.3	98.7
化学纤维制造业	Manufacture of Chemical Fibers	99.5	113.7
橡胶制品业	Manufacture of Rubber	98.6	98.4
塑料制品业	Manufacture of Plastics	93.8	101.7
非金属矿物制品业	Manufacture of Non-metallic Mineral Products	100.1	103.9
黑色金属冶炼和压延加工业	Smelting and Pressing of Ferrous Metals	96.6	106.8
有色金属冶炼和压延加工业	Smelting and Pressing of Non-ferrous Metals	94.9	111.3
金属制品业	Manufacture of Metal Products	99.2	102.8
通用设备制造业	Manufacture of General Purpose Machinery	99.8	100.0
专用设备制造业	Manufacture of Special Purpose Machinery	96.8	100.8
交通运输设备制造业	Manufacture of Transport Equipment	97.4	98.6
电气机械和器材制造业	Manufacture of Electrical Machinery and Equipment		100.4
通信设备、计算机及其他电子设备制造业	Manufacture of Communication Equipment,Computers and Other Electronic Equipment	96.2	98.2
仪器仪表及文化、办公用机械制造业	Manufacture of Measuring Instruments and Machinery for Cultural Activity and Office Work	93.9	92.4
工艺品及其他制造业	Manufacture of Artwork and Other Manufacturing	94.8	100.1
废弃资源和废旧材料回收加工业	Recycling and Disposal of Waste	98.3	
电力、热力的生产和供应业	Production and Supply of Electric Power and Heat Power	100.5	96.2
燃气生产和供应业	Production and Supply of Gas	100.0	100.2
水的生产和供应业	Production and Supply of Water	110.0	106.0

Producer Price Indices for Industrial Products by Sector(2002-2010)

(preceding year=100)

2004	2005	2006	2007	2008	2009	2010
109.7	**108.8**	**109.7**	**106.2**	**106.4**	**93.0**	**115.3**
129.8	129.7	100.3	105.1	112.9	99.1	117.5
121.3	105.4	100.3	102.6	125.1	103.8	122.6
133.5	179.5	142.7	111.1	100.0	77.6	130.2
100.9	107.6	105.7	112.5	101.4	97.8	105.0
115.6	101.4	100.1	107.9	109.6	100.5	106.5
101.0	100.2	102.7	103.0	107.9	104.0	102.8
100.5	100.3	101.2	102.1	103.2	100.4	100.8
101.4	100.7	99.0	99.1	100.0	99.4	100.0
106.9	99.4	102.0	100.6	101.5	96.8	111.4
101.1	100.8	106.8	110.2	103.2	103.9	103.7
107.4	102.0	100.0	103.5	105.8	97.6	104.3
102.4	103.1	102.4	103.6	104.6	100.2	104.2
99.5	101.0	100.2	102.0	102.7	100.8	103.0
100.3	102.8	101.2	101.4	105.0	95.6	103.5
98.6	99.9	100.1	99.4	100.0	97.8	104.7
99.0	99.4	102.5	100.6	101.0	99.3	100.6
115.7	121.7	113.6	106.2	128.2	96.5	114.5
105.8	111.0	105.6	100.5	116.1	101.7	109.0
97.9	99.2	99.9	104.1	103.9	101.8	101.6
108.5	97.1	101.2	111.1	96.3	91.7	128.1
102.1	105.9	107.1	106.1	110.4	98.8	101.1
107.7	110.1	104.2	101.7	105.5	97.4	105.1
107.9	93.4	102.7	106.1	111.5	98.7	104.8
120.8	104.0	94.5	113.3	128.4	82.2	113.5
136.9	128.5	149.4	109.4	91.9	82.4	141.3
116.2	103.4	97.7	102.2	123.6	87.5	105.5
106.1	102.2	99.7	100.9	107.4	96.7	100.4
102.3	101.7	101.0	101.5	105.0	100.4	100.7
98.1	98.3	99.6	99.5	99.8	99.0	99.5
107.8	105.9	112.1	110.1	100.4	92.5	108.3
97.6	98.0	96.0	103.9	100.8	98.1	99.3
101.9	100.6	107.8	104.7	99.0	98.9	99.8
99.5	100.7	104.4	96.8	94.9	107.8	100.8
124.4	115.7	176.1	115.9	100.0	100.0	100.3
99.7	104.6	106.2	102.3	102.3	103.4	102.2
100.6	102.0	106.8	101.9	101.8	102.5	108.5
106.0	106.7	103.0	102.5	103.4	103.8	108.1

2-10-3 按行业大类分工业生产者出厂价格指数一览表(2011-2022年)

(上年同期=100)

类　别	Item	2011	2012
总指数	**General Index**	**111.3**	**96.5**
煤炭开采和洗选业	Mining and Washing of Coal	116.2	99.1
黑色金属矿采选业	Mining and Processing of Ferrous Metal Ores	119.6	95.8
有色金属矿采选业	Mining and Processing of Non-Ferrous Metal Ores	133.6	96.1
非金属矿采选业	Non-Metal Mineral Mining and Selecting	120.9	103.1
农副食品加工业	Processing of Food from Agricultural Products	112.1	106.4
食品制造业	Manufacture of Foodstuff	107.6	102.4
酒、饮料和精制茶制造业	Manufacture of Wine, Beverages and Refined Tea	101.5	95.8
烟草制品业	Manufacture of Tobacco	100.0	100.4
纺织业	Manufacture of Textile	115.9	99.2
纺织服装、服饰业	Manufacture of Textile Wearing Apparel, Dress	104.1	105.6
皮革、毛皮、羽毛及其制品和制鞋业	Manufacture of Leather, Fur, Feather and Related Products	106.1	105.0
木材加工和木、竹、藤、棕、草制品业	Processing of Timber,Manufacture of Wood,Bamboo,Rattan,Palm, and Straw Products	105.9	102.5
家具制造业	Manufacture of Furniture	104.1	100.2
造纸和纸制品业	Manufacture of Paper and Paper Products	103.9	96.1
印刷和记录媒介复制业	Printing, Reproduction of Recording Media	100.7	100.0
文教、工美、体育和娱乐用品制造业	Manufacture of Articles for Culture,Education, Artwork, Sport Activity and Amusement	102.9	101.2
石油、煤炭及其他燃料加工业	Processing of Petroleum,Coal and Other Fuel	113.0	101.7
化学原料和化学制品制造业	Manufacture of Raw Chemical Materials and Chemical Products	112.2	96.1
医药制造业	Manufacture of Medicines	102.6	100.9
化学纤维制造业	Manufacture of Chemical Fibers	117.3	93.3
橡胶和塑料制品业	Manufacture of Rubber and Plastics	105.7	102.7
非金属矿物制品业	Manufacture of Non-metallic Mineral Products	112.0	96.9
黑色金属冶炼和压延加工业	Smelting and Pressing of Ferrous Metals	112.0	90.5
有色金属冶炼和压延加工业	Smelting and Pressing of Non-ferrous Metals	129.3	90.0
金属制品业	Manufacture of Metal Products	109.3	97.7
通用设备制造业	Manufacture of General Purpose Machinery	102.9	100.2
专用设备制造业	Manufacture of Special Purpose Machinery	104.1	100.7
汽车制造业	Manufacture of Automobiles	100.3	98.7
铁路、船舶、航空航天和其他运输设备制造业	Manufacture of Railway,Shipping,Aerospace and Other Transport Equipment	101.8	100.2
电气机械和器材制造业	Manufacture of Electrical Machinery and Equipment	95.1	84.3
计算机、通信和其他电子设备制造业	Manufacture of Computers,Communications and Other Electronic Equipment	100.7	100.3
仪器仪表制造业	Manufacture of Measuring Instruments	102.2	98.4
其他制造业	Manufacture of Other	101.5	101.1
废弃资源综合利用业	Comprehensive Utilization of Waste Resources	100.0	95.8
金属制品、机械和设备修理业	Repair of Metal Products, Machinery and Equipment	106.2	98.7
电力、热力生产和供应业	Production and Supply of Electric Power and Heat Power	101.9	105.6
燃气生产和供应业	Production and Supply of Gas	104.7	100.9
水的生产和供应业	Production and Supply of Water	100.6	101.6

注：2021年工业生产者价格调查对调查目录做了修订，部分分类指标与2020年不同。

Producer Price Indices for Industrial Products by Sector(2011-2022年)

(preceding year=100)

2013	2014	2015	2016	2017	2018	2019	2020	2021	2022
98.5	**97.8**	**93.7**	**98.6**	**107.9**	**104.2**	**98.9**	**98.3**	**110.5**	**103.5**
92.8	95.6	89.9	93.8	124.8	106.1	104.7	101.2	142.5	112.1
98.9	91.3	86.8	94.3	102.8	100.5	100.4	108.1	108.7	93.8
96.3	95.6	87.8	92.8	113.8	109.7	92.2	100.8	125.7	114.9
99.6	99.5	100.5	97.1	104.4	106.3	105.9	101.3	98.2	106.7
102.1	101.2	99.3	99.4	101.4	100.7	102.2	106.5	104.6	104.9
101.1	101.2	101.0	99.5	100.5	101.3	100.7	101.0	100.8	103.0
98.6	100.5	104.0	99.6	101.6	101.6	99.6	98.6	100.3	100.1
100.1	100.0	100.0	100.1	100.0	100.5	102.1	100.9	100.2	100.0
100.9	99.6	96.9	98.5	107.4	104.8	98.2	94.9	112.2	105.2
102.8	103.6	101.5	98.6	96.6	102.6	97.0	92.1	100.2	104.0
101.6	101.3	100.8	100.0	100.6	100.2	101.5	97.4	102.5	101.5
102.3	101.5	100.8	100.8	101.0	102.8	101.2	98.7	102.0	103.0
101.6	100.7	100.0	99.7	101.0	102.2	102.3	100.5	100.8	101.2
97.9	99.0	100.1	99.9	105.5	106.3	94.2	96.3	106.7	102.0
100.2	100.1	100.0	99.5	92.4	100.7	99.4	98.8	98.4	96.7
101.2	101.1	100.1	100.3	102.2	101.3	100.9	98.7	98.6	105.3
98.0	94.8	79.0	102.3	133.1	113.7	94.3	87.7	128.3	118.5
98.7	98.7	95.6	98.0	108.8	102.2	92.4	90.4	117.0	112.5
100.3	100.0	100.4	100.9	102.4	107.6	98.4	100.5	104.7	102.8
93.8	91.0	101.0	96.7	107.5	94.4	90.0	83.4	103.3	101.0
100.3	99.2	98.5	97.9	101.7	100.3	99.6	96.5	105.2	108.1
100.1	100.5	97.7	100.5	105.4	111.0	105.4	98.5	103.4	100.6
96.4	91.7	75.8	108.7	137.6	109.3	97.8	97.7	129.2	86.9
95.6	94.5	87.6	95.2	117.7	106.0	98.0	101.0	133.5	104.0
95.7	95.9	94.6	98.5	112.3	108.4	100.8	99.5	108.0	102.1
99.4	98.9	97.7	96.7	104.0	102.6	99.8	98.8	102.8	101.3
101.6	100.9	100.4	99.3	100.6	101.3	101.4	100.5	99.3	100.0
99.7	99.9	100.0	99.6	99.9	100.2	99.8	99.5	100.0	100.5
100.0	100.1	100.0	100.4	100.2	99.6	112.7	108.0	99.8	100.5
94.6	97.0	95.5	98.6	103.0	94.8	93.2	94.6	109.2	105.9
100.5	99.9	98.0	99.0	100.8	99.8	100.3	99.6	101.1	100.8
100.1	100.2	100.2	99.2	99.7	103.7	100.2	100.2	100.0	98.3
102.7	103.4	107.9	99.1	101.6	98.9	107.5	98.6	98.1	101.2
97.6	95.6	90.2	90.3	142.1	185.1	109.7	98.9	125.9	103.3
99.3	98.7	97.8	91.8	91.4	99.5	100.4	100.0		
100.4	99.0	96.2	96.4	99.4	100.2	98.8	99.0	100.7	107.0
100.4	100.4	98.1	92.0	96.5	99.3	103.5	95.9	100.1	115.4
101.1	106.4	102.2	101.7	102.6	108.4	104.6	100.0	100.7	104.5

2-11 分行业工业生产者出厂价格指数一览表(2022年)

(上年同月=100)

类　别	Item	全年	1月
总指数	**General Index**	**103.5**	**109.7**
煤炭开采和洗选业	Mining and Washing of Coal	112.1	157.9
烟煤和无烟煤开采洗选	Mining and Washing of Bituminous Coal and Anthracite	112.1	157.9
黑色金属矿采选业	Mining and Processing of Ferrous Metal Ores	93.8	85.1
铁矿采选	Mining and Processing of Iron Ores	93.8	85.1
有色金属矿采选业	Mining and Processing of Non-Ferrous Metal Ores	114.9	130.8
常用有色金属矿采选	Mining and Processing of Frequently Used Non-Ferrous Metal Ores	100.7	116.8
贵金属矿采选	Mining and Processing of Precious Metal Ores	103.8	95.0
稀有稀土金属矿采选	Mining and Processing of Rare Earth and Rare Metals Ores	126.1	146.8
非金属矿采选业	Mining and Processing of Non-metal Ores	106.7	105.7
土砂石开采	Mining of Soil,Sand and Stone	105.4	102.7
采盐	Mining and Processing of Salt Ores	139.8	177.9
石棉及其他非金属矿采选	Mining and Processing of Asbestos and Other Nonmetal Ores	102.5	104.4
农副食品加工业	Processing of Food from Agricultural Products	104.9	101.1
谷物磨制	Polishing of Grain	99.9	97.4
饲料加工	Processing of Feed	107.6	106.9
植物油加工	Processing of Vegetables,Fungi,Fruits and Nuts	105.8	106.6
屠宰及肉类加工	Slaughtering and Processing of Meat	99.8	78.6
水产品加工	Processing of Aquatic Products	107.1	104.6
蔬菜、菌类、水果和坚果加工	Processing of Vegetable,Fungi,Fruits and Nuts	105.6	109.5
其他农副食品加工	Processing of Other Food from Agricultural Products	102.2	104.6
食品制造业	Manufacture of Foodstuff	103.0	102.6
焙烤食品制造	Manufacture of Baking Foodstuff	102.5	102.6
糖果、巧克力及蜜饯制造	Manufacture of Sweet,Chocolate and Candied Fruit	103.5	102.6
方便食品制造	Manufacture of Convenience Food	101.4	100.9
乳制品制造	Manufacture of Dairy Products	102.5	104.3
罐头食品制造	Manufacture of Cans Food	99.5	99.5
调味品、发酵制品制造	Manufacture of Condiments and Fermentation Products	101.0	101.1
其他食品制造	Manufacture of Other Foodstuff	105.1	104.0
酒、饮料和精制茶制造业	Manufacture of Wine, Beverages and Refined Tea	100.1	99.5
酒的制造	Manufacture of Liquor	100.8	99.9
饮料制造	Manufacture of Beverages	99.3	98.9
精制茶加工	Processing of Refined Tea	100.5	100.6
烟草制品业	Manufacture of Tobacco	100.0	100.0
卷烟制造	Manufacture of Cigarettes	100.0	100.0
纺织业	Manufacture of Textile	105.2	112.7
棉纺织及印染精加工	Processing and Dyeing of Cotton and Textile	105.3	115.4
麻纺织及染整精加工	Processing and Dyeing of Flax Textile	98.7	98.2
丝绢纺织及印染精加工	Processing and Dyeing of Silk Textile	114.8	129.6
化纤织造及印染精加工	Processing and Dyeing of Chemical Fiber	109.2	102.0
针织或钩针编织物及其制品制造	Manufacture of Knits or Crochets and Related Products	99.2	102.2

Producer Price Indices for Industrial Products by Sector(2022年)

(same month of preceding year=100)

2月	3月	4月	5月	6月	7月	8月	9月	10月	11月	12月
109.5	**108.1**	**107.5**	**105.4**	**105.1**	**102.9**	**100.9**	**99.8**	**98.3**	**98.0**	**98.5**
147.2	124.0	141.4	147.1	136.7	132.0	110.5	94.2	76.2	71.6	84.4
147.2	124.0	141.4	147.1	136.7	132.0	110.5	94.2	76.2	71.6	84.4
82.0	89.7	97.8	102.7	103.3	102.9	95.8	88.1	83.0	93.2	103.3
82.0	89.7	97.8	102.7	103.3	102.9	95.8	88.1	83.0	93.2	103.3
132.1	127.6	125.4	123.1	113.3	110.4	105.7	106.8	107.5	104.5	101.3
119.2	110.8	109.5	109.7	98.0	93.0	86.5	91.1	94.0	93.4	94.7
102.0	108.6	106.4	103.1	103.2	103.5	102.4	102.6	105.2	105.3	109.6
145.4	142.5	140.0	135.7	127.2	124.7	119.4	117.4	116.2	111.4	104.0
105.2	106.5	105.7	105.5	107.1	107.4	109.2	109.2	109.6	105.0	105.2
102.4	104.0	103.6	103.1	104.8	105.5	107.6	108.1	108.8	106.8	107.5
166.5	165.1	152.0	163.3	164.0	153.6	166.5	152.5	145.9	83.1	78.9
104.4	104.4	104.4	104.4	104.4	104.4	100.0	100.0	100.0	100.0	100.0
100.6	101.2	102.9	105.0	105.8	106.8	106.7	107.0	108.0	107.0	106.2
97.2	97.2	97.5	98.5	99.5	100.4	101.3	101.5	102.1	103.3	103.5
105.6	107.7	109.1	108.9	108.5	108.0	107.2	106.8	107.7	106.6	108.5
107.4	102.4	101.2	107.1	109.4	107.0	106.6	106.5	105.7	105.8	104.1
79.3	79.9	87.6	97.0	103.4	113.1	112.6	118.3	124.3	116.2	103.9
105.9	105.6	104.1	111.9	107.4	111.0	108.0	107.3	106.6	106.4	105.9
108.7	107.9	107.4	107.0	106.9	107.3	106.9	106.5	100.2	100.0	99.8
102.7	102.6	100.6	99.4	98.7	98.4	106.3	103.3	102.2	103.8	103.4
103.6	103.9	103.9	104.8	104.3	104.2	103.0	102.0	101.8	101.5	101.1
103.9	104.4	103.6	107.0	100.9	100.4	100.4	100.8	101.1	101.7	103.2
103.7	103.5	103.5	104.1	103.9	103.2	104.4	103.1	103.5	102.0	104.6
101.2	100.8	101.5	102.1	101.9	101.3	101.9	101.8	101.8	101.0	101.1
103.0	102.6	103.0	103.0	102.6	102.3	101.5	102.4	102.4	102.4	100.0
101.1	102.0	102.6	100.7	98.8	101.0	97.2	96.7	97.4	97.7	98.7
101.1	100.9	101.1	101.0	101.2	101.1	101.0	100.9	101.0	100.6	100.5
105.6	106.1	105.8	107.2	108.8	108.4	106.1	103.6	102.7	102.3	100.5
99.4	99.1	99.4	99.5	99.2	99.3	100.5	100.5	101.4	101.6	101.5
100.1	99.4	99.9	100.4	99.8	100.4	100.4	100.3	102.7	103.2	103.4
98.6	98.8	98.7	98.7	98.5	98.3	100.6	100.4	100.3	100.4	100.1
100.3	99.6	100.3	100.0	99.7	99.7	100.1	101.8	101.4	101.3	100.9
100.0	100.0	100.0	100.0	100.0	100.0	100.0	100.0	100.0	100.0	100.0
100.0	100.0	100.0	100.0	100.0	100.0	100.0	100.0	100.0	100.0	100.0
112.1	108.2	110.1	108.6	106.9	105.4	103.1	101.6	100.8	97.8	97.2
114.8	110.9	112.6	109.6	107.5	105.8	103.8	100.4	99.0	94.8	93.4
98.0	97.4	97.6	97.7	97.8	98.0	98.5	98.5	103.2	100.4	99.2
129.1	115.6	121.2	119.7	110.6	111.5	99.3	109.9	113.7	114.2	113.0
101.3	105.9	107.7	108.3	117.9	109.3	114.3	111.2	113.1	110.0	110.3
103.8	96.5	98.5	98.6	99.2	98.9	98.1	100.4	98.6	97.5	98.8

2-11 续表 1

(上年同月=100)

类　别	Item	全年	1月
家用纺织制成品制造	Manufacture of Household Textile Products	101.0	104.3
产业用纺织制成品制造	Manufacture of Household Industrial Textile Products	99.1	94.5
纺织服装、服饰业	Manufacture of Textile Wearing Apparel, Dress	104.0	104.0
机织服装制造	Manufacture of Woven Garments	106.4	108.5
针织或钩针编织服装制造	Manufacture of Knitted or Crocheted Garments	99.6	97.9
服饰制造	Manufacture of Clothing	97.8	90.9
皮革、毛皮、羽毛及其制品和制鞋业	Manufacture of Leather, Fur, Feather and Related Products and Footwear	101.5	102.6
皮革鞣制加工	Processing of Leather	104.6	102.3
皮革制品制造	Manufacture of Leather Products	101.5	101.5
毛皮鞣制及制品加工	Manufacture and Processing of Fur Products	101.3	99.4
羽毛(绒)加工及制品制造	Manufacture and Processing of Feather Products	101.6	108.3
制鞋业	Manufacture of Shoes	101.0	101.3
木材加工和木、竹、藤、棕、草制品业	Processing of Timber,Manufacture of Wood,Bamboo,Rattan,Palm, and Straw Products	103.0	103.9
木材加工	Processing of Wood	105.7	106.6
人造板制造	Manufacture of Plywood	105.4	105.7
木质制品制造	Manufacture of Wood Products	100.1	99.6
竹、藤、棕、草等制品制造	Manufacture of Wood, Bamboo, Rattan, Palm and Straw Products	96.5	99.9
家具制造业	Manufacture of Furniture	101.2	101.5
木质家具制造	Manufacture of Wood Furniture	101.3	101.1
金属家具制造	Manufacture of Metal Furniture	95.5	96.3
其他家具制造	Manufacture of Other Furniture	103.5	108.6
造纸和纸制品业	Manufacture of Paper and Paper Products	102.0	107.6
纸浆制造	Manufacture of Pulp	119.9	146.6
造纸	Manufacture of Paper	100.2	108.3
纸制品制造	Manufacture of Paper Products	104.3	106.4
印刷和记录媒介复制业	Printing, Reproduction of Recording Media	96.7	93.1
印刷	Printing	96.7	93.1
文教、工美、体育和娱乐用品制造业	Manufacture of Articles For Culture,Education, Artwork, Sport Activity and Amusement	105.3	102.2
文教办公用品制造	Manufacture of Office Supplies For Culture,Education	100.0	100.0
工艺美术及礼仪用品制造	Manufacture of Arts and Crafts and Etiquettes	101.4	102.9
体育用品制造	Manufacture of Sport Articles	102.5	96.7
玩具制造	Manufacture of Toys	99.5	100.0
游艺器材及娱乐用品制造	Manufacture of Recreational Equipment and Entertaining Products	136.7	111.9
石油、煤炭及其他燃料加工业	Processing of Petroleum,Coal and Other Fuel	118.5	122.5
精炼石油产品制造	Manufacture of Refined Petroleum Products	123.6	118.5
煤炭加工	Processing of Coal	105.2	131.8
生物质燃料加工	Processing of Biofuel	103.0	112.6
化学原料和化学制品制造业	Manufacture of Raw Chemical Materials and Chemical Products	112.5	123.2
基础化学原料制造	Manufacture of Basic Chemical Material	120.0	145.0
肥料制造	Manufacture of Fertilizers	129.7	137.6
农药制造	Manufacture of Pesticides	102.3	99.5
涂料、油墨、颜料及类似产品制造	Manufacture of Coating,Ink and Paint Products	103.3	107.6

continued 1

(same month of preceding year=100)

2月	3月	4月	5月	6月	7月	8月	9月	10月	11月	12月
106.0	103.2	104.1	101.0	101.0	100.1	97.9	97.9	97.9	99.6	100.4
90.6	91.5	92.2	104.4	102.6	103.5	100.8	100.1	99.7	103.1	108.4
104.4	102.8	102.7	103.3	104.8	104.9	105.3	105.9	106.0	101.7	101.7
108.2	106.9	106.9	106.5	107.4	107.4	108.0	108.4	108.6	100.8	100.4
99.4	97.0	96.9	98.1	100.4	100.8	100.6	100.4	98.8	102.0	103.0
92.3	90.8	90.6	94.8	97.1	97.7	99.2	102.2	105.5	107.2	107.9
101.1	99.8	99.0	98.8	100.1	101.3	102.1	102.9	104.0	102.7	103.0
103.4	100.8	104.7	98.0	98.0	101.8	97.2	104.0	115.1	115.1	115.1
101.4	100.7	99.6	100.5	100.8	101.7	101.2	102.8	103.4	102.3	102.5
99.3	99.3	99.0	99.0	102.5	102.3	102.1	102.3	103.1	103.0	104.4
105.4	100.0	96.5	95.3	98.3	98.6	103.6	102.5	103.2	103.9	104.9
99.1	99.2	99.1	99.4	100.6	102.0	102.9	103.1	103.5	101.0	101.1
103.6	103.4	103.6	104.9	105.2	103.2	102.9	101.3	101.4	101.9	101.4
106.6	106.6	106.6	110.4	110.4	103.7	103.7	103.7	103.7	103.7	103.7
105.7	105.0	103.8	106.1	106.8	106.6	106.1	104.9	103.7	105.3	105.1
99.5	99.5	103.1	99.9	99.8	99.6	100.7	99.6	99.6	100.4	99.7
98.0	98.4	98.5	98.7	98.7	98.7	96.9	91.1	94.6	92.9	91.1
100.9	102.4	101.9	100.9	101.0	99.8	99.4	98.2	102.5	103.2	103.4
100.4	102.0	101.5	101.3	101.2	99.8	99.4	98.1	103.0	103.7	104.1
97.6	97.7	98.0	96.0	95.9	95.9	93.9	93.4	92.9	94.1	95.0
108.6	108.6	108.6	99.1	101.7	101.7	101.7	101.7	101.7	101.7	100.0
107.2	100.8	101.4	98.1	102.3	102.2	101.6	101.5	102.7	100.4	98.9
112.3	99.5	101.8	120.0	123.0	119.0	121.6	127.2	125.7	129.4	122.8
107.9	103.1	102.6	95.6	100.6	99.8	98.0	97.4	99.7	96.2	95.1
106.2	97.9	99.7	101.5	104.6	105.5	106.4	107.0	106.8	106.0	104.0
93.5	92.8	93.6	94.8	95.3	95.9	99.5	101.0	101.8	100.5	100.1
93.5	92.8	93.6	94.8	95.3	95.9	99.5	101.0	101.8	100.5	100.1
102.3	102.3	103.7	102.1	105.5	104.1	107.7	107.6	109.2	108.3	108.9
100.0	100.0	100.0	100.0	100.0	100.0	100.0	100.0	100.0	100.0	100.0
102.8	100.3	101.7	94.4	99.5	96.8	102.3	102.9	105.0	104.1	105.3
97.7	99.3	99.6	101.2	104.1	103.7	104.9	104.8	105.1	106.5	107.1
98.8	98.3	99.4	101.5	101.2	100.0	102.1	101.3	98.9	97.5	95.4
112.8	121.4	126.6	141.8	143.2	146.2	148.1	145.0	151.9	145.9	145.1
119.7	126.2	139.5	135.3	135.6	129.2	119.2	108.7	98.5	98.1	103.4
121.3	122.9	131.1	131.3	139.0	133.4	126.4	124.1	116.0	111.2	110.8
115.2	133.6	164.1	146.2	125.8	115.7	99.3	77.5	68.0	70.5	85.4
102.4	106.1	104.9	102.9	107.3	104.7	102.9	103.5	100.8	93.2	97.3
119.8	118.5	120.3	120.9	117.8	115.6	109.8	107.2	103.4	98.7	101.5
132.7	130.2	136.7	137.1	129.1	124.5	117.8	110.4	103.5	96.0	98.5
137.8	147.3	147.4	151.7	149.6	149.3	138.7	105.7	105.2	105.3	107.8
99.7	100.5	99.8	100.6	103.5	105.0	105.1	105.4	105.0	102.6	100.3
105.7	104.4	104.7	104.7	105.8	106.5	101.2	102.7	100.5	98.4	97.9

2-11 续表 2

(上年同月=100)

类　　别	Item	全年	1月
合成材料制造	Manufacture of Synthetic Materials	102.0	108.9
专用化学产品制造	Manufacture of Specialized Chemical Products	110.2	115.9
炸药、火工及焰火产品制造	Manufacture of Explosives, Pyrotechnics and Fireworks	104.7	108.3
日用化学产品制造	Manufacture of Daily Used Chemical Products	103.6	97.8
医药制造业	Manufacture of Medicines	102.8	103.0
化学药品原料药制造	Manufacture of Chemical Original Drug	117.5	110.5
化学药品制剂制造	Manufacture of Chemical Agents	97.8	98.3
中药饮片加工	Manufacture of Herbal Medicine	108.1	119.5
中成药生产	Manufacture of Proprietary Chinese Medicine	101.7	104.2
兽用药品制造	Manufacture of Veterinary Drugs	103.5	107.9
生物药品制品制造	Manufacture of Biopharmaceutical Products	100.2	98.7
卫生材料及医药用品制造	Manufacture of Sanitation Materials and Medical Supplies	64.6	68.2
药用辅料及包装材料制造	Pharmaceutical Excipients and Packaging Materials	98.1	111.3
化学纤维制造业	Manufacture of Chemical Fibers	101.0	110.4
合成纤维制造	Manufacture of Synthetic Fibers	101.0	110.4
橡胶和塑料制品业	Manufacture of Rubber and Plastics	108.1	112.0
橡胶制品业	Manufacture of Rubber	105.7	103.8
塑料制品业	Manufacture of Plastics	108.6	114.1
非金属矿物制品业	Manufacture of Non-metallic Mineral Products	100.6	108.2
水泥、石灰和石膏制造	Manufacture of Cement, Lime and Gypsum	95.7	111.8
石膏、水泥制品及类似制品制造	Manufacture of Cement and Gypsum	101.4	111.4
砖瓦、石材等建筑材料制造	Manufacture of Brick, Stone	103.1	103.7
玻璃制造	Manufacture of Glass	94.9	109.7
玻璃制品制造	Manufacture of Glass Products	99.9	98.0
玻璃纤维和玻璃纤维增强塑料制品制造	Manufacture of Glass Fiber and Glass Fiber Reinforced Plastic Products	96.8	117.6
陶瓷制品制造	Manufacture of Ceramic Products	99.3	103.0
耐火材料制品制造	Manufacture of Refractory Products	122.4	99.2
石墨及其他非金属矿物制品制造	Manufacture of Graphite and Other Non-metallic Mineral Products	115.4	116.0
黑色金属冶炼和压延加工业	Smelting and Pressing of Ferrous Metals	86.9	103.4
炼钢	Steelmaking	103.5	125.3
钢压延加工	Smelting and Pressing of Steel	86.7	103.1
有色金属冶炼和压延加工业	Smelting and Pressing of Non-ferrous Metals	104.0	124.7
常用有色金属冶炼	Smelting of Frequently Used Non-Ferrous Metal	104.4	125.2
贵金属冶炼	Smelting of Precious Metal	89.5	76.5
稀有稀土金属冶炼	Smelting of Rare Earth and Rare Metals	120.1	167.2
有色金属合金制造	Manufacture of Non-Ferrous Metaling Alloy	115.4	142.2
有色金属压延加工	Pressing of Non-Ferrous Metal	101.1	119.9
金属制品业	Manufacture of Metal Products	102.1	109.5

continued 2

(same month of preceding year=100)

2月	3月	4月	5月	6月	7月	8月	9月	10月	11月	12月
108.8	111.2	107.7	106.6	108.5	105.7	101.3	98.1	90.4	87.0	94.7
117.4	114.7	113.4	114.6	113.1	110.7	103.1	107.2	105.7	102.3	107.1
106.5	106.5	106.2	106.2	106.0	106.0	105.4	103.0	102.8	100.6	100.0
103.0	104.6	104.4	105.2	104.0	105.2	103.4	103.9	104.3	103.9	104.0
105.3	106.3	106.1	103.6	103.9	103.0	99.9	99.1	102.0	99.8	102.1
121.1	125.1	123.0	121.7	126.1	125.8	114.2	110.2	111.8	108.3	113.0
97.5	97.2	97.7	97.5	97.9	96.7	97.2	98.3	98.9	98.2	98.3
119.5	119.5	119.5	110.1	105.4	104.0	97.6	97.6	101.4	102.6	108.9
104.8	104.8	105.0	102.5	101.5	100.1	100.2	99.7	99.6	99.0	99.3
105.7	104.9	101.1	104.0	104.7	102.7	102.9	102.6	101.8	102.1	101.7
98.4	98.9	100.0	100.3	99.8	100.6	100.9	101.3	101.5	101.2	100.7
64.9	65.1	66.3	57.7	55.5	55.0	58.7	60.2	84.6	69.3	76.2
109.3	99.2	101.6	94.3	94.6	97.6	89.1	93.1	103.3	94.8	91.5
107.9	103.2	103.6	100.3	101.0	101.2	99.8	97.5	97.9	95.6	95.6
107.9	103.2	103.6	100.3	101.0	101.2	99.8	97.5	97.9	95.6	95.6
112.2	113.3	113.6	113.9	106.6	105.8	105.1	104.7	104.0	103.4	103.8
107.9	106.7	106.0	105.8	105.1	105.0	105.0	106.2	105.3	105.2	106.7
113.3	114.9	115.6	115.9	107.0	106.0	105.1	104.4	103.7	103.0	103.1
106.9	106.5	103.1	102.4	104.2	103.9	102.4	98.8	92.6	91.0	90.5
116.4	118.0	111.0	109.6	110.2	109.8	99.4	89.9	68.5	68.2	71.2
105.0	103.0	103.3	102.0	103.3	103.7	105.5	101.9	99.4	91.8	88.9
102.8	102.6	103.4	103.5	106.4	103.3	104.3	102.2	102.0	101.5	101.2
116.3	109.9	105.4	97.7	83.2	83.4	81.8	74.6	85.4	103.9	104.3
99.3	99.2	98.3	97.8	99.8	101.3	101.3	100.6	100.6	100.6	101.8
108.5	106.2	99.0	97.1	102.7	100.6	96.6	88.7	85.1	83.4	82.8
104.0	104.7	97.6	97.4	98.8	98.1	99.5	99.7	97.9	95.8	95.1
99.2	99.1	102.1	103.4	112.4	123.0	124.8	123.9	142.6	169.6	167.8
110.3	108.2	113.4	116.7	124.2	126.3	113.5	109.8	110.1	121.6	114.2
106.0	101.5	98.6	90.2	87.1	80.7	78.1	74.6	70.3	79.2	80.0
114.0	115.9	114.8	117.5	109.4	97.4	100.9	95.1	92.0	83.8	86.5
105.9	101.3	98.4	89.8	86.8	80.4	77.8	74.3	70.0	79.1	79.9
123.8	117.6	115.4	108.6	107.6	98.4	92.5	92.5	91.4	91.1	92.7
125.5	117.3	118.9	107.0	106.9	93.7	92.4	94.0	92.1	92.9	96.0
88.7	92.0	92.5	81.3	80.2	80.9	81.3	94.2	97.6	108.7	113.6
159.5	146.3	126.1	131.0	139.5	128.4	106.2	94.9	101.7	90.5	85.5
140.1	130.5	121.9	128.7	124.0	117.4	106.2	102.7	99.1	93.6	96.3
118.3	113.8	112.2	106.5	104.0	96.4	90.0	90.3	88.6	89.1	91.1
108.6	107.2	107.6	106.0	104.2	102.4	100.1	96.7	95.0	94.5	95.5

2-11 续表 3

(上年同月＝100)

类 别	Item	全年	1月
结构性金属制品制造	Manufacture of Structural Metal Products	102.0	111.8
金属工具制造	Manufacture of Metal Tools	93.4	89.7
集装箱及金属包装容器制造	Manufacture of Containers and Metal Packaging	102.6	101.6
金属丝绳及其制品制造	Manufacture of Metal Wire, Ropes and Its Products	99.5	116.4
建筑、安全用金属制品制造	Manufacture of Metal Products for Construction and Safety	103.0	107.0
金属制日用品制造	Manufacturing of Metal Commodities	98.0	93.8
铸造及其他金属制品制造	Forging and Manufacture of Other Metal Products	103.8	114.8
通用设备制造业	Manufacture of General Purpose Machinery	101.3	102.0
锅炉及原动设备制造	Manufacture of Boilers and Original Motivation	102.1	97.2
金属加工机械制造	Manufacture of Metal Processing Machinery	101.0	99.0
物料搬运设备制造	Manufacture of Material Handling Equipment	99.1	99.2
泵、阀门、压缩机及类似机械制造	Manufacture of Pumps, Valves, Compressors	102.0	105.0
轴承、齿轮和传动部件制造	Manufacture of Bearings, Gears and Transmission Components	100.0	102.2
烘炉、风机、包装等设备制造	Manufacture of Drying Furnace,Fan,Packing and Other Equipment	99.9	102.0
文化、办公用机械制造	Manufacture of Culture, Office Machinery	121.2	93.1
通用零部件制造	Manufacture of General Components	98.6	102.4
其他通用设备制造业	Manufacture of Other General Equipment	100.7	98.9
专用设备制造业	Manufacture of Special Purpose Machinery	100.0	99.5
采矿、冶金、建筑专用设备制造	Manufacture of Special Equipment for Mining,Metallurgy, Construction	100.3	99.1
化工、木材、非金属加工专用设备制造	Manufacture of Special Equipment for Chemicals,Wood, Non-metallic Processing	99.0	97.4
食品、饮料、烟草及饲料生产专用设备制造	Manufacture of Special Equipment for Food, Beverage, Tobacco and Feed Production	101.5	101.9
纺织、服装和皮革加工专用设备制造	Manufacture of Special Equipment for Textiles, Clothing and Leather Industry	101.8	95.4
电子和电工机械专用设备制造	Manufacture of Special Equipment for Electronic and Electrical Machinery	101.1	101.6
医疗仪器设备及器械制造	Manufacture of Medical Equipment and Instrument	99.4	99.3
环保、邮政、社会公共服务及其他专用设备制造	Manufacture of Environmental Protection,Postal Service,Public Service and Other Special Equipment	100.3	101.4
汽车制造业	Manufacture of Automobiles	100.5	101.2
汽车整车制造	Manufacture of Automobiles	100.0	100.0
汽车用发动机制造	Manufacture of Automotive Engine	98.8	93.5
改装汽车制造	Manufacture of Refit Automobiles	101.1	100.5
汽车车身、挂车制造	Manufacture of Automobiles and Trailers	102.0	115.6
汽车零部件及配件制造	Manufacture of Auto Parts and Accessories	100.9	101.5
铁路、船舶、航空航天和其他运输设备制造业	Manufacture of Railway,Shipping,Aerospace and Other Transport Equipment	100.5	99.5
铁路运输设备制造	Manufacture of Equipment for Railway Transport	100.7	99.3
城市轨道交通设备制造	Manufacture of Urban Rail Transport Equipment	100.0	100.0
助动车制造	Manufacture of Moped Bicycle	99.9	99.9
电气机械和器材制造业	Manufacture of Electrical Machinery and Equipment	105.9	111.2
电机制造	Manufacture of Electrical Motors	99.5	102.1

continued 3

(same month of preceding year=100)

2月	3月	4月	5月	6月	7月	8月	9月	10月	11月	12月
110.7	108.6	110.3	107.5	106.0	103.1	101.1	94.2	90.3	90.3	95.4
89.3	94.0	93.7	93.6	90.7	93.6	94.3	95.2	96.0	95.4	96.5
103.3	103.3	103.1	101.8	103.8	102.8	102.8	102.1	103.0	102.3	101.7
113.8	109.0	107.1	105.9	99.9	96.9	92.8	91.0	88.3	87.6	91.4
106.7	106.0	105.9	104.9	103.8	102.7	102.8	100.1	101.0	99.4	96.8
92.8	98.9	98.9	98.9	98.9	98.9	98.9	98.9	98.9	98.9	98.9
114.2	110.0	109.8	108.9	106.3	104.8	97.9	97.9	96.2	96.1	93.2
102.1	102.4	102.2	101.5	100.2	101.7	101.5	101.5	100.1	99.7	101.1
98.3	101.7	103.6	102.9	102.1	99.7	100.6	100.2	100.1	109.5	109.8
98.8	99.2	100.9	101.3	101.4	101.4	102.1	102.2	102.2	102.2	101.6
98.9	99.6	99.0	98.4	99.0	99.2	99.2	98.8	99.1	99.1	99.9
107.2	107.8	105.0	102.7	101.5	102.8	102.0	101.4	96.3	94.8	98.1
102.4	102.6	99.5	99.9	99.8	99.1	98.6	98.6	99.2	99.3	98.5
99.9	98.2	98.1	98.4	97.9	99.6	99.6	100.9	101.0	100.8	102.9
95.3	102.8	126.3	126.5	107.7	132.4	132.6	133.3	143.2	141.3	132.8
99.4	99.8	99.1	99.2	97.9	97.8	97.8	97.0	97.1	97.1	98.4
98.9	98.9	98.9	98.9	99.5	101.7	101.9	102.5	103.6	102.5	102.6
100.6	100.8	99.7	100.0	100.5	100.9	99.9	99.1	99.5	100.0	99.7
103.1	104.8	102.2	100.1	99.7	100.5	101.5	98.9	98.1	97.7	97.9
97.2	97.7	95.6	97.5	99.4	99.7	99.2	100.4	100.7	101.3	101.9
103.6	101.9	101.7	102.1	101.6	102.1	100.2	101.2	100.4	100.8	100.8
95.4	98.6	97.5	107.8	109.4	106.7	100.6	101.9	101.9	103.9	103.9
101.8	101.9	101.9	101.9	101.9	101.9	100.1	100.1	100.1	100.1	100.1
99.8	99.2	98.6	98.2	98.8	98.9	99.2	99.9	100.2	100.1	100.3
102.2	101.2	101.0	102.0	101.7	103.1	99.5	95.7	98.2	100.4	97.4
101.4	101.1	100.8	100.3	100.1	100.1	100.2	100.1	99.9	100.0	100.2
100.0	100.0	100.0	100.0	100.0	100.0	99.9	99.9	99.9	99.9	100.0
93.5	95.6	97.8	100.0	100.0	101.1	101.1	101.1	101.1	101.1	101.1
100.8	100.4	101.1	102.2	101.6	101.6	101.6	100.7	100.7	100.7	100.7
115.6	112.0	109.0	97.1	97.1	97.1	97.6	97.6	97.0	97.0	97.0
101.8	101.6	101.0	101.0	100.5	100.5	100.7	100.6	100.1	100.3	100.8
101.0	101.0	101.0	101.0	101.0	101.1	100.0	100.0	100.0	100.0	100.0
101.5	101.5	101.5	101.5	101.5	101.5	100.0	100.0	100.0	100.0	100.0
100.0	100.0	100.0	100.0	100.0	100.0	100.0	100.0	100.0	100.0	100.0
99.9	99.9	99.9	99.9	99.9	100.0	99.9	99.9	99.9	99.9	99.9
110.5	110.3	107.3	104.0	106.5	104.6	103.6	104.7	103.3	102.4	103.2
101.4	99.8	100.6	100.2	100.0	99.0	98.8	98.5	97.7	98.0	98.3

2-11 续表 4

(上年同月＝100)

类　别	Item	全年	1月
输配电及控制设备制造	Manufacture of Power Distribution and Control Equipment	102.7	104.5
电线、电缆、光缆及电工器材制造	Manufacture of Wires, Cables,Fiber-optic Cables and Electrical Equipment	98.2	114.8
电池制造	Manufacture of Electric Cells	128.6	127.0
家用电力器具制造	Manufacture of Household Electrical Apparatus	100.6	110.4
照明器具制造	Manufacture of Lighting Devices	104.2	105.6
计算机、通信和其他电子设备制造业	Manufacture of Computers,Communications and Other Electronic Equipment	100.8	101.0
计算机制造	Manufacture of Computers	106.3	101.0
通信设备制造	Manufacture of Communication Equipment	101.4	103.0
广播电视设备制造	Manufacture of Communication Broadcasting and TV Equipment	100.0	100.0
非专业视听设备制造	Manufacture of Non-professional Audio-Visual Equipment	95.9	100.0
智能消费设备制造	Manufacture of Intelligent Consumption Equipment	84.4	70.2
电子器件制造	Manufacture of Electronic Devices	96.9	96.9
电子元件及电子专用材料制造	Manufacture of Electronic Components and Electronic Specialized Materials	108.2	114.2
其他电子设备制造	Manufacture of Other Electronic Equipment	104.5	104.8
仪器仪表制造业	Manufacture of Measuring Instruments	98.3	99.3
通用仪器仪表制造	Manufacture of General Measuring Instruments and Machinery	99.5	100.4
光学仪器制造	Manufacture of Optical Instruments	93.8	96.4
衡器制造	Manufacture of Weighing Instruments	101.2	97.3
其他制造业	Manufacture of Other	101.2	101.7
日用杂品制造	Manufacture of Groceries for Daily Use	97.0	98.4
其他未列明制造业	Other Unspecified Manufacturing Industries	105.2	104.8
废弃资源综合利用业	Comprehensive Utilization of Waste Resources	103.3	120.2
金属废料和碎屑加工处理	Metal Waste and Fragment Treatment and Processing	103.1	121.8
非金属废料和碎屑加工处理	Processing and Disposal of Non-metallic Waste and Debris	105.8	104.9
电力、热力生产和供应业	Production and Supply of Electric Power and Heat Power	107.0	105.6
电力生产	Production of Electric Power	112.2	109.9
电力供应	Supply of Electric Power	103.0	102.3
热力生产和供应	Production and Supply of Heat Power	130.3	141.2
燃气生产和供应业	Production and Supply of Gas	115.4	111.5
燃气生产和供应业	Production and Supply of Gas	115.4	111.5
水的生产和供应业	Production and Supply of Water	104.5	104.6
自来水生产和供应	Production and Supply of Water	100.5	100.3
污水处理及其再生利用	Sewage Treatment and Recycling	145.3	151.6

continued 4

(same month of preceding year=100)

2月	3月	4月	5月	6月	7月	8月	9月	10月	11月	12月
103.0	102.3	103.0	103.1	102.1	102.5	104.1	104.7	103.3	99.0	101.5
114.0	110.9	100.5	90.7	102.7	91.4	89.0	91.6	90.0	93.2	94.6
129.2	135.3	130.9	126.2	127.6	133.7	128.2	130.5	128.1	125.9	122.3
106.5	104.6	102.9	102.0	101.6	98.8	98.2	96.4	95.7	95.5	95.6
104.5	106.7	107.2	106.7	102.2	102.7	103.3	102.5	102.6	103.1	103.4
101.5	101.6	101.8	102.3	100.8	100.2	100.4	100.8	100.1	100.0	99.4
100.8	101.3	101.1	104.4	106.2	103.3	110.9	112.4	111.2	111.7	111.5
102.7	102.8	101.9	101.6	101.1	100.3	100.7	100.7	101.7	100.7	100.2
100.0	100.0	100.0	100.0	100.0	100.0	100.0	100.0	100.0	100.0	100.0
100.0	100.0	100.0	100.0	100.0	98.6	89.8	89.8	90.6	91.3	91.3
73.0	74.0	76.2	79.9	80.9	82.0	82.3	102.2	103.7	104.3	103.9
97.6	97.8	97.4	97.0	97.2	96.8	97.0	95.9	96.8	96.5	95.6
114.1	113.3	114.0	114.4	108.2	107.5	107.9	104.9	100.8	101.6	101.3
104.8	106.2	108.2	107.4	107.4	107.4	104.6	104.1	104.1	98.5	97.0
99.4	99.5	97.7	97.7	98.2	97.6	97.8	97.7	98.0	98.1	98.3
100.7	100.5	98.7	99.1	99.5	99.2	98.9	99.1	99.3	99.4	99.2
96.0	95.8	93.5	93.0	93.8	92.0	93.2	92.3	92.6	92.5	94.3
97.3	102.6	102.0	100.0	100.0	100.0	102.0	102.0	104.4	103.6	103.6
101.4	102.1	100.6	103.3	104.2	101.9	100.3	100.1	100.6	100.5	98.0
97.5	98.5	95.3	100.3	101.6	97.5	95.6	95.0	95.0	93.8	95.0
105.0	105.6	105.6	106.1	106.7	106.1	104.7	104.9	106.0	106.9	100.8
126.2	115.1	116.7	108.5	103.8	95.2	94.0	90.6	90.6	94.8	92.9
129.0	116.3	117.9	109.1	104.3	94.5	92.4	88.2	88.5	94.2	91.8
100.8	103.3	106.7	104.4	101.2	103.0	112.9	118.7	114.5	97.9	103.8
106.7	108.3	106.1	107.9	107.9	108.2	107.4	106.5	106.8	106.7	105.6
112.2	112.3	111.1	113.2	114.7	116.1	114.0	113.0	112.7	110.3	107.5
102.6	105.3	102.3	104.0	102.9	102.3	102.5	101.7	102.4	103.9	104.3
131.0	130.9	128.4	144.9	144.9	144.4	140.3	133.0	128.4	116.6	99.6
110.8	109.9	113.0	113.5	118.0	118.3	118.4	118.6	118.4	118.2	116.3
110.8	109.9	113.0	113.5	118.0	118.3	118.4	118.6	118.4	118.2	116.3
104.7	104.7	104.7	105.0	104.9	104.9	104.9	104.9	104.9	104.9	100.5
100.4	100.4	100.4	100.7	100.6	100.6	100.6	100.6	100.6	100.6	100.6
151.6	151.6	151.6	151.6	151.6	151.6	151.6	151.6	151.6	151.6	100.0

2-12 分月工业生产者出厂价格指数一览表(2022年)

(上年同月=100)

类　别	Item	全年	1月	2月
工业生产者出厂价格指数	**Producer Price Indices for Industrial Products**	**103.5**	**109.7**	**109.5**
按轻重工业分	**Grouped by Light & Heavy Industries**			
轻工业	Light Industry	104.1	104.5	104.5
以农产品为原料	Agricultural Products as Raw Materials	103.4	103.8	103.4
以非农产品为原料	Non-agricultural Products as Raw Materials	105.0	105.3	105.8
重工业	Heavy Industry	103.2	112.1	111.8
采掘	Mining	110.1	118.8	117.9
原材料	Raw Materials	109.9	122.1	121.7
加工	Processing	100.0	107.7	107.5
按生产生活资料分	**Grouped by Means of Production & Living**			
生产资料	Means of Production	104.1	112.6	112.1
采掘	Mining	110.1	118.8	117.9
原材料	Raw Materials	109.9	121.8	121.3
加工	Processing	101.7	109.1	108.6
生活资料	Consumer Goods	101.4	100.1	100.7
食品	Food	101.6	99.4	99.6
衣着	Clothing	102.9	103.2	103.1
一般日用品	Articles for Daily Use	102.5	102.0	103.6
耐用消费品	Durable Consumer Goods	98.5	96.7	97.0
按工业部门分	**Grouped by Industrial Department**			
冶金工业	Metallurgical Industry	101.0	119.1	119.5
电力工业	Power Industry	107.0	105.6	106.7
煤炭及炼焦工业	Coal Industry and Coking Industry	106.7	137.7	122.0
石油工业	Petroleum Industry	121.7	117.2	119.0
化学工业	Chemical Industry	109.2	115.2	114.3
机械工业	Machine Building Industry	102.4	104.4	104.4
建筑材料工业	Building Materials Industry	100.5	107.7	106.6
森林工业	Timber Industry	102.1	102.4	101.9
食品工业	Food Industry	103.3	101.0	100.9
纺织工业	Textile Industry	105.7	113.6	112.8
缝纫工业	Tailoring Industry	103.6	103.9	104.4
皮革工业	Leather Industry	101.5	101.4	100.1
造纸工业	Paper Industry	102.0	107.6	107.2
文教艺术用品工业	Industry of Cultural, Educational & Handicrafts Articles	102.1	97.2	97.7
其他工业	Other Industry	104.3	107.8	106.4

Producer Price Indices for Industrial Producers by Month(2022)

(same month of preceding year=100)

3月	4月	5月	6月	7月	8月	9月	10月	11月	12月
108.1	**107.5**	**105.4**	**105.1**	**102.9**	**100.9**	**99.8**	**98.3**	**98.0**	**98.5**
104.1	104.6	104.2	104.5	104.8	104.1	104.0	104.6	102.8	102.9
102.4	103.1	103.4	103.9	104.0	103.7	103.6	104.3	102.6	102.2
106.3	106.3	105.2	105.3	105.7	104.5	104.5	104.9	103.0	103.8
109.8	108.7	105.9	105.3	101.9	99.3	97.8	95.5	95.8	96.5
115.9	116.5	116.3	112.1	110.8	107.0	105.2	103.0	100.2	101.6
118.4	118.9	115.2	114.5	108.7	104.4	102.0	99.9	98.6	99.9
106.0	104.2	101.6	101.2	98.7	96.8	95.7	93.3	94.4	94.8
110.2	109.3	106.6	106.1	103.2	100.7	99.1	97.0	96.9	97.6
115.9	116.5	116.3	112.1	110.8	107.0	105.2	103.0	100.2	101.6
118.0	118.5	115.0	114.5	108.8	104.7	102.1	100.2	98.9	100.2
107.3	105.8	103.3	102.9	100.9	99.0	97.7	95.6	96.0	96.5
100.5	100.9	101.1	101.5	101.6	101.2	102.0	103.0	101.8	101.7
99.2	100.1	101.5	102.0	102.7	102.8	103.1	103.7	103.3	102.2
101.6	101.5	102.0	103.3	103.7	104.1	104.8	104.9	101.5	101.6
104.1	104.0	103.2	102.9	102.6	101.1	101.3	102.7	101.1	101.9
97.2	97.9	97.3	98.2	97.5	97.4	99.6	101.1	101.0	101.0
113.8	112.0	105.4	103.5	95.8	91.2	89.9	88.2	90.2	91.3
108.3	106.1	107.9	107.9	108.2	107.4	106.5	106.8	106.7	105.6
131.1	158.3	146.2	128.1	119.5	102.0	81.1	69.8	70.7	85.2
119.8	126.6	126.9	133.7	129.6	124.4	122.8	116.6	112.7	112.2
114.2	115.0	114.6	112.0	110.6	106.6	104.8	103.6	99.8	102.2
104.4	103.4	102.4	102.5	101.8	101.4	101.8	100.9	100.6	100.8
106.5	103.0	102.2	103.7	103.3	102.5	99.2	93.1	90.9	90.8
102.7	102.5	103.0	103.1	101.4	101.1	99.6	102.2	102.9	102.8
101.2	102.3	103.6	103.9	104.4	104.4	104.5	105.1	104.4	103.9
109.3	111.1	109.5	107.6	106.0	103.6	101.7	101.0	97.9	97.1
102.3	102.4	102.9	104.3	104.4	104.8	105.5	105.4	101.4	101.5
99.7	99.5	99.7	100.6	102.0	101.9	103.2	104.4	102.6	102.7
100.8	101.4	98.1	102.3	102.2	101.6	101.5	102.7	100.4	98.9
97.1	99.7	99.1	101.9	101.5	105.4	105.9	107.3	106.4	106.3
105.6	104.5	103.6	104.8	104.9	103.3	102.0	102.5	104.4	102.6

2-13 工业生产者购进价格指数一览表(1992-2022年)

(上年价格=100)

分　组	Item	1992	1993
总指数	**General Index**	**107.9**	**129.4**
燃料、动力类	Fuel and Power	107.4	134.7
黑色金属材料类	Ferrous Metals	110.5	154.7
钢材	Steel	112.7	155.6
其他	Others	106.3	153.4
有色金属材料和电线类	Nonferrous Metals and Wire	105.0	112.1
化工原料类	Raw Chemical Materials	102.9	113.1
木材及纸浆类	Timber and Paper Pulp	101.1	111.7
建筑材料及非金属类	Building Materials and Nonmetal Ores	109.4	136.8
其他工业原材料及半成品类	Other Industrial Raw Materials and Semifinished Products		
农副产品类	Agricultural Products	115.7	117.8
纺织原料类	Textile Materials	104.8	102.5

2-13 续表 1

(上年价格=100)

分　组	Item	2000	2001
总指数	**General Index**	**101.2**	**99.3**
燃料、动力类	Fuel and Power	105.4	100.3
黑色金属材料类	Ferrous Metals	100.5	102.5
钢材	Steel	103.5	99.7
其他	Others	97.4	105.7
有色金属材料和电线类	Nonferrous Metals and Wire	101.1	92.4
化工原料类	Raw Chemical Materials	103.7	98.3
木材及纸浆类	Timber and Paper Pulp	98.8	101.3
建筑材料及非金属类	Building Materials and Nonmetal Ores	99.9	97.4
其他工业原材料及半成品类	Other Industrial Raw Materials and Semifinished Products	96.2	100.8
农副产品类	Agricultural Products	95.7	104.0
纺织原料类	Textile Materials	105.2	102.9

Purchasing Price Indices for Industrial Producers(1992-2022)

(preceding year=100)

1994	1995	1996	1997	1998	1999
123.4	**114.7**	**105.8**	**100.4**	**95.4**	**96.9**
117.5	111.6	109.9	109.0	101.0	101.3
105.3	96.4	98.8	98.2	93.6	93.7
101.4	97.7	98.6	96.6	94.4	93.4
112.6	93.7	99.7	100.1	92.8	94.0
107.9	124.2	90.7	97.3	92.6	94.2
114.1	123.0	97.5	92.0	88.8	98.4
118.9	115.8	103.8	96.5	100.5	91.7
118.3	113.5	105.2	101.4	100.7	100.3
			103.3	95.2	97.1
158.8	136.7	126.8	94.0	93.4	88.1
177.8	116.2	81.6	95.4	99.6	105.5

continued 1

(preceding year=100)

2002	2003	2004	2005	2006
98.6	**106.5**	**114.5**	**110.0**	**108.6**
100.3	104.9	106.5	112.8	108.7
100.0	112.9	126.4	105.3	95.0
97.7	110.0	122.3	106.9	94.6
102.4	115.3	130.3	103.7	95.5
95.3	109.7	134.2	125.7	144.0
99.2	106.6	114.3	109.0	101.7
100.9	106.2	102.5	107.7	106.6
97.7	102.2	107.9	113.1	108.4
96.4	102.3	111.3	103.6	106.5
97.8	109.7	118.1	100.6	105.3
95.2	102.0	104.8	102.4	102.9

2-13 续表 2

(上年价格=100)

分 组	Item	2007	2008
总指数	**General Index**	**107.9**	**114.2**
燃料、动力类	Fuel and Power	103.8	113.3
黑色金属材料类	Ferrous Metals	110.7	131.1
钢材	Steel	106.6	122.3
其他	Others	116.3	142.9
有色金属材料和电线类	Nonferrous Metals and Wire	118.9	102.1
化工原料类	Raw Chemical Materials	106.7	117.9
木材及纸浆类	Timber and Paper Pulp	106.2	107.3
建筑材料及非金属类	Building Materials and Nonmetal Ores	106.0	114.4
其他工业原材料及半成品类	Other Industrial Raw Materials and Semifinished Products	108.4	108.6
农副产品类	Agricultural Products	105.8	107.3
纺织原料类	Textile Materials	102.3	103.6

2-13 续表 3

(上年价格=100)

分 组	Item	2014	2015
总指数	**General Index**	**98.4**	**93.6**
燃料、动力类	Fuel and Power	97.8	89.6
黑色金属材料类	Ferrous Metals	95.0	87.8
钢材	Steel	97.0	91.6
其他	Others	90.1	77.9
有色金属材料和电线类	Nonferrous Metals and Wire	94.8	88.4
化工原料类	Raw Chemical Materials	99.4	94.9
木材及纸浆类	Timber and Paper Pulp	100.5	99.0
建筑材料及非金属类	Building Materials and Nonmetal Ores	99.3	95.1
其他工业原材料及半成品类	Other Industrial Raw Materials and Semifinished Products	100.3	97.7
农副产品类	Agricultural Products	100.4	99.1
纺织原料类	Textile Materials	99.7	97.8

continued 2

(preceding year=100)

2009	2010	2011	2012	2013
90.7	**111.8**	**112.4**	**98.3**	**98.4**
96.3	106.6	108.5	102.8	97.6
85.5	108.0	111.3	92.2	96.3
84.8	105.3	107.4	94.0	96.3
86.5	111.4	121.0	88.0	96.0
74.9	135.0	125.1	92.4	95.5
85.3	111.9	109.2	93.8	95.7
97.9	106.6	107.5	98.4	99.1
103.1	104.5	126.7	94.4	98.0
95.6	108.3	107.5	102.6	101.7
98.8	119.8	120.2	103.1	101.2
97.2	112.7	114.0	98.4	101.0

continued 3

(preceding year=100)

2016	2017	2018	2019	2020	2021	2022
97.7	**107.2**	**103.2**	**98.2**	**97.0**	**112.3**	**109.4**
97.3	110.2	105.6	97.4	94.4	115.1	118.6
95.9	112.1	104.3	104.2	101.5	118.1	94.9
96.2	111.0	106.9	99.5	99.0	115.0	98.5
95.2	114.5	98.7	114.6	106.7	122.6	90.0
96.7	110.4	104.3	95.7	99.0	120.0	113.7
97.2	105.8	98.8	89.3	88.8	117.8	116.8
101.0	106.9	103.8	99.0	100.5	108.7	104.0
98.0	108.4	107.6	100.5	101.5	106.8	100.4
98.1	102.9	101.9	100.2	97.2	106.8	105.5
99.4	101.3	99.8	100.6	100.3	105.6	106.1
99.7	103.4	102.8	102.0	98.1	104.7	109.0

2-14 分月工业生产者购进价格指数一览表(2022年)

(上年同月=100)

分　组	Item	全年	1月	2月
总指数	**General Index**	**109.4**	**116.9**	**115.9**
燃料、动力类	Fuel and Power	118.6	128.1	125.9
黑色金属材料类	Ferrous Metals	94.9	108.9	106.9
钢材	Steel	98.5	112.6	110.1
其他	Others	90.0	104.3	102.8
有色金属材料和电线类	Nonferrous Metals and Wire	113.7	123.7	124.6
化工原料类	Raw Chemical Materials	116.8	131.6	128.3
木材及纸浆类	Timber and Paper Pulp	104.0	106.5	105.4
建筑材料及非金属类	Building Materials and Nonmetal Ores	100.4	112.6	109.8
其他工业原材料及半成品类	Other Industrial Raw Materials and Semifinished Products	105.5	109.2	109.4
农副产品类	Agricultural Products	106.1	103.3	102.7
纺织原料类	Textile Materials	109.0	112.1	111.3

Purchasing Price Indices for Industrial Producers by Month(2022)

(same month of preceding year=100)

3月	4月	5月	6月	7月	8月	9月	10月	11月	12月
114.6	**116.2**	**114.6**	**112.9**	**110.2**	**107.7**	**105.7**	**102.4**	**99.1**	**100.7**
126.2	132.1	131.8	126.0	123.1	117.9	114.9	104.4	100.5	105.4
101.4	101.6	96.6	97.4	89.7	89.1	84.3	88.7	87.4	90.5
106.5	105.6	102.2	99.5	96.8	93.3	90.6	89.6	89.8	89.7
94.6	96.1	88.9	94.6	80.6	83.5	75.9	87.4	83.8	91.7
120.9	124.8	120.0	116.2	112.6	109.4	107.1	103.6	102.6	105.1
127.9	127.6	129.2	128.1	121.8	114.1	111.4	105.3	93.9	96.6
104.6	104.0	104.2	102.2	103.8	103.8	104.9	105.1	100.1	103.4
109.3	108.1	105.5	103.1	101.6	101.0	98.3	90.6	84.9	85.9
108.7	108.8	106.5	105.9	104.1	103.8	103.3	102.7	102.2	102.5
101.8	103.1	104.9	107.5	108.6	108.0	107.9	110.2	110.5	105.2
111.3	112.4	112.8	114.4	112.4	110.0	107.4	105.4	101.3	98.7

2-15 主要年份全省农产品生产者价格指数一览表(2011-2022年)

(上年=100)

农产品名称	Categories of Agricultural Products	2011	2012	2013
合 计	**Total**	**114.32**	**103.51**	**102.25**
一、农业产品	**Crop Products**	**110.68**	**105.86**	**100.91**
(一)谷物	Cereal(Unprocessed Food Grains)	114.67	106.31	99.20
1.稻谷	Rice	114.67	106.31	99.20
(二)薯类	Tubers	115.63	110.62	108.98
(三)油料	Oil-bearing Crops	114.58	106.67	98.05
(四)豆类	Beans	108.52	102.85	106.60
(五)棉花	Cotton	90.77	95.84	100.81
(六)麻类	Fiber Crops	103.00	91.76	99.23
(七)未加工烟草	Tobacco	110.19	119.78	112.74
(八)蔬菜及食用菌	Vegetables and Edible Mushrooms	106.96	106.89	104.67
1.蔬菜	Vegetables	106.63	107.75	104.77
(1)叶菜类蔬菜	Leaf Vegetables	109.20	110.47	103.57
(2)白菜类蔬菜	Cabbage Vegetables	108.08	107.68	106.10
(3)芥菜类蔬菜	Mustard Vegetables	111.72	104.61	99.63
(4)甘蓝类蔬菜	Wild Cabbage Vegetables	105.10	110.16	100.72
(5)根茎类蔬菜	Root and Tuber Vegetables	102.19	108.33	107.78
(6)瓜菜类蔬菜	Gourd Vegetables	105.74	110.38	105.56
(7)豆类蔬菜	Garden Beans	105.03	104.27	107.86
(8)茄果类蔬菜	Eggplant,Tomato and Chilies,etc.	101.80	109.08	102.60
(9)莴苣及菊苣类蔬菜	Lettuce and Chickory Vegetables	102.85	117.69	101.09
(10)葱蒜类蔬菜	Onion and Garlic Vegetables	108.12	104.51	106.67
(11)水生蔬菜	Aquatic Vegetables	124.87	98.30	101.61
2.食用菌	Edible Mushrooms	110.72	97.13	103.48
(九)水果及坚果	Fruit and Nuts	86.64	105.68	106.78
1.水果(园林水果)	Garden Fruit	85.88	106.06	106.35
2.食用坚果	Nuts	100.11	98.88	114.42
(十)茶叶	Tea	112.71	108.37	99.24
二、林业产品	**Forestry Products**	**108.70**	**105.08**	**103.77**
(一)育种和育苗	Breeding and Seedling Raising	111.18	95.02	110.79
(二)木材采伐产品	Products of Felling Wood	108.81	105.91	103.90
(三)竹材采伐产品	Products of Felling Bamboo	110.63	99.66	102.33
(四)林产品	Forest Product	91.44	102.58	104.18
三、畜牧业产品	**Raised Animals and Related Products**	**125.32**	**96.05**	**101.65**
(一)活牲畜	Livestock Raising	128.68	94.32	100.80
1.生猪	Hog	129.67	93.43	100.51
2.活牛	Live Cattle	102.95	117.57	108.47
(二)活家禽	Live Poultry	109.71	105.52	104.48
1.活鸡	Live Chicken	107.62	104.02	105.23
2.活鸭	Live Duck	111.57	106.88	104.22
(三)畜禽产品	Livestock and Poultry Products	108.60	103.20	106.84
1.禽蛋	Poultry Eggs	108.53	103.25	106.79
(1)鸡蛋	Hen´S Egg	109.40	105.63	105.92
(2)鸭蛋	Duck´S Egg	108.00	101.79	107.32
四、渔业产品	**Fishery Products**	**104.25**	**112.30**	**107.77**
淡水养殖产品	Freshwater Aquacultural Products	104.25	112.30	107.77
1.淡水养殖鱼	Freshwater Aquacultural Fish	104.19	112.38	107.80
2.淡水养殖虾	Freshwater Aquacultural Shrimps	103.81	111.75	105.77
3.淡水养殖蟹	Freshwater Aquacultural Crabs	114.74	103.59	114.56

Producer Price Indices of Agricultural Products(2011-2022)

(preceding year=100)

2014	2015	2016	2017	2018	2019	2020	2021	2022
100.27	**103.65**	**104.09**	**97.34**	**97.40**	**113.22**	**110.95**	**96.08**	**97.49**
102.61	**99.05**	**99.10**	**101.12**	**98.93**	**100.65**	**102.52**	**102.11**	**100.73**
102.46	98.44	95.39	101.83	97.32	96.62	104.52	100.79	98.95
102.47	98.44	95.39	101.83	97.32	96.62	104.52	100.79	98.95
108.05	99.40	104.39	102.35	103.25	105.15	96.75	101.42	105.17
102.62	99.32	107.02	100.92	97.75	103.53	104.15	101.68	106.37
100.90	94.89	95.71	102.97	103.13	102.30	104.34	105.96	102.81
98.80	92.28	104.86	103.09	103.93	102.41	89.12	110.16	—
111.07	106.90	108.71	104.80	110.45	133.92	90.86	104.71	—
100.48	102.36	102.74	99.33	101.49	105.00	102.78	103.24	108.34
101.38	102.48	107.92	97.22	99.74	107.61	100.04	103.85	103.52
101.14	102.86	108.67	97.37	99.39	108.76	99.54	103.69	103.87
104.90	102.06	108.92	96.15	101.12	107.62	99.47	104.28	104.37
99.25	103.42	107.91	92.93	100.06	108.13	99.50	103.56	105.97
98.51	104.56	100.51	75.16	104.00	96.28	94.06	106.42	111.79
91.48	103.25	120.67	102.56	101.47	109.20	95.41	110.32	99.64
106.12	98.69	108.67	90.50	98.65	96.60	104.37	102.60	99.56
96.11	102.11	99.74	97.30	100.11	108.52	99.42	104.89	103.14
99.86	101.30	106.97	102.97	100.73	104.05	98.95	102.85	107.28
99.49	104.19	116.10	101.99	99.28	116.45	97.99	103.49	105.53
101.69	103.78	107.53	98.79	106.62	110.74	97.40	99.77	107.39
104.22	102.37	110.86	97.34	97.48	108.47	102.84	102.32	99.50
105.93	109.11	99.96	97.26	94.00	106.28	93.63	103.25	102.37
104.10	98.24	99.46	95.48	103.69	94.65	105.60	105.65	99.62
108.67	98.82	99.37	105.89	105.03	113.17	96.50	104.56	101.46
108.25	98.82	99.37	105.89	105.03	113.17	96.50	104.56	101.46
115.99	—	—	—	—	—	—	—	—
105.83	94.10	97.13	99.21	99.79	102.92	101.43	102.07	101.31
101.80	**96.63**	**97.92**	**98.41**	**101.40**	**100.99**	**90.95**	**104.68**	**97.35**
99.08	—	—	—	—	—	—	—	—
101.83	96.60	98.27	98.67	101.27	100.88	89.71	105.02	96.60
100.30	95.68	95.00	96.46	102.21	101.61	97.89	104.09	102.09
110.27	105.46	101.29	99.09	102.18	102.29	105.75	91.12	102.21
94.98	**112.32**	**113.56**	**87.86**	**91.72**	**140.99**	**135.50**	**77.45**	**93.21**
92.68	114.99	117.10	86.60	88.31	148.66	148.54	67.54	89.35
92.11	115.84	117.78	86.02	87.58	150.11	152.00	64.77	88.55
107.65	93.67	100.44	101.07	102.23	112.87	101.80	104.91	98.66
106.87	101.52	99.50	93.95	103.02	104.15	97.86	108.37	101.64
106.62	100.63	98.22	88.54	105.38	104.31	92.84	102.63	101.81
107.96	102.40	100.77	99.34	100.67	104.00	102.85	114.09	101.50
105.20	97.51	93.52	93.99	113.07	103.61	90.04	109.75	103.15
105.29	97.51	93.52	93.99	113.07	103.61	90.04	109.75	103.15
106.54	96.53	100.94	94.17	108.54	105.96	87.79	108.19	102.80
104.52	98.13	88.80	93.88	115.95	102.12	91.47	110.74	103.38
103.72	**102.88**	**103.20**	**106.12**	**103.19**	**99.05**	**99.31**	**110.56**	**95.27**
103.72	102.88	103.20	106.12	103.19	99.05	99.31	110.56	95.27
102.63	102.81	102.95	106.06	103.05	99.23	99.37	110.67	95.15
141.83	112.14	120.85	113.52	—	82.00	88.85	106.51	107.20
117.41	103.39	110.39	105.29	115.31	98.32	103.00	104.69	—

2-16 农产品集贸市场价格一览表(2022年)

单位：元/公斤

品种	Categories	1月	2月	3月	4月
籼稻	Long-grained Nonglutinous Rice	2.58	2.56	2.56	2.57
粳稻	Medium to Short-grained Nonglutinous Rice	—	—	—	—
小麦	Wheat	—	—	—	—
玉米	Maize	—	—	—	—
大豆	Soybean	9.37	9.39	9.64	9.64
籼米	Polished Long-grained Nonglutinous Rice	4.99	5.00	5.01	5.06
粳米	Polished Medium to Short-grained Nonglutinous Rice	—	—	—	—
棉花(籽棉)	Cotton (Unginned Cotton)	—	—	—	—
花生仁	Peanut Kernel	14.89	14.61	14.15	14.27
油菜籽	Rapeseed	—	—	—	—
活猪	Hog	16.98	15.87	14.87	15.91
仔猪	Piglet	41.11	36.47	34.49	35.27
猪肉	Pork	27.06	24.72	22.91	23.70
活牛	Live Cattle	38.22	37.83	38.00	37.33
牛肉	Beef	100.50	101.00	101.11	101.00
活羊	Live Sheep	26.00	26.00	26.00	26.00
羊肉	Mutton	77.50	78.50	79.50	79.50
活鸡	Live Chicken	23.39	22.83	23.11	23.67
鸡蛋	Hen´S Egg	12.31	11.83	11.61	12.97
草鱼	Grass Carp	16.94	16.06	16.67	17.11
鲤鱼	Carp	13.67	12.33	13.67	11.17
鲢鱼	Silver Carp	11.83	11.93	12.67	12.53
带鱼	Hairtail	29.78	29.61	30.45	30.11
大白菜	Chinese Cabbage	4.67	4.23	5.07	5.37
黄瓜	Cucumber	11.45	9.29	11.22	8.64
西红柿	Tomato	11.22	11.34	11.06	10.78
菜椒	Green Bell	10.72	12.06	13.86	12.78
四季豆	Kidney Bean	16.09	18.28	21.17	19.00
红富士苹果	Fuji Apple	11.55	11.43	11.42	11.65
香蕉	Banana	7.56	7.90	7.77	7.90
橙子	Orange	10.00	9.50	9.53	11.25

Prices of Agricultural Products at the Rural Market Fairs(2022)

(yuan/kg)

5月	6月	7月	8月	9月	10月	11月	12月
2.57	2.62	2.69	2.69	2.67	2.67	2.76	2.76
—	—	—	—	—	—	—	—
—	—	—	—	—	—	—	—
—	—	—	—	—	—	—	—
9.64	9.71	9.97	10.09	10.22	10.30	10.08	10.04
5.04	5.02	5.03	5.12	5.12	5.24	5.18	5.18
—	—	—	—	—	—	—	—
—	—	—	—	—	7.00	7.00	7.00
14.17	14.37	14.63	14.73	14.57	15.13	15.11	15.11
6.20	6.45	7.13	—	—	—	—	—
16.55	17.79	22.30	23.67	25.35	29.96	26.57	20.67
37.11	41.55	47.83	49.59	48.61	51.33	48.28	40.67
25.39	27.26	33.56	34.75	37.20	41.20	39.33	33.28
37.33	37.00	37.51	37.40	37.67	37.84	37.67	37.79
100.45	100.28	99.67	99.50	99.83	100.53	99.83	100.50
26.00	26.00	27.00	28.00	28.00	28.00	28.00	49.00
78.50	78.50	78.00	79.50	78.50	77.50	76.50	73.67
24.17	24.00	25.22	24.83	25.00	25.80	25.83	24.64
12.57	11.66	12.49	12.49	13.63	13.77	14.50	14.29
17.45	17.28	17.16	17.06	16.56	16.57	16.32	16.50
11.79	11.53	12.39	11.73	11.33	12.00	11.89	12.11
12.73	11.93	11.70	11.67	11.67	11.80	11.73	11.67
30.22	30.50	31.50	31.70	32.11	32.53	32.27	31.78
4.89	4.53	4.72	5.12	5.56	5.72	4.53	4.00
6.40	5.39	6.89	8.34	7.08	6.73	7.00	8.45
9.89	7.78	7.70	8.02	8.42	10.33	8.37	8.37
11.22	9.56	10.39	11.56	12.56	13.87	12.39	11.67
14.17	13.05	12.95	14.06	14.56	15.87	14.06	17.06
11.81	12.27	12.31	12.38	12.98	13.18	12.47	12.56
8.07	7.31	6.81	6.46	6.42	6.79	6.83	7.29
11.58	12.00	—	—	—	14.00	13.68	12.94

2-17-1 南昌市住宅销售价格指数一览表(2022年)

	指 标	Item	1月 January	2月 February	3月 March
定基价格指数 The Year 2010=100	新建商品住宅价格指数	Price Indices of Newly-built Commercial Residential Buildings	100.9	101.2	101.7
	一、90㎡以下	90㎡ and Below	101.3	101.7	102.7
	二、90～144㎡	90～144㎡	100.6	101	101.3
	三、144㎡以上	Above 144㎡	101.6	101.9	102.3
	二手住宅价格指数	Price Indices of Second-hand Housing	99.8	99.7	99.9
	一、90㎡以下	90㎡ and Below	99.6	99.5	99.9
	二、90～144㎡	90～144㎡	99.8	99.8	100
	三、144㎡以上	Above 144㎡	100.1	99.6	99.7
同比价格指数 The Same Month Last Year=100	新建商品住宅价格指数	Price Indices of Newly-built Commercial Residential Buildings	100.5	100.8	100.8
	一、90㎡以下	90㎡ and Below	101	100.9	101.6
	二、90～144㎡	90～144㎡	100.5	100.8	100.7
	三、144㎡以上	Above 144㎡	100.2	100.5	100.6
	二手住宅价格指数	Price Indices of Second-hand Housing	99	99	99.2
	一、90㎡以下	90㎡ and Below	98.3	98.9	99.3
	二、90～144㎡	90～144㎡	99.4	99.1	99.3
	三、144㎡以上	Above 144㎡	99.1	98.8	98.5
环比价格指数 Last Month=100	新建商品住宅价格指数	Price Indices of Newly-built Commercial Residential Buildings	100.3	100.4	100.4
	一、90㎡以下	90㎡ and Below	100.4	100.4	101
	二、90～144㎡	90～144㎡	100.2	100.4	100.3
	三、144㎡以上	Above 144㎡	100.6	100.3	100.4
	二手住宅价格指数	Price Indices of Second-hand Housing	100	99.9	100.2
	一、90㎡以下	90㎡ and Below	100.4	99.9	100.4
	二、90～144㎡	90～144㎡	99.8	100	100.2
	三、144㎡以上	Above 144㎡	99.9	99.6	100.1

House Price Indices of Nanchang(2022)

4月 April	5月 May	6月 June	7月 July	8月 August	9月 September	10月 October	11月 November	12月 December
102.2	102.3	101.7	102.5	102.5	102.8	102.7	102.7	102.4
102.6	102.9	102.1	103.8	103.6	103.6	103.2	103.2	102.5
102.1	102.2	101.6	102.2	102.3	102.6	102.7	102.5	102.3
102.2	102.2	102	102.7	102.7	103.3	102.6	102.8	102.6
99.5	98.8	98.5	99.0	99.2	98.9	98.9	98.4	98.0
99.3	98.2	97.6	98.4	98.6	98.2	98.4	98.2	97.7
99.7	99.2	99.1	99.5	99.5	99.3	99.2	98.8	98.4
98.8	98.6	98.3	98.7	98.9	98.8	98.6	97.8	97.7
100.7	100.9	100.3	100.9	100.8	101.2	101.5	101.9	101.8
101	101.2	100.3	101.6	101.4	101.5	101.8	102.2	101.6
100.9	101	100.4	100.9	100.9	101.2	101.6	101.9	101.8
100.2	100.2	100	100.3	100.3	101.1	101	101.8	101.6
98.6	98.2	98	98.5	98.6	98.4	98.6	98.4	98.3
99.1	98.3	97.9	98.6	98.8	98.5	99.1	98.6	98.4
98.6	98.3	98.2	98.5	98.5	98.4	98.5	98.5	98.4
97.9	97.8	97.7	98.3	98.4	98.5	98.4	97.6	97.5
100.5	100.1	99.4	100.8	100.1	100.3	99.9	99.9	99.7
99.9	100.3	99.2	101.7	99.8	100	99.6	100	99.3
100.7	100.1	99.4	100.6	100.1	100.2	100.1	99.8	99.8
100	100	99.7	100.7	100	100.6	99.3	100.3	99.8
99.5	99.3	99.7	100.5	100.1	99.8	99.9	99.6	99.6
99.4	98.8	99.4	100.8	100.2	99.6	100.2	99.8	99.5
99.7	99.5	99.9	100.4	100.1	99.8	99.8	99.6	99.6
99.1	99.7	99.7	100.4	100.2	99.8	99.8	99.2	99.9

2-17-2 九江市住宅销售价格指数一览表(2022年)

指 标		Item	1月 January	2月 February	3月 March
定基价格指数 The Year 2010=100	新建商品住宅价格指数	Price Indices of Newly-built Commercial Residential Buildings	102.4	102	101.9
	一、90㎡以下	90㎡ and Below	101.7	101.2	101.5
	二、90～144㎡	90～144㎡	102.5	102.2	102.1
	三、144㎡以上	Above 144㎡	102	101.5	101.3
	二手住宅价格指数	Price Indices of Second-hand Housing	101.9	102	101.7
	一、90㎡以下	90㎡ and Below	102.2	102.1	101.8
	二、90～144㎡	90～144㎡	102	102.1	101.9
	三、144㎡以上	Above 144㎡	100.8	100.9	100.4
同比价格指数 The Same Month Last Year=100	新建商品住宅价格指数	Price Indices of Newly-built Commercial Residential Buildings	101	99.8	99.3
	一、90㎡以下	90㎡ and Below	100.6	99.6	99.3
	二、90～144㎡	90～144㎡	101.1	99.9	99.7
	三、144㎡以上	Above 144㎡	100.7	99.2	97.6
	二手住宅价格指数	Price Indices of Second-hand Housing	100.5	100	99.2
	一、90㎡以下	90㎡ and Below	100	99.8	99.2
	二、90～144㎡	90～144㎡	100.8	100.2	99.3
	三、144㎡以上	Above 144㎡	100.2	100	98.7
环比价格指数 Last Month=100	新建商品住宅价格指数	Price Indices of Newly-built Commercial Residential Buildings	99.4	99.6	99.9
	一、90㎡以下	90㎡ and Below	99.1	99.5	100.3
	二、90～144㎡	90～144㎡	99.5	99.6	99.9
	三、144㎡以上	Above 144㎡	99.3	99.6	99.8
	二手住宅价格指数	Price Indices of Second-hand Housing	99.8	100	99.7
	一、90㎡以下	90㎡ and Below	100.4	99.9	99.7
	二、90～144㎡	90～144㎡	99.5	100.1	99.8
	三、144㎡以上	Above 144㎡	99.7	100.1	99.5

House Price Indices of Jiujiang(2022)

4月 April	5月 May	6月 June	7月 July	8月 August	9月 September	10月 October	11月 November	12月 December
101.6	101.4	100.9	101.3	101.1	101	100.6	100.2	100.4
101.5	101.2	100.6	100.9	101	100.3	100	99.7	99.9
101.8	101.6	101.1	101.4	101.2	101.1	100.6	100.3	100.4
101.1	100.6	100.3	101.2	101.1	101	100.8	100.2	100.7
101.7	101.7	101.6	101.4	100.8	100.7	99.7	99.4	99.1
101.7	101.8	101.8	101.6	101	100.8	99.8	99.3	99.3
102.1	101.9	101.8	101.7	101.1	100.9	100	99.7	99.3
100	99.8	99.7	99.3	98.9	98.7	98	97.3	97
98.7	98.1	97.3	97.2	96.8	96.9	96.8	96.9	97.5
98.3	97.8	96.6	96.5	96.5	95.9	96.3	96.1	97.4
99.1	98.7	97.9	97.6	97.1	97.2	97.1	97.2	97.4
97	96.1	95.6	95.9	95.9	96.2	96	96.3	98
99	98.7	98.2	97.8	97.4	97.4	96.8	96.9	97.0
98.9	98.9	98.5	98.3	97.9	97.7	97.3	97.6	97.5
99.2	98.8	98.3	97.9	97.4	97.2	96.6	96.7	96.9
97.7	97.2	96.6	96.3	96.6	97.1	96.6	96.3	96
99.8	99.7	99.6	100.4	99.8	99.9	99.6	99.7	100.2
100	99.6	99.4	100.4	100	99.4	99.7	99.7	100.2
99.7	99.8	99.5	100.2	99.8	99.9	99.5	99.7	100.1
99.8	99.6	99.7	100.8	99.9	99.9	99.7	99.5	100.5
100.1	99.9	99.9	99.8	99.4	99.8	99.1	99.6	99.7
99.9	100.1	100	99.8	99.4	99.8	99	99.6	99.9
100.2	99.9	99.9	99.8	99.5	99.8	99.1	99.7	99.6
99.6	99.8	99.8	99.7	99.6	99.9	99.3	99.2	99.8

2-17-3 赣州市住宅销售价格指数一览表(2022年)

	指 标	Item	1月 January	2月 February	3月 March
定基价格指数 The Year 2010=100	新建商品住宅价格指数	Price Indices of Newly-built Commercial Residential Buildings	104.7	105.1	105.3
	一、90m²以下	90m² and Below	106.5	106.9	106.7
	二、90～144m²	90～144m²	104.6	104.7	105
	三、144m²以上	Above 144m²	104	105.1	105.2
	二手住宅价格指数	Price Indices of Second-hand Housing	101.7	101.4	101.6
	一、90m²以下	90m² and Below	101.4	101.4	101.9
	二、90～144m²	90～144m²	102	101.6	101.6
	三、144m²以上	Above 144m²	101.3	100.5	101.1
同比价格指数 The Same Month Last Year=100	新建商品住宅价格指数	Price Indices of Newly-built Commercial Residential Buildings	101.9	101.6	101.5
	一、90m²以下	90m² and Below	102.8	102.5	101.9
	二、90～144m²	90～144m²	102.2	101.6	101.6
	三、144m²以上	Above 144m²	100.4	101	101
	二手住宅价格指数	Price Indices of Second-hand Housing	100.4	99.8	100
	一、90m²以下	90m² and Below	99.7	99.7	100.1
	二、90～144m²	90～144m²	100.9	100.1	100.1
	三、144m²以上	Above 144m²	100	99	99.4
环比价格指数 Last Month=100	新建商品住宅价格指数	Price Indices of Newly-built Commercial Residential Buildings	100.1	100.3	100.2
	一、90m²以下	90m² and Below	99.7	100.3	99.9
	二、90～144m²	90～144m²	100.2	100.1	100.3
	三、144m²以上	Above 144m²	100.2	101	100.2
	二手住宅价格指数	Price Indices of Second-hand Housing	99.5	99.7	100.2
	一、90m²以下	90m² and Below	99.1	100	100.5
	二、90～144m²	90～144m²	99.7	99.7	99.9
	三、144m²以上	Above 144m²	99.3	99.2	100.6

House Price Indices of Ganzhou(2022)

4月 April	5月 May	6月 June	7月 July	8月 August	9月 September	10月 October	11月 November	12月 December
105.4	105.6	106	106.1	105.7	105.9	105.3	104.8	104.5
106.8	107.1	107.1	107.9	107.7	107.9	107.7	107.6	107
105.2	105.2	105.8	105.8	105.6	105.9	105.1	104.6	104.3
105.2	105.7	105.9	105.9	104.7	104.6	104.2	103.6	103.5
101.9	102.2	102.4	102.0	101.7	101.4	101.3	101.2	101.0
102.6	102.7	102.9	102.3	101.5	100.9	101.1	101.1	101.1
101.6	102	102	101.9	101.7	101.7	101.6	101.3	101.2
102	102.2	102.9	101.9	101.8	101	100.8	100.8	100.5
101.4	101.1	101.1	101.3	101	101.2	100.9	100.6	99.9
101.6	101.1	100.7	101.5	101.5	101.2	101.2	101	100.2
101.6	101.1	101.1	101.2	101	101.4	100.9	100.7	99.9
100.7	101.2	101.3	101.6	100.8	100.7	100.7	100.2	99.8
100.4	100.9	100.9	100.7	100.5	100.1	99.5	98.9	98.8
100.8	101.5	101.9	101.5	100.9	100	99.7	99	98.8
100.2	100.5	100.2	100.1	100	100	99.3	99	99
100.5	101.2	101.8	101.7	101.7	100.7	100	98.8	98.5
100.1	100.2	100.4	100.1	99.6	100.2	99.4	99.6	99.7
100.1	100.2	100	100.8	99.9	100.1	99.9	99.9	99.4
100.1	100.1	100.6	100	99.8	100.3	99.2	99.6	99.7
99.9	100.5	100.2	100	98.9	100	99.6	99.4	99.9
100.3	100.3	100.2	99.6	99.7	99.7	99.9	99.8	99.9
100.7	100	100.3	99.4	99.2	99.5	100.1	100	100
100	100.4	100	99.9	99.9	100	99.9	99.7	99.9
100.9	100.2	100.6	99.1	100	99.2	99.8	100	99.8

主要统计指标解释

居民消费价格指数（CPI） 居民消费价格指数是度量一组代表性消费商品及服务项目价格水平随着时间而变动的相对数，反映居民家庭购买的消费品及服务价格水平的变动情况。它是宏观经济分析和决策、价格总水平监测和调控以及国民经济核算的重要指标。其按年度计算的变动率通常被用来作为反映通货膨胀（或紧缩）程度的指标。

商品零售价格指数 商品零售价格是商品在流通过程中最后一个环节的价格，是工业、商业、餐饮业和其他零售企业向城乡居民、机关团体出售生活消费品和办公用品的价格。商品零售价格调查的任务是系统地调查、搜集和整理市场商品零售价格资料，编制商品零售价格指数，以此反映市场商品零售价格的变动趋势和变动程度。其目的在于掌握商品价格的变动趋势，为国家宏观调控和国民经济核算提供参考依据。同时，还可以在此基础上编制其他派生价格指数。

农产品生产者价格指数 反映一定时期内，农产品生产者出售的农产品价格水平变动趋势及幅度的相对数。农产品生产者价格是指农产品生产者第一手（直接）出售其产品时实际获得的单位产品价格。

工业生产者价格指数 反映工业产品价格变化趋势和变动幅度的统计指标，是工业企业的产品价格在不同时间和空间条件下平均变动的相对数，包括工业品第一次出售时的出厂价格和企业作为中间投入的原材料、燃料、动力购进价格。该指数是进行国民经济核算和经济管理的重要依据。

房地产价格调查指数 70 个大中城市新建住宅销售价格调查为全面调查，基础数据直接采用当地房地产主管部门的网签备案数据。二手住宅价格调查为非全面调查，采用重点调查和典型调查结合的方法，按照房地产经纪机构或房屋居住服务平台等相关企业上报、房地产主管部门提供与调查员实地采价相结合的方式收集基础数据。

Explanatory Notes on Main Statistical Indicators

Consumer Price Index It is a measure of the relative change in the price level of a representative set of consumer goods and services over time, reflecting the change in the price level of consumer goods and services purchased by households. It is an important index for macroeconomic analysis and decision-making, general price level monitoring and regulation, and national economic accounting. Its annual rate of change is often used as an indicator of the extent of inflation (or deflation).

Retail Price Index is the price of the last link in the process of circulation. It is the price of consumer goods and office supplies sold by industrial, commercial, catering and other retail enterprises to urban and rural residents, organs and organizations. The task of commodity retail price survey is to systematically investigate, collect and sort out the retail price data of commodities in the market, and compile the retail price index, so as to reflect the trend and degree of change of commodity retail price in the market. Its purpose is to grasp the changing trend of commodity prices, and to provide reference for national macro-control and national economic accounting. At the same time, other derived price indexes can also be compiled on this basis.

Producer Price Index for Farm Products It reflects the trend and degree of changes in producers' prices received by farmers when they sell farm products during a given period. The producer price of agricultural products refers to the unit product price actually obtained by the producer of agricultural products at the first-hand (directly) sale.

Industrial Producer Price Index The Industrial Producer Price Index reflects the trend and magnitude of price changes in industrial products. It is a relative measure of the average variation in prices of industrial products of enterprises under different time and spatial conditions. It includes the factory prices of industrial goods at the time of first sale and the purchase prices of raw materials, fuels, and power as intermediate inputs by enterprises. This index is an important basis for national economic accounting and economic management.

House Price Index The survey of new residential housing sales prices in 70 large and medium-sized cities is a overall survey, with the basic data directly obtained from the local real estate regulatory authorities' online signing and filing records. The survey of second-hand residential housing prices is not overall survey and adopts a combination of key surveys and typical surveys. The basic data is collected through reports from real estate brokerage firms or housing residence service platforms and the combination of data provided by the real estate regulatory authorities and on-site price collection by surveyors.

农业调查

Agricultural Survey

简要说明

粮食及畜牧业生产调查数据包括粮食播种面积、粮食产量，猪、牛、羊、家禽存出栏数及产品产量等。

猪、牛、羊、家禽存出栏数及产品产量调查点分布在全省 90 个县（市、区），调查对象为全省范围内的所有大型养殖场（户）和抽中的1204 个村内的 1.5 万户中小型养殖场（户），省级数据是根据调查样本分级推算加总取得。

根据第三次全国农业普查结果，按照国际惯例，对 2007 年以后农业、畜牧业、渔业年报数据及农林牧渔业总产值等数据进行了修订。具体修订情况见相关表的标注。

本篇资料全面反映农业生产成果。其中粮食生产数据包括播种面积和粮食产量。

省级及产粮大县粮食播种面积、粮食产量是根据抽样方法抽取的分布在全省 56 个县（市、区）范围内的 785 个调查村样本资料推算取得，其余县（市、区）是根据粮食产量全面统计调查方法采集数据推算取得。

Brief Description

Grain and livestock production survey data include grain sown area, grain yield, number of hogs, Cattle&Buffaloes, Sheep&Goats, poultry and product output, etc.

The number of hogs, Cattle&Buffaloes, Sheep&Goats and poultry in stock and the output of their products are distributed in 90 counties (cities and districts) of the province, the subjects were all large-scale farms (households) and more than 15,000 small and medium-sized farms (households) in 1,204 selected villages in the whole province. Provincial data are obtained by extrapolating and summing up the survey samples.

According to the results of the Third National Agricultural Census and in line with international practices, data on gross output value of agriculture, forestry, animal husbandry and fishery after 2007 were revised. Please refer to the footnotes of relevant tables for detail.

The data in this chapter show comprehensively the production results in agriculture. The production results in grain crops includes the sown area and total output.

The production results in grain crops of provincial and major grain-producing counties were calculated based on Sample survey，and calculated from the sample data of 785 villages distributed in 56 counties (cities and districts) of the province, and the remaining counties (cities and districts) are obtained from comprehensive grain production statistics.

全力以赴抗高温战干旱　2022年江西粮食产量430.4亿斤

根据国家统计局江西调查总队对全省粮食作物的抽样调查推算结果，并经国家统计局核定反馈，2022年江西粮食播种面积5664.5万亩、产量430.4亿斤。面对有完整气象记录以来最严重的高温干旱灾害，全省上下众志成城、攻坚克难，不仅完成国家下达我省的粮食生产目标任务，而且实现粮食总产量连续10年稳定在430亿斤以上，粮食主产区地位更加巩固。

一、粮食面积稳中有增

今年我省各地继续层层落实各项支农惠农政策，稳定早稻生产，早稻播种面积保持稳定；中稻及一季晚稻播种面积因种植结构调整，持平略减；双季晚稻受播种期间降雨较少、部分地区水利条件较差等因素影响，未能及时播种，面积减少较多。全省粮食播种面积5664.5万亩，比上年增加5.3万亩。其中稻谷播种面积5104.5万亩，比上年减少24.3万亩，下降0.5%；早稻播种面积1830.2万亩，较上年增加2.0万亩，增长0.1%；中稻及一季晚稻播种面积1404.0万亩，比上年减少6.0万亩，下降0.4%；双季晚稻播种面积1870.3万亩，比上年减少20.3万亩，下降1.1%。秋杂粮播种面积450.9万亩，较上年增加26.4万亩，增长6.2%，秋杂粮面积增长成为粮食播种面积稳定的主要因素。

二、粮食单产因灾下降

今年我省遭受历史罕见高温干旱灾害，全省粮食单产下降。调查显示，全省粮食作物单产379.9公斤/亩，每亩产量比上年减产7.5公斤，下降1.9%。早稻生长期间受阴雨寡照影响，生长期较往年推迟，但得益于结实灌浆期气温迅速回升，光照充足，全省早稻单产370.0公斤/亩，比上年增加1.9公斤，增长0.5%。中稻受降水较少及高温热害影响，授粉不足，结实率及灌浆受到一定程度影响，双季晚稻生长期间光温条件较好，且得益于江西水域宽广、水系发达，加之后汛期蓄水较好，全省各地全力抗旱保灌，最大程度降低了损失。中稻及一季晚稻单产439.0公斤/亩，比上年减少11.4公斤，下降2.5%；双季晚稻单产397.2公斤/亩，比上年减少7.9公斤，下降1.9%。秋杂粮减产明显，单产204公斤/亩，比上年减少21.6公斤，下降9.6%。

三、粮食产量继续保持在430亿斤以上

全省粮食总产量430.4亿斤，比上年减少8.1亿斤，下降1.8%。连续10年稳定在430亿斤以上。其中夏粮产量为4.7亿斤，比上年增加0.2亿斤；早稻产量为135.4亿斤，比上年增加0.8亿斤；秋粮产量290.3亿斤，比上年减少9.1亿斤。中稻及一季晚稻总产为123.3亿斤，较上年减少3.7亿斤；双季晚稻总产148.6亿斤，较上年减少4.6亿斤。秋杂粮总产18.4亿斤，较上年减少0.8亿斤。

（刘　敏）

畜禽生产提质增效　潜在问题仍需关注

——2022年江西畜牧业生产形势分析

近年来，江西省委省政府认真贯彻中央一号文件和中央农村工作会议精神，积极落实各项稳产保供政策，不断推动畜禽养殖业转型升级，践行绿色健康发展理念，种养结合、生态循环、无疫小区等新型养殖模式不断发展，标准化规模化养殖持续推进。2022年江西畜禽生产提质增效，生猪产能进一步提升，畜禽产品产量创历史新高，产业结构不断优化，但2022年生猪价格的剧烈震荡，对2023年全省生猪稳产保供造成隐患。

一、畜禽生产提质增效，畜禽产品产量创历史新高

（一）畜禽产业平稳发展，产品产量创历史新高

2022年，畜禽产业平稳发展，产品产量创历史新高，市场供应充足，为保障居民“菜篮子”需求做出了积极贡献。全年全省主要畜禽肉产量358.6万吨，较上年同期增加14.6万吨，增长4.2%。分品种来看，猪肉产量达249.9万吨，同比增长4.8%；牛肉、羊肉、禽肉总产量分别为17.1万吨、3.1万吨、88.4万吨，同比分别增长2.5%、8.8%、3.0%（详见下表1），不仅保证了全省畜禽产品的市场充足供应，而且也为全国畜禽市场的稳定做出了积极贡献。

表1　2022年全省主要畜禽肉产量情况表

单位：万吨，%

年　份	主要畜禽肉类产量	猪肉	牛肉	羊肉	禽肉
2022年	358.58	249.89	17.13	3.13	88.44
2021年	343.97	238.52	16.71	2.87	85.86
同比增长	4.2	4.8	2.5	8.8	3.0

注：本表同比增长速度不等于两期数据计算结果的情况，是数据四舍五入所致，未作机械调整。

（二）生猪存栏逐季增加，能繁母猪保持合理水平

2022年末，全省生猪存栏1730.1万头，较上年末增加46.9万头，增长2.8%，其中能繁母猪170.0万头，较上年同期增加8.2万头，增长5.1%，能繁母猪存量始终保持在合理水平，全省生猪产能进一步提升。2022年，全省生猪出栏3064.6万头，较上年增加154.3万头，增长5.3%。分季度看，一季度生猪出栏价格持续低迷，养殖成本高企，江西出台了《关于进一步加强金融支持力度 着力稳定生猪生产的通知》，加大信贷支持力度，实施能繁母猪一次性补贴，开展猪肉收储等救助性措施，稳定生猪生产，生猪存栏持平略增；二季度生猪出栏价格逐渐上涨回暖，为保证生猪产能基本稳定，江西建立生猪产能调控基地，并安排7000万元实施能繁母猪一次性临时救助补贴，积极履行稳产保供责任，上半年末全省能繁母猪存栏160.7万头，与2021年末基本保持一致。三季度生猪出栏价格快速上涨，养殖场（户）补栏积极性增加，能繁母猪存栏量稳步提升，充分保障了仔猪供应，全省生猪产能逐步增长。10月生猪出栏价格冲高回落，叠加疫情封控及感染期等因素影响，市场需求减弱，生猪出栏价格较三季度上涨8.9%，部分养殖场（户）看好年前生猪行情，选择二次育肥或延后出栏。

（三）肉牛产业结构性调整，肉羊产业发展速度较快

2022 年末，全省牛存栏 270.3 万头，同比增长 0.2%；羊存栏 143.7 万只，增长 8.6%。全年牛出栏 147.3 万头，同比增长 0.5%；羊出栏 186.8 万只，增长 8.9%。自 2020 年省政府出台《关于推进牛羊产业高质量发展的实施意见》以来，各地贯彻文件精神，积极落实高质量发展意见，发展适度规模经营，开展养殖标准化示范创建，支持牛羊规模养殖场建设。在相关政策支持和整县推进项目的带动下，牛羊养殖积极性显著提升，规模养殖场（户）不断涌现。2022 年，全省联网直报平台新增 28 家大型规模肉牛养殖场（户）和 41 家大型规模肉羊养殖场（户），产能逐步释放，虽然全省肉牛产业处于结构性调整阶段，成效显现较慢，但肉羊饲养周期短，资金需求量不高，肉羊产业发展成效渐显，产能提升较快。

（四）肉禽产业稳中有进，蛋禽产业发展形势较好

2022 年末，全省家禽存栏 24167.4 万只，同比增长 4.2%；全年家禽出栏 59263.5 万只，同比增长 2.7%；禽蛋产量 68.4 万吨，同比增长 9.2%。自 2021 年出台《关于推进家禽产业高质量发展的实施意见》后，全省不断调整优化产业结构，充分发挥禽业资源优势，巩固提升优质地方肉鸡、水禽优势产区，培育富硒禽蛋、白羽肉鸡等特色基地，加快转型升级，推进家禽产业高质量发展。2022 年，全省联网直报平台新增 128 家家禽规模养殖场（户），白羽肉鸡的养殖场（户）日益增加，番鸭笼养技术进一步推广，蛋禽养殖规模不断扩大。

二、当前畜禽生产面临的主要困难问题

（一）饲料成本不断增加，生猪自繁自养盈利同比下降

我国豆粕、玉米等饲料原料在自给上存在较大缺口，对外依存度高，面对日趋复杂的国际环境，供给安全面临威胁。年初豆粕价格在 3.8 元/公斤左右，9 月底豆粕价格为 4.6 元/公斤，增长 23.1%，且根据最新大宗商品交易信息，当前豆粕价格最高达到 5.5 元/公斤，原材料价格的快速上涨，进一步提高了生猪养殖成本。2022 年 1-6 月，全省猪粮比均低于 5.5∶1，全省养猪行业进入全面亏损状态；7 月全省猪粮比为 7.1∶1，养殖场（户）从养殖亏损状态快速转为盈利状态；11 月全省猪粮比达到 8.3∶1，7-11 月全省生猪出栏价格均保持在合理区间波动，养殖利润可观；12 月生猪出栏价格剧烈波动，全月平均出栏价格 22.1 元/公斤，猪粮比为 7.0∶1，正处于养殖盈亏平衡点上，养殖利润大幅缩水。据调研数据显示，自繁自养的养殖场（户）2022 年 1 月的平均饲料成本在 1359.0 元/头左右，12 月的平均饲料成本在 1694.6 元/头左右，较年初增长 24.7%。2-5 月，自繁自养的养殖场（户）平均养殖毛利为亏损，其中 3 月生猪出栏价格最低时，

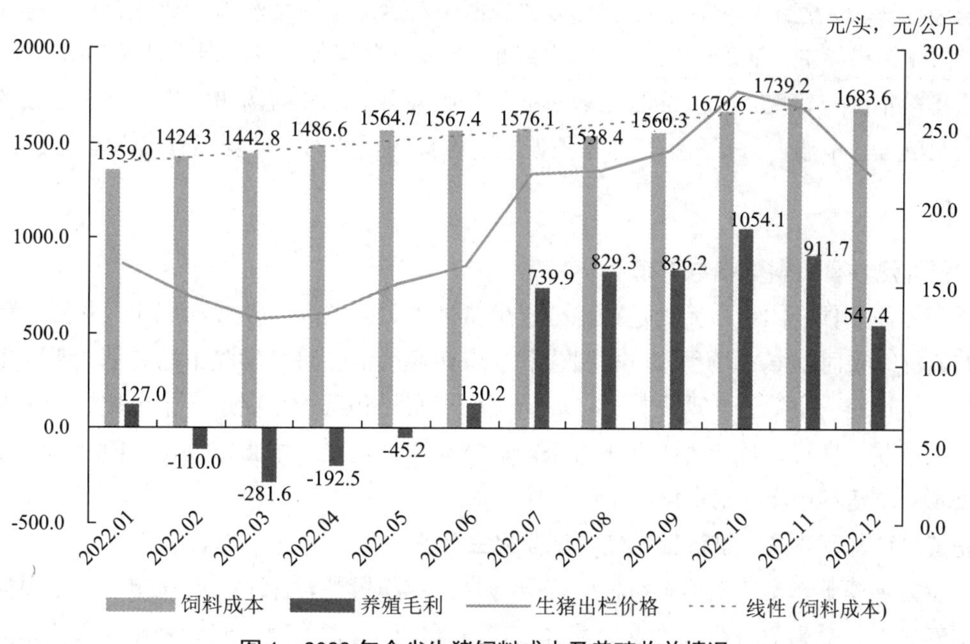

图 1　2022 年全省生猪饲料成本及养殖收益情况

每头生猪亏损达281.6元；6-12月的平均养殖毛利均在700.0元/头以上，其中，10月平均养殖毛利达到1054.1元/头（详情见图1）。全年1-12月，通过简单算术平均法计算得出全省自繁自养的生猪养殖场（户）平均毛利为378.9元/头，考虑到能繁母猪购买成本、资金投入成本和资产折旧，全年自繁自养的养殖场（户）总体保持微利状态，较上年盈利情况有所下降。

（二）生猪价格波动频繁，行情愈发难以把握

2022年，生猪出栏价格由低逐步走高，后冲高快速回落，全年全省生猪出栏价格波动幅度超过200%。数据显示，2022年1-52周中，全省生猪平均出栏价格最低为12.7元/公斤，最高平均出栏价格达28.3元/公斤，均价波动幅度在222%左右。主要是今年生猪生产受国内外形势、金融主体加入市场博弈、疫情感染等因素影响，生猪价格如过山车般高低起伏，行情难以把握，养殖场（户）利润下降，致使部分中小型养殖场（户）转产改造，集团养殖比例增加。调研了解，受猪肉消费较往年偏弱、生猪供应阶段性增加等因素影响，2023年1月中旬生猪出栏价格下跌至13.3元/公斤，平均每出售一头130公斤的肥猪，养殖场（户）亏损在300左右，与多数养殖场（户）预期的节前行情看涨背离，生猪行情愈发难以把握，养殖积极性受挫，不利于2023年全省生猪生产的稳定。

（三）畜牧业发展不平衡，产业链延伸融合不足

从整体上看，全省畜牧业规模化、规范化、标准化生产发展仍不平衡。这种不平衡既体现在地区间，更体现在主要畜禽品种间。家禽、生猪生产规模化程度相对较高，而牛、羊生产规模化程度较低，这种状况直接影响到全省畜牧业进一步健康发展。一是中小养殖场和散养户基础设施不够完善，环保防疫条件不健全，养殖管理不规范，自动化、智能化设备和先进工艺运用不充分，尤其是牛羊产业尚处于起步阶段，应对公共安全危机和市场波动风险能力不足。二是人才和劳动力短缺，大型龙头企业较少，瓶颈难以突破。当前畜禽生产的竞争能力主要体现在“效率提升、成本降低和生态健康”上，效率提升是核心，成本降低是根本，生态健康是未来，而这一切都需要有高素质专业人才作为支撑。但由于畜禽养殖工作环境较差，其从业人员的社会地位也较低，加上规模化养殖对防疫要求较高，像生猪养殖还需长时间的隔离，许多人不愿从事此行业，导致养殖企业招工难，缺乏有能力、有技术、肯吃苦的熟练饲养人员，而具备较全面养殖技术和实际操作经验的规模养殖场场长更少，这对畜牧业的稳定和长期发展十分不利。三是全省饲草生产仍以养殖场（户）自产自用为主，饲草资源利用不足，饲草深加工技术水平相对落后。牛羊养殖场（户）对优质饲草种植重视不够，难以充分利用缓坡旱地、荒滩等资源实现饲草再配置。与规模化程度较高的省份相比，在有效推进饲草资源优势向产业发展优势转化、高效利用玉米秸秆等低品质饲料原料调节家畜营养均衡等方面还存在较大差距，生产效率和经济效益都相对落后。四是畜禽产业融合度不够深。当前全省畜禽养殖仍以活体销售为主，缺乏区域性大型屠宰加工企业，精深加工发展滞后，尤其精深加工相对滞后，冷链物流体系建设不健全，现代化、标准化屠宰加工企业缺乏，部分畜禽屠宰厂生产工艺设备落后，产业链延伸及全产业链融合不够，与畜禽出栏水平不匹配，距离向“调肉”转变还有相当差距。

三、有关建议

（一）加强监测预警，科学指导养殖

完善主要畜禽监测预警体系，尤其是跟踪分析生猪供求关系和周期性波动规律，加强对生产、流通、销售各环节的监测，及时发布市场预警分析报告和权威产业行情，科学预测市场和消费需求走势。正确引导养殖场（户）生产经营决策，合理安排生产，调优生产布局和结构，促进产销衔接，避免养殖场（户）信息滞后、追涨杀跌、盲目跟风等现象，推进全产业链高质量发展，增强市场抗风险能力，促进生猪养殖和生猪产品市场供求基本均衡，稳定良好生产秩序。

（二）完善良种繁育体系，推进标准化、规模化生产

一是进一步完善基础母畜养殖奖补机制，提升母畜饲养积极性，保障种源稳定。二是根据母畜养殖特点，为降低饲养成本，提高效益，大力发展家庭式、适度规模母畜养殖，充分利用闲散劳动力和牧草、农副产品养殖母畜，提高全省自给率。三是推进产学研融合发展，依托高等院校和科研院所，通过校企联盟等方式，加强关键技术联合攻关，完善全省牛羊产业技术体系建设，推广应用先进技术工艺模式。四是推广“公司+合作社+农户”模式，发挥各自优势，加快散养户转型升级，适应规模化、标准化生产和市场的需要，建立稳定的产、加、销利益联结机制，实现“小群体，大规模”。

（三）引导中小型养殖场（户）发展生态特色养殖

随着居民消费水平提高、康养理念接受及膳食结构改变，绿色生态畜产品逐步受到消费者的接受和喜爱，经营灵活的家庭生态农场养殖秉持种地与养地相结合的绿色种养理念，是未来生态绿色友好的发展方向。家庭生态农场能较好传承传统精细农艺，并结合消费理念运用现代科技和管理进行改良，还能结合自身及周围环境优势，通过生态循环式、协同式深挖特色优势，深耕特色养殖，如本地良种、有机放养、富硒禽蛋等，既充分利用其精细化养殖特性，丰富高品质畜禽产品市场。引导中小型养殖场（户）转型升级，走专业化精准养殖，精益求精地提高产品品质， 提供生态有机附加值高的畜禽产品，增强养殖场（户）抗风险能力和保持可持续发展动力。

（四）促进科技与产业深度融合，健全畜禽全产业链

一方面，鼓励龙头企业开展关键核心技术攻关，加快形成自主知识产权，打造一批生猪养殖高新技术企业。鼓励生物饲料、安全高效饲料添加剂、中兽药等研发创新和科技成果转化，引导饲料粮减量替代，开发安全、高效、环保新型饲料产品。另一方面，引导带动有潜力、有条件的饲料兽药、畜禽养殖、屠宰加工企业向产业链前后端延伸，逐步实现全链条发展，提高综合效益。优化屠宰行业布局，加强肉品冷链物流建设，建设完善冷链仓储配送体系，增加畜禽就地就近屠宰量，减少物流成本和疫病传播风险，缓解主产区和主销区的产销矛盾，推动养殖屠宰匹配、产销衔接。

（郭子昊）

3-1 全省主要畜禽年末存栏数一览表(2019-2022年)
Number of Livestock and Poultry in the Province at Year-end(2019-2022)

单位：万头(万只) (10000 heads)

指　　标	Item	2019	2020	2021	2022
一、猪	Number of Hogs at Year-end	1006.32	1569.85	1683.23	1730.10
其中：能繁殖母猪	Number of Sows at Year-end	95.63	144.40	161.72	169.97
二、牛	Number of Cattle and Buffaloes at Year-end	257.32	275.46	269.68	270.27
(一)肉牛	Number of Cattle at Year-end	231.00	263.71	261.82	266.66
(二)奶牛	Number of Cows at Year-end	3.47	2.51	2.56	1.51
(三)役用牛	Number of Working Cattle at Year-end	22.85	9.24	5.30	2.10
三、羊	Number of Sheep and Goats at Year-end	110.24	123.46	132.30	143.68
(一)活家禽	Number of Poultry at Year-end	22468.72	24554.32	23193.30	24167.42

3-2 全省历年主要畜禽年末存栏数一览表
The number of Livestock and Poultry in the Province at Year-end

单位：万头(万只) (10000 heads)

年　份 Year	猪 Hogs	牛 Cattle and Buffaloes	羊 Sheep and Goats	禽 Poultry
2006	1344.13	224.70	57.09	14778.13
2007	1421.34	289.36	58.84	15465.36
2008	1511.34	221.43	65.80	17196.77
2009	1573.21	239.56	64.04	17519.18
2010	1546.09	237.07	64.71	18038.16
2011	1577.37	231.53	64.87	18497.13
2012	1654.53	233.04	68.19	18722.79
2013	1718.49	229.80	72.88	18514.10
2014	1750.73	223.32	77.12	19324.93
2015	1706.70	220.57	81.24	19957.92
2016	1631.33	204.28	88.65	20904.61
2017	1621.34	241.40	95.28	17977.97
2018	1587.25	246.45	100.26	18550.34
2019	1006.32	257.32	110.24	22468.72
2020	1569.85	275.46	123.46	24554.32
2021	1683.23	269.68	132.30	23193.30
2022	1730.10	270.27	143.68	24167.42

注：1.2006年数据为第二次全国农业普查结果。
2.2007-2017年数据根据第三次全国农业普查结果进行了修订。
3.2018-2022年数据为核定数。

3-3 生猪调出大县生产情况(2019-2022年)
The Production of Hogs in Top 500 Counties in the Whole Country(2019-2022)

地区	Region	年末生猪存栏(万头) Number of Hogs at Year-end (10000 heads)				年末能繁母猪(万头) Number of Sows at Year-end(10000 heads)				年生猪出栏(万头) Slaughtered Fattened Hogs (10000 heads)				年猪肉产量(万吨) Output of Pork (10000 tons)			
		2019	2020	2021	2022	2019	2020	2021	2022	2019	2020	2021	2022	2019	2020	2021	2022
新建区	Xinjian	6.15	40.11	35.07	27.60	0.65	4.35	3.47	2.74	42.31	38.49	60.26	62.21	4.60	3.31	4.99	5.10
南昌县	Nanchang	4.45	37.32	36.15	33.60	0.64	3.82	3.52	3.40	34.47	38.11	60.41	67.74	3.80	3.23	5.01	5.41
进贤县	Jinxian	2.91	49.34	49.18	44.60	0.34	5.41	5.17	4.87	15.82	49.30	75.20	81.60	1.57	4.18	6.26	6.76
修水县	Xiushui	4.29	37.77	36.22	37.95	0.63	3.06	3.28	3.20	10.54	37.40	60.05	64.58	0.94	3.28	5.00	5.25
渝水区	Yushui	8.50	40.31	40.59	42.12	1.36	4.12	4.26	4.10	61.24	40.34	65.16	76.32	5.89	3.55	5.44	6.33
余江县	Yujiang	15.27	49.81	49.17	47.11	1.44	4.72	4.73	4.45	32.13	57.49	76.13	87.24	2.58	4.59	6.21	7.17
南康区	Nankang	42.87	49.67	47.15	45.02	3.61	4.82	4.47	4.25	82.93	68.21	72.31	83.70	7.56	5.81	6.03	6.87
信丰县	Xinfeng	39.70	56.66	44.21	48.18	3.45	5.61	4.32	4.57	87.18	74.26	86.46	87.15	7.41	6.19	7.09	7.14
定南县	Dingnan	25.16	42.78	41.02	39.20	3.08	3.97	3.93	3.79	58.61	58.47	61.89	65.94	4.62	4.86	5.15	5.35
兴国县	Xinguo	27.76	38.24	39.31	38.87	2.78	3.95	3.97	3.72	110.88	68.49	59.68	64.21	10.87	5.74	4.94	5.20
吉安县	Ji'an	26.52	40.37	40.11	40.61	2.67	4.21	4.14	4.21	61.23	59.66	61.32	68.50	4.97	4.91	5.09	5.55
新干县	Xingan	20.71	46.82	48.27	48.17	2.06	4.62	4.87	4.82	62.69	52.92	75.44	78.43	5.58	4.64	6.26	6.35
泰和县	Taihe	10.04	36.53	36.16	40.50	0.82	5.29	5.36	5.60	44.30	44.35	60.50	62.69	3.68	3.72	5.05	5.20
安福县	Anfu	15.74	36.55	34.07	34.06	1.72	3.51	3.23	3.32	25.74	32.20	55.47	59.18	2.25	2.68	4.62	4.83
袁州区	Yuanzhou	28.03	53.67	52.15	56.85	3.17	5.61	5.51	5.59	48.73	57.38	81.01	88.98	4.57	4.88	6.76	7.31
万载县	Wanzai	12.18	40.53	38.61	39.82	0.74	4.12	3.83	4.33	45.32	38.66	61.59	64.94	4.41	3.47	5.19	5.23
上高县	Shanggao	18.49	49.51	48.75	47.86	1.75	5.52	5.36	5.32	80.85	50.10	72.08	82.96	7.81	4.23	6.05	6.73
丰城市	Fengcheng	10.04	48.61	45.31	45.27	0.82	5.12	5.31	5.20	46.97	45.90	77.18	83.20	3.75	4.06	6.45	6.78
樟树市	Zhangshu	9.38	44.61	40.25	37.80	1.01	5.31	4.82	4.80	48.93	44.62	60.61	70.04	4.56	3.84	4.99	5.82
高安市	Gao'an	14.58	57.85	55.37	52.43	2.09	5.98	5.81	5.83	48.57	51.29	85.73	90.43	4.10	4.37	7.11	7.54
东乡区	Dongxiang	7.38	53.12	54.15	51.85	0.66	6.91	6.62	6.48	80.76	40.93	85.18	92.72	7.09	3.67	7.00	7.46
万年县	Wannian	9.03	45.18	44.18	45.22	0.74	4.95	4.87	5.33	41.37	49.53	72.10	80.00	3.40	4.38	5.91	6.40

注：数据为核定数据。

3-4 全省主要畜禽产品产量情况(2006-2022年)

指 标	Item	2006	2007	2008	2009
当年出栏肥猪头数(万头)	Slaughtered Fattened Hogs in Current Year (10000 heads)	2271.57	2383.58	2541.33	2721.32
当年出售和自宰的肉牛头数(万头)	Slaughtered Cattle and Buffaloes in Current Year (10000 heads)	69.66	110.04	114.76	113.54
当年出售和自宰的肉羊只数(万只)	Slaughtered Sheep and Goats in Current Year (10000 heads)	71.36	74.65	81.20	82.03
当年出售和自宰的家禽只数(万只)	Slaughtered Poultry in Current Year (10000 heads)	33989.69	34389.51	35410.06	36424.13
#猪肉产量(万吨)	Output of Pork (10000 tons)	181.73	187.84	198.45	211.35
牛肉产量(万吨)	Output of Beef (10000 tons)	7.11	8.80	8.51	10.19
羊肉产量(万吨)	Output of Mutton (10000 tons)	1.07	1.20	1.29	1.23
禽肉产量(万吨)	Output of Poultry (10000 tons)	46.62	46.97	48.23	50.12
禽蛋产量(万吨)	Output of Poultry Eggs (10000 tons)	35.55	39.34	39.13	40.06

注：1.2006年数据为第二次全国农业普查结果。
2.2007-2017年数据根据第三次全国农业普查结果进行了修订。
3.2018-2022年数据为核定数据。

3-5 各设区市主要畜禽生产情况(2022年)

地 区	Region	年出售和自宰肉猪(万头) Slaughtered Fattened Hogs in Current Year (10000 heads)	年出售和自宰肉牛(万头) Slaughtered Cattle And Buffaloes in Current Year (10000 heads)	年出售和自宰肉羊(万只) Slaughtered Sheep And Goats in Current Year (10000 heads)	年出售和自宰肉禽(万只) Slaughtered Poultry in Current Year (10000 heads)	年猪肉产量(万吨) Output of Pork (10000 tons)	年牛肉产量(万吨) Output of Beef (10000 tons)
南昌市	NanChang	231	7.51	3.56	7245.51	18.73	0.93
景德镇市	JingDeZhen	55	2.00	4.99	554.72	4.44	0.23
萍乡市	PingXiang	139	3.96	49.86	1351.39	11.55	0.46
九江市	JiuJiang	194	4.32	36.81	2066.26	15.69	0.49
新余市	XinYu	101	3.85	3.83	248.95	8.29	0.48
鹰潭市	YingTan	118	3.28	2.44	1267.96	9.75	0.38
赣州市	GanZhou	700	35.00	15.30	17112.32	57.91	4.02
吉安市	Ji'An	435	37.03	10.34	11608.64	35.44	4.26
宜春市	YiChun	542	33.44	36.47	4970.70	44.31	3.91
抚州市	FuZhou	266	8.87	5.48	9759.76	21.08	1.04
上饶市	ShangRao	284	8.00	17.73	3077.31	22.70	0.92

Output of Main Livestock and Poultry Products in the Whole Province(2006-2022)

2010	2011	2012	2013	2014	2015	2016	2017	2018	2019	2020	2021	2022
2857.16	2897.42	3066.62	3169.58	3348.98	3268.11	3130.31	3180.46	3124.00	2546.82	2218.28	2910.38	3064.63
113.32	112.61	113.27	113.99	113.62	113.81	114.63	115.86	119.43	125.17	135.12	146.52	147.28
84.78	84.85	88.49	93.47	98.46	104.75	115.07	123.46	131.51	144.13	158.41	171.55	186.82
38295.81	39203.23	40281.54	40235.88	41996.20	43169.63	45385.84	43888.17	45423.54	53954.62	56832.11	57684.59	59263.51
221.87	225.08	238.55	246.62	261.59	255.53	245.01	249.49	246.32	206.75	180.70	238.52	249.89
10.24	10.46	10.58	10.85	10.98	11.14	11.53	12.05	12.45	13.14	15.20	16.71	17.13
1.28	1.32	1.37	1.45	1.53	1.62	1.82	1.97	2.10	2.31	2.58	2.87	3.13
52.73	54.05	55.14	54.95	58.63	60.09	63.09	60.81	63.17	75.91	84.51	85.86	88.44
40.19	42.12	42.87	42.71	43.79	44.64	46.30	45.66	46.96	57.17	61.21	62.62	68.37

Major Livestock and Poultry Production in Cities (2022)

年羊肉产量(万吨) Output of Mutton (10000 tons)	年禽肉产量(万吨) Output of Poultry (10000 tons)	年家禽产蛋量(万吨) Output of Eggs (10000 tons)	年末牛存栏(万头) Number of Cattle And Buffaloes at Year-end (10000 heads)	年期末生猪存栏(万头) Number of Hogs at Year-end (10000 heads)	其中：能繁殖母猪(万头) Number of Sows at Year-end (10000 heads)	年末羊存栏(万只) Number of Sheep And Goats at Year-end (10000 heads)	年家禽期末数(万只) Number of Poultry at Year-end (10000 heads)
0.07	10.74	13.85	16.33	118.39	12.39	2.64	3864.39
0.09	0.83	1.31	3.06	31.73	2.59	3.51	336.97
0.79	1.91	1.24	13.82	73.19	4.91	34.32	712.86
0.61	3.07	7.33	6.30	108.68	9.74	29.86	1302.14
0.06	0.40	1.04	9.13	57.38	6.15	3.73	231.29
0.04	2.02	2.17	6.88	65.89	6.29	1.48	644.21
0.26	25.74	7.38	62.44	386.02	35.42	11.50	5843.46
0.18	17.45	8.66	66.15	244.80	26.29	8.29	3734.26
0.64	7.52	12.43	55.11	307.31	33.76	27.51	2555.59
0.09	14.13	8.53	17.53	169.86	17.30	4.69	3100.54
0.30	4.61	4.43	13.52	166.84	15.13	16.13	1841.70

3-6 粮食生产情况(2022年)
Total Sown Areas,Output and Yield per Unit Area of Farm Crops(2022)

单位：千公顷、公斤/公顷、万吨 (1000 hectares、kg/hectare、10000 tons)

指　标	Item	播种面积 Sown Area	单位面积产量 Yield per Unit Area	总产量 Total Output
粮食	**Grain Crops**	**3776.4**	**5698**	**2151.9**
谷物	**Cereal**	**3477.6**	**5932**	**2062.8**
稻谷	Rice	3403.0	5984	2036.5
早稻	Early Rice	1220.1	5550	677.2
中稻及一季晚稻	Middle-season and Single-cropping Late Rice	936.0	6585	616.4
双季晚稻	Double Cropping Late Rice	1246.9	5958	742.9
小麦	Wheat	12.0	2583	3.1
玉米	Corn	55.6	3975	22.1
豆类合计	**Total Beans**	**147.3**	**2236**	**32.9**
大豆	Soybean	109.2	2414	26.4
杂豆	Mixed Bean	33.6	1772	6.0
薯类合计(鲜薯)	**Tubers**	**151.5**	**18553**	**281.0**
马铃薯(鲜薯)	Potato	26.9	26620	71.5
甘薯(鲜薯)	Sweet Potato	124.6	16814	209.5

说明：1.鲜薯产量按照5：1折算粮食产量。
2.2007-2017年粮食生产数据根据第三次全国农业普查结果进行了修订(下同)。

3-7 粮食作物播种面积情况(2021-2022年)
Total Sown Areas of Farm Crops(2021-2022)

单位：千公顷 (1000 hectares)

指　标	Item	2022年	2021年	增长(%)
粮食	**Grain Crops**	**3776.4**	**3772.8**	**0.1**
谷物	**Cereal**	**3477.6**	**3490.0**	**-0.4**
稻谷	Rice	3403.0	3419.2	-0.5
早稻	Early Rice	1220.1	1218.8	0.1
中稻及一季晚稻	Middle-season and Single-cropping Late Rice	936.0	940.0	-0.4
二季晚稻	Double Cropping Late Rice	1246.9	1260.4	-1.1
小麦	Wheat	12.0	13.6	-11.8
玉米	Corn	55.6	50.9	9.2
豆类合计	**Total Beans**	**147.3**	**141.4**	**4.2**
大豆	Soybean	109.2	106.0	3.0
杂豆	Mixed Bean	33.6	31.2	7.8
薯类合计(鲜薯)	**Tubers**	**151.5**	**141.4**	**7.1**
马铃薯(鲜薯)	Potato	26.9	25.6	4.9
甘薯(鲜薯)	Sweet Potato	124.6	115.8	7.6

3-8 粮食作物单位面积产量情况(2021-2022年)
Yield per Unit Area of Farm Crops(2021-2022)

单位：公斤/公顷 (kg/hectare)

指 标	Item	2022年	2021年	增长(%)
粮食	**Grain Crops**	**5698**	**5811**	**-1.9**
谷物	**Cereal**	**5932**	**6018**	**-1.4**
稻谷	Rice	5984	6066	-1.3
早稻	Early Rice	5550	5522	0.5
中稻及一季晚稻	Middle-season and Single-cropping Late Rice	6585	6756	-2.5
二季晚稻	Double Cropping Late Rice	5958	6076	-1.9
小麦	Wheat	2583	2375	8.8
玉米	Corn	3975	4283	-7.2
豆类合计	**Total Beans**	**2236**	**2343**	**-4.6**
大豆	Soybean	2414	2580	-6.4
杂豆	Mixed Bean	1772	1662	6.6
薯类合计(鲜薯)	**Tubers**	**18553**	**20889**	**-11.2**
马铃薯(鲜薯)	Potato	26620	27683	-3.8
甘薯(鲜薯)	Sweet Potato	16814	19387	-13.3

3-9 粮食作物产量情况(2021-2022年)
Output of Farm Crops(2021-2022)

单位：万吨 (10000 tons)

指 标	Item	2022年	2021年	增长(%)
粮食	**Grain Crops**	**2151.9**	**2192.3**	**-1.8**
谷物	**Cereal**	**2062.8**	**2100.1**	**-1.8**
稻谷	Rice	2036.5	2073.9	-1.8
早稻	Early Rice	677.2	673.0	0.6
中稻及一季晚稻	Middle-season and Single-cropping Late Rice	616.4	635.1	-2.9
二季晚稻	Double Cropping Late Rice	742.9	765.9	-3.0
小麦	Wheat	3.1	3.2	-4.0
玉米	Corn	22.1	21.8	1.4
豆类合计	**Total Beans**	**32.9**	**33.1**	**-0.6**
大豆	Soybean	26.4	27.4	-3.6
杂豆	Mixed Bean	6.0	5.2	14.9
薯类合计(鲜薯)	**Tubers**	**281.0**	**295.4**	**-4.9**
马铃薯(鲜薯)	Potato	71.5	70.9	0.9
甘薯(鲜薯)	Sweet Potato	209.5	224.5	-6.7

3-10 历年粮食生产情况(1949-2022年)
Total Sown Areas,Output and Yield per Unit Area of Farm Crops((1949-2022)

单位：千公顷、公斤/公顷、万吨 (1000 hectares、kg/hectare、10000 tons)

年份	全年粮食 (Grain Crops)			谷物 (Cereal)			稻谷 (Rice)		
Year	播种面积 Sown Area	单位面积产量 Yield per Unit Area	总产量 Total Output	播种面积 Sown Area	单位面积产量 Yield per Unit Area	总产量 Total Output	播种面积 Sown Area	单位面积产量 Yield per Unit Area	总产量 Total Output
1949	2634.0	1471.5	387.6				2253.9	1604.8	361.7
1950	2718.7	1651.9	449.1				2282.8	1836.8	419.3
1951	2772.7	1545.8	428.6				2248.1	1749.9	393.4
1952	3340.7	1721.5	575.1				2641.2	1990.8	525.8
1953	3474.0	1658.3	576.1				2683.1	1943.7	521.5
1954	3570.0	1610.9	575.1				2684.6	1941.4	521.2
1955	3716.0	1686.0	626.5				2760.6	2066.9	570.6
1956	4004.7	1652.1	661.6				3004.0	1978.7	594.4
1957	3960.0	1767.7	700.0				2942.4	2119.7	623.7
1958	4099.3	1689.6	692.6				3085.9	1993.6	615.2
1959	3778.7	1760.1	665.1				2825.7	2065.0	583.5
1960	4077.3	1541.7	628.6				3213.8	1794.5	576.7
1961	3874.7	1529.2	592.5				2886.5	1810.8	522.7
1962	3780.0	1596.8	603.6				2911.4	1853.8	539.7
1963	3787.3	1683.5	637.6				2931.4	1947.9	571.0
1964	3886.7	1802.6	700.6				3109.9	2067.6	643.0
1965	3893.3	2061.2	802.5				3140.0	2321.7	729.0
1966	3863.3	2085.3	805.6				3241.3	2357.1	764.0
1967	3682.7	2186.2	805.1				3132.7	2419.6	758.0
1968	3636.7	2406.0	875.0				3102.7	2659.0	825.0
1969	3808.7	2494.3	950.0				3282.7	2714.2	891.0
1970	3888.7	2534.3	985.5				3326.9	3285.3	1093.0
1971	4023.3	2471.9	994.5				3364.7	2767.0	931.0
1972	3904.7	2548.2	995.0				3297.0	2811.7	927.0
1973	3895.3	2418.3	942.0				3357.7	2637.2	885.5
1974	3879.3	2543.0	986.5				3373.7	2764.0	932.5
1975	3871.3	2730.4	1057.0				3392.5	2953.6	1002.0
1976	3823.3	2680.9	1025.0				3374.1	2892.6	976.0
1977	3882.7	2804.8	1089.0				3439.9	3023.3	1040.0
1978	3820.7	2748.2	1050.0				3380.3	3193.5	1079.5
1979	3844.0	3372.8	1296.5				3386.8	3646.5	1235.0
1980	3775.3	3284.5	1240.0				3383.7	3510.9	1188.0
1981	3758.3	3375.2	1268.5				3362.7	3617.6	1216.5
1982	3743.9	3762.1	1408.5				3339.5	4032.1	1346.5
1983	3714.1	3932.3	1460.5				3323.7	4236.2	1408.0
1984	3714.1	4170.6	1549.0				3326.9	4487.6	1493.0

注：1.2007-2017年粮食生产相关数据根据第三次农业普查结果进行修订(下同)。
2.因统计口径不同，1979年前无中稻及一季晚稻和双季晚稻相关数据，1990年前无谷物及豆类相关数据。

3-10 续表 1 Continued

单位：千公顷、公斤/公顷、万吨 (1000 hectares、kg/hectare、10000 tons)

年 份 Year	全年粮食 (Grain Crops)			谷 物 (Cereal)			稻 谷 (Rice)		
	播种面积 Sown Area	单位面积产量 Yield per Unit Area	总产量 Total Output	播种面积 Sown Area	单位面积产量 Yield per Unit Area	总产量 Total Output	播种面积 Sown Area	单位面积产量 Yield per Unit Area	总产量 Total Output
1985	3650.9	4200.3	1533.5				3264.9	4520.2	1475.8
1986	3629.8	4005.2	1453.8				3250.7	4328.0	1406.9
1987	3647.9	4284.1	1562.8				3268.7	4616.5	1509.0
1988	3588.7	4224.1	1515.9				3210.5	4535.2	1456.0
1989	3693.9	4231.1	1562.9				3297.7	4532.6	1494.7
1990	3699.3	4482.5	1658.2				3292.6	4822.0	1587.7
1991	3600.7	4515.0	1625.7	3277.2	4790.3	1569.9	3154.0	4921.7	1552.3
1992	3446.2	4544.1	1566.0	3098.5	4821.0	1493.8	2981.5	4942.5	1473.6
1993	3360.1	4515.0	1517.1	2974.7	4805.2	1429.4	2865.1	4923.4	1410.6
1994	3430.6	4674.1	1603.5	3041.7	4965.6	1510.4	2938.7	5083.2	1493.8
1995	3509.3	4580.4	1607.4	3131.2	4816.7	1508.2	3014.9	4930.5	1486.5
1996	3570.6	4946.8	1766.3	3179.9	5233.2	1664.1	3052.6	5378.4	1641.8
1997	3586.5	4928.8	1767.7	3183.8	5209.8	1658.7	3063.5	5340.3	1636.0
1998	3414.5	4555.6	1555.5	3016.2	4796.1	1446.6	2900.8	4914.5	1425.6
1999	3548.2	4883.3	1732.7	3150.5	5201.7	1638.8	3050.0	5309.2	1619.3
2000	3322.0	4860.3	1614.6	2920.8	5171.9	1510.6	2832.0	5268.0	1491.9
2001	3265.2	4900.2	1600.0	2876.4	5233.3	1505.3	2808.3	5310.7	1491.4
2002	3187.9	4860.5	1549.5	2839.2	5152.5	1462.9	2786.6	5209.2	1451.6
2003	3051.1	4753.3	1450.3	2729.0	5023.9	1371.1	2685.3	5066.7	1360.5
2004	3350.1	4964.1	1663.0	3067.8	5177.4	1588.3	3029.7	5213.0	1579.4
2005	3441.5	5105.4	1757.0	3166.0	5298.6	1677.6	3129.0	5328.2	1667.2
2006	3547.1	5346.6	1896.5	3269.4	5560.4	1817.9	3239.3	5583.9	1808.8
2007	3536.7	5407.3	1912.4	3274.8	5646.5	1849.1	3245.6	5673.0	1841.2
2008	3601.3	5485.3	1975.4	3342.0	5723.5	1912.8	3313.1	5748.4	1904.5
2009	3639.7	5575.3	2029.2	3377.7	5827.3	1968.3	3344.2	5853.3	1957.4
2010	3686.4	5396.7	1989.5	3448.1	5603.8	1932.2	3410.4	5632.1	1920.8
2011	3709.7	5656.9	2098.5	3481.5	5856.5	2038.9	3441.3	5887.5	2026.1
2012	3747.8	5711.7	2140.6	3518.5	5897.3	2075.0	3476.5	5929.7	2061.5
2013	3775.3	5780.7	2182.4	3545.7	5979.6	2120.2	3501.9	6013.8	2106.0
2014	3794.1	5852.2	2220.4	3567.9	6050.8	2158.9	3522.6	6087.0	2144.2
2015	3814.9	5860.2	2235.6	3590.4	6052.5	2173.1	3541.3	6091.4	2157.2
2016	3807.2	5868.8	2234.4	3583.4	6028.1	2160.1	3527.1	6068.8	2140.5
2017	3786.3	5867.8	2221.7	3561.1	6026.1	2145.9	3504.7	6066.6	2126.2
2018	3721.3	5886.9	2190.7	3491.7	6049.2	2112.2	3436.2	6088.7	2092.2
2019	3665.1	5886.4	2157.5	3413.2	6071.1	2072.2	3346.2	6121.3	2048.3
2020	3772.4	5736.1	2163.9	3510.0	5915.2	2076.3	3441.8	5959.6	2051.2
2021	3772.8	5810.9	2192.3	3490.0	6017.5	2100.1	3419.2	6065.6	2073.9
2022	3776.4	5698.4	2151.9	3477.6	5931.7	2062.8	3403.0	5984.4	2036.5

3-10 续表 2 Continued

单位：千公顷、公斤/公顷、万吨 (1000 hectares、kg/hectare、10000 tons)

年 份 Year	早 稻 (Early Rice)			中稻及一季晚稻 (Middle-season Rice and Single-Cropping Late Rice)			双季晚稻 (Double-Cropping Late Rice)		
	播种面积 Sown Area	单位面积产量 Yield per Unit Area	总产量 Total Output	播种面积 Sown Area	单位面积产量 Yield per Unit Area	总产量 Total Output	播种面积 Sown Area	单位面积产量 Yield per Unit Area	总产量 Total Output
1949									
1950									
1951									
1952									
1953	1728.7	2060.5	356.2						
1954	1675.3	2043.8	342.4						
1955	1701.3	2233.6	380.0						
1956	1726.7	2251.1	388.7						
1957	1161.9	2538.9	295.0						
1958	1816.7	2363.6	429.4						
1959	1628.0	2307.1	375.6						
1960	1797.3	2005.8	360.5						
1961	1459.6	1995.8	291.3						
1962	1350.8	2041.0	275.7						
1963	1405.9	2370.0	333.2						
1964	1508.4	2420.5	365.1						
1965	1581.2	2887.1	456.5						
1966	1766.0	2941.7	519.5						
1967	1652.0	2553.3	421.8						
1968	1735.3	2779.9	482.4						
1969	1731.3	3321.2	575.0						
1970	1787.3	3776.7	675.0						
1971	1806.8	3489.6	630.5						
1972	1746.3	3467.3	605.5						
1973	1728.7	2953.1	510.5						
1974	1738.8	3594.4	625.0						
1975	1727.1	3419.0	590.5						
1976	1713.9	3468.7	594.5						
1977	1720.8	3184.6	548.0						
1978	1683.9	3661.1	616.5						
1979	1658.6	4099.8	680.0						
1980	1640.0	3954.3	648.5	299.7	3853.9	115.5	1444.0	2936.3	424.0
1981	1631.0	4117.1	671.5	300.0	4067.1	122.0	1431.7	2954.5	423.0
1982	1618.5	4380.7	709.0	296.5	4249.1	126.0	1424.5	3590.8	511.5
1983	1629.5	4351.1	709.0	272.7	4399.9	120.0	1421.5	4073.3	579.0
1984	1616.6	4784.7	773.5	265.8	4532.9	120.5	1444.5	4146.9	599.0

3-10 续表 3 Continued

单位：千公顷、公斤/公顷、万吨 (1000 hectares、kg/hectare、10000 tons)

年 份 Year	早 稻 (Early Rice)			中稻及一季晚稻 (Middle-season Rice and Single-Cropping Late Rice)			双季晚稻 (Double-Cropping Late Rice)		
	播种面积 Sown Area	单位面积产量 Yield per Unit Area	总产量 Total Output	播种面积 Sown Area	单位面积产量 Yield per Unit Area	总产量 Total Output	播种面积 Sown Area	单位面积产量 Yield per Unit Area	总产量 Total Output
1985	1570.9	4595.6	721.9	259.2	4660.5	120.8	1434.8	4412.5	633.1
1986	1558.6	4849.9	755.9	256.7	4554.0	116.9	1435.4	3720.9	534.1
1987	1558.9	4828.3	752.7	251.2	4836.8	121.5	1458.6	4352.1	634.8
1988	1552.9	4650.1	722.1	254.3	4292.0	109.2	1403.3	4452.0	624.7
1989	1563.7	4325.7	676.4	246.0	4654.5	114.5	1488.0	4729.8	703.8
1990	1564.2	4775.0	746.9	239.9	4713.8	113.1	1488.5	4888.9	727.7
1991	1506.7	4790.0	721.7	236.3	5150.2	121.7	1411.0	5024.1	708.9
1992	1362.2	4565.4	621.9	225.5	6243.9	140.8	1393.8	5100.4	710.9
1993	1245.6	4267.8	531.6	233.6	6562.5	153.3	1385.9	5236.3	725.7
1994	1291.9	4609.5	595.5	243.1	6195.0	150.6	1403.7	5326.6	747.7
1995	1336.1	4079.8	545.1	233.1	6652.7	155.1	1445.7	5439.0	786.3
1996	1363.4	4909.8	669.4	237.3	6902.7	163.8	1451.9	5569.3	808.6
1997	1350.2	4912.6	663.3	241.6	6883.3	166.3	1471.7	5479.4	806.4
1998	1327.7	3972.3	527.4	248.2	6921.8	171.8	1324.9	5482.7	726.4
1999	1308.3	4848.2	634.3	290.0	6572.2	190.6	1451.7	5472.3	794.4
2000	1173.0	5035.8	590.7	312.7	6415.1	200.6	1346.3	5203.9	700.6
2001	1127.3	5041.3	568.3	379.9	6177.9	234.7	1301.1	5290.9	688.4
2002	1110.5	4817.8	535.0	410.5	6397.5	262.6	1265.7	5167.2	654.0
2003	1083.8	4924.3	533.7	479.7	5798.4	278.2	1121.7	4891.3	548.7
2004	1229.0	5192.8	638.2	437.5	6066.7	265.4	1363.3	4957.2	675.8
2005	1284.3	5185.6	666.0	414.6	6426.9	266.5	1430.1	5137.8	734.7
2006	1369.8	5321.9	729.0	407.7	6708.9	273.5	1461.9	5515.5	806.3
2007	1372.6	5450.4	748.1	435.3	6210.9	270.4	1437.7	5722.6	822.7
2008	1394.5	5531.7	771.4	450.2	6236.0	280.8	1468.4	5804.6	852.3
2009	1396.5	5634.5	786.9	474.4	6388.2	303.1	1473.3	5888.5	867.5
2010	1388.6	5078.9	705.3	525.2	5707.7	299.8	1496.7	6118.9	915.8
2011	1402.4	5571.4	781.3	530.7	6529.1	346.5	1508.2	5955.6	898.2
2012	1401.1	5601.7	784.9	577.9	6610.6	382.1	1497.5	5973.8	894.6
2013	1391.1	5719.6	795.7	629.8	6628.6	417.5	1480.9	6028.7	892.8
2014	1369.9	5736.9	785.9	680.0	6831.8	464.6	1472.6	6068.8	893.7
2015	1353.6	5749.3	778.2	738.3	6666.2	492.2	1449.4	6118.2	886.8
2016	1296.1	5757.2	746.2	845.2	6529.4	551.9	1385.8	6079.2	842.4
2017	1279.2	5605.5	717.1	858.7	6573.0	564.4	1366.8	6179.9	844.7
2018	1207.6	5746.1	693.9	909.8	6533.3	594.4	1318.8	6095.7	803.9
2019	1095.87	5714.2	626.2	1040.9	6599.3	686.9	1209.5	6078.7	735.2
2020	1217.5	5311.6	646.7	945.8	6663.1	630.2	1278.5	6056.5	774.3
2021	1218.8	5521.8	673.0	940.0	6756.0	635.1	1260.4	6076.5	765.9
2022	1220.1	5550.2	677.2	936.0	6585.5	616.4	1246.9	5958.1	742.9

3-10 续表 4 Continued

单位：千公顷、公斤/公顷、万吨 (1000 hectares、kg/hectare、10000 tons)

年 份 Year	豆 类 (Beans)			薯 类 (Tubers)		
	播种面积 Sown Area	单位面积产 量 Yield per Unit Area	总产量 Total Output	播种面积 Sown Area	单位面积产 量 Yield per Unit Area	总产量 Total Output
1949				87.7	1276.6	11.2
1950				87.3	1511.5	13.2
1951				110.7	1205.6	13.4
1952				140.6	1522.0	21.4
1953				146.4	1530.1	22.4
1954				166.1	1372.9	22.8
1955				205.8	1161.3	23.9
1956				204.7	1297.2	26.6
1957				197.3	1847.1	36.5
1958				297.4	1533.3	45.6
1959				239.6	2017.9	48.4
1960				227.9	1160.8	26.5
1961				187.9	1271.7	23.9
1962				216.0	1601.9	34.6
1963				241.8	1468.2	35.5
1964				192.5	1324.4	25.5
1965				160.7	1493.8	24.0
1966				151.3	1189.4	18.0
1967				133.3	1650.0	22.0
1968				115.3	1604.0	18.5
1969				124.0	2217.7	27.5
1970				120.2	1747.1	21.0
1971				131.9	1857.9	24.5
1972				142.4	2352.5	33.5
1973				146.4	2254.1	33.0
1974				129.9	2078.0	27.0
1975				129.9	2501.3	32.5
1976				122.4	2001.6	24.5
1977				118.6	2403.0	28.5
1978				115.0	1782.6	20.5
1979				120.7	2443.4	29.5
1980				107.9	2549.4	27.5
1981				108.5	2487.7	27.0
1982				108.6	2716.4	29.5
1983				103.8	2601.2	27.0
1984				105.3	2659.9	28.0

3-10 续表 5 Continued

单位：千公顷、公斤/公顷、万吨 (1000 hectares、kg/hectare、10000 tons)

年 份 Year	豆 类 (Beans)			薯 类 (Tubers)		
	播种面积 Sown Area	单位面积产量 Yield per Unit Area	总产量 Total Output	播种面积 Sown Area	单位面积产量 Yield per Unit Area	总产量 Total Output
1985				105.7	2612.0	27.6
1986				104.7	1966.9	20.6
1987				107.3	2506.2	26.9
1988				113.4	2769.0	31.4
1989				119.8	2838.1	34.0
1990				127.7	2976.5	38.0
1991	183.3	1080.0	19.8	140.1	2570.2	36.0
1992	205.8	1331.4	27.4	141.9	3157.2	44.8
1993	240.5	1372.1	33.0	144.9	3775.0	54.7
1994	238.2	1435.8	34.2	150.7	3908.4	58.9
1995	234.6	1572.9	36.9	143.5	4341.8	62.3
1996	231.3	1664.5	38.5	159.4	3996.2	63.7
1997	235.7	1654.7	39.0	167.0	4191.6	70.0
1998	237.7	1602.9	38.1	160.6	4408.5	70.8
1999	240.4	1385.0	33.3	157.3	3853.7	60.6
2000	239.1	1484.7	35.5	162.1	4225.8	68.5
2001	226.1	1446.3	32.7	162.7	3810.7	62.0
2002	203.3	1472.0	29.9	145.4	3898.2	56.7
2003	184.4	1453.1	26.8	137.7	3810.1	52.5
2004	158.8	1496.8	23.8	123.5	4123.6	50.9
2005	154.2	1612.5	24.9	121.2	4502.9	54.6
2006	165.8	1560.8	25.9	111.9	4712.4	52.8
2007	143.9	1699.2	24.4	118.1	3292.3	38.9
2008	139.9	1741.9	24.4	119.4	3205.9	38.3
2009	133.2	1798.7	24.0	128.9	2872.3	37.0
2010	128.8	1749.4	22.5	109.6	3166.0	34.7
2011	126.2	1931.0	24.4	102.0	3452.6	35.2
2012	126.1	2188.5	27.6	103.2	3689.8	38.1
2013	124.8	2063.0	25.7	104.8	3478.9	36.4
2014	126.5	2072.7	26.2	99.8	3539.6	35.3
2015	126.6	2112.6	26.8	97.9	3652.2	35.8
2016	122.4	2218.9	27.2	101.5	4645.9	47.2
2017	123.3	2294.1	28.3	101.9	4660.8	47.5
2018	127.6	2305.7	29.4	102.0	4812.8	49.1
2019	130.4	2248.7	29.3	121.5	4603.7	56.0
2020	142.7	2243.3	32.0	119.7	4646.3	55.6
2021	141.4	2343	33.1	141.4	4177.8	59.1
2022	147.3	2236	32.9	151.5	3710.6	56.2

3-11 县级粮食播种面积和产量情况(2022年)

Total Sown Areas,Output and Yield per Unit Area of Farm Crops by Region(2022)

单位：千公顷、公斤/公顷、万吨 (1000 hectares、kg/hectare、10000 tons)

地区	Region	是否抽样调查 (用*表示)	全年粮食 (Grain Crops) 播种面积 Sown Area	单位面积产量 Yield per Unit Area	总产量 Total Output	稻谷 (Rice) 播种面积 Sown Area	单位面积产量 Yield per Unit Area	总产量 Total Output
东湖区	Donghu		0.3	4980	0.1	0.3	5038	0.1
西湖区	Xihu							
青云谱区	Qingyunpu							
青山湖区	Qingshanhu		1.3	6192	0.8	1.3	6248	0.8
新建区	Xinjian	*	77.5	5944	46.1	75.6	6025	45.5
红谷滩区	Honggutan		14.8	6163	9.1	14.3	6278	9.0
南昌县	Nanchang	*	137.5	6217	85.5	136.4	6238	85.1
安义县	Anyi		27.0	7428	20.0	26.3	7545	19.8
进贤县	Jinxian	*	86.9	5631	48.9	82.2	5772	47.5
昌江区	Changjiang		5.1	5292	2.7	4.8	5400	2.6
珠山区	Zhushan		0.0		0.0	0.0		0.0
浮梁县	Fuliang	*	28.3	5553	15.7	22.8	6107	13.9
乐平市	Leping	*	62.2	5816	36.2	57.9	6028	34.9
安源区	Anyuan		3.0	6013	1.8	1.9	7151	1.3
湘东区	Xiangdong		15.2	6800	10.3	13.2	7275	9.6
莲花县	Lianhua	*	21.2	6361	13.5	18.0	6791	12.2
上栗县	Shangli		18.4	6518	12.0	15.1	7234	10.9
芦溪县	Luxi		17.0	6491	11.0	13.7	7198	9.9
濂溪区	Lianxi		4.3	4599	2.0	2.3	5887	1.3
庐山市	Lushan		10.5	5312	5.6	7.8	5955	4.7
浔阳区	Xunyang							
柴桑区	Chaisang	*	16.5	5038	8.3	7.3	7357	5.4
武宁县	Wuning	*	29.3	5341	15.6	21.5	6291	13.5
修水县	Xiushui	*	47.2	5457	25.8	38.7	6068	23.5
永修县	Yongxiu	*	37.9	5465	20.7	36.0	5628	20.2
德安县	Dean		13.4	5232	7.0	10.4	5855	6.1
都昌县	Duchang	*	51.0	5092	25.9	44.1	5498	24.3
湖口县	Hukou		15.9	4914	7.8	9.7	5711	5.5
彭泽县	Pengze		22.9	4749	10.9	14.5	6169	8.9
瑞昌市	Ruichang		17.6	5506	9.7	11.2	6890	7.7
共青城市	Gongqingcheng		7.6	5125	3.9	5.7	5932	3.4
渝水区	Yushui	*	72.9	5468	39.9	66.1	5752	38.0
分宜县	Fenyi	*	29.3	5371	15.8	25.0	5867	14.7
月湖区	Yuehu		4.4	5816	2.6	3.5	6247	2.2
余江区	Yujiang	*	48.6	5645	27.4	46.4	5791	26.8
贵溪市	Guixi	*	72.0	5000	36.0	66.2	5267	34.9
章贡区	Zhanggong		6.3	5782	3.6	4.8	6268	3.0
南康区	Nankang	*	37.4	5726	21.4	31.9	6192	19.7
赣县区	Ganxian		36.9	4907	18.1	29.4	5271	15.5
信丰县	Xinfeng	*	46.8	4902	23.0	37.6	5350	20.1
大余县	Dayu		16.2	5566	9.0	11.8	5986	7.0
上犹县	Shangyou	*	15.6	6722	10.5	14.9	6834	10.2
崇义县	Chongyi		6.2	6096	3.8	5.5	6388	3.5
安远县	Anyuan		24.1	4051	9.8	17.3	4546	7.9
龙南市	Longnan		12.2	4959	6.0	9.9	5343	5.3
定南县	Dingnan		10.5	5382	5.7	8.2	6139	5.0
全南县	Quannan		11.2	5732	6.4	7.3	6516	4.8
宁都县	Ningdu	*	71.7	5182	37.2	52.6	5908	31.1
于都县	Yudu	*	48.4	4547	22.0	38.0	5032	19.1
兴国县	Xingguo	*	55.9	4697	26.2	44.4	5189	23.0

注：2020年数据归口管理后，数据由江西调查总队发布。

3-11 续表 Continued

单位：千公顷、公斤/公顷、万吨 (1000 hectares、kg/hectare、10000 tons)

地 区	Region	是否抽样调查（用*表示）	全年粮食 (Grain Crops) 播种面积 Sown Area	单位面积产量 Yield per Unit Area	总产量 Total Output	稻谷 (Rice) 播种面积 Sown Area	单位面积产量 Yield per Unit Area	总产量 Total Output
会昌县	Huichang	*	29.8	5367	16.0	25.8	5747	14.8
寻乌县	Xunwu		13.4	5543	7.4	9.6	6255	6.0
石城县	Shicheng		26.3	4683	12.3	17.3	5477	9.5
瑞金市	Ruijin	*	34.9	5451	19.0	25.9	6098	15.8
吉州区	Jizhou		19.5	5111	10.0	18.5	5250	9.7
青原区	Qingyuan		21.0	5919	12.4	20.1	6090	12.2
吉安县	Ji'an	*	69.3	5818	40.3	64.7	6021	38.9
吉水县	Jishui	*	86.2	5859	50.5	79.7	6136	48.9
峡江县	Xiajiang	*	36.1	5684	20.5	35.1	5755	20.2
新干县	Xingan	*	52.3	5900	30.8	49.6	6061	30.1
永丰县	Yongfeng	*	59.9	5439	32.6	56.1	5636	31.6
泰和县	Taihe	*	86.7	5662	49.1	81.1	5873	47.6
遂川县	Suichuan	*	45.2	5721	25.9	41.9	5915	24.8
万安县	Wanan	*	40.0	5597	22.4	38.5	5726	22.0
安福县	Anfu	*	58.5	5676	33.2	55.1	5879	32.4
永新县	Yongxin	*	48.3	5864	28.3	46.0	5971	27.5
井冈山市	Jinggangshan		17.6	5336	9.4	12.8	6261	8.0
袁州区	Yuanzhou	*	62.8	5507	34.6	53.7	5851	31.4
奉新县	Fengxin	*	45.3	5994	27.2	42.3	6208	26.3
万载县	Wanzai	*	44.3	5837	25.9	41.3	6018	24.9
上高县	Shanggao	*	43.7	5909	25.8	40.8	6067	24.7
宜丰县	Yifeng	*	38.4	6330	24.3	37.5	6411	24.0
靖安县	Jingan		13.5	6218	8.4	12.1	6406	7.8
铜鼓县	Tonggu	*	7.7	5874	4.6	6.6	6125	4.1
丰城市	Fengcheng	*	165.4	6045	100.0	156.8	6117	95.9
樟树市	Zhangshu	*	83.7	6062	50.8	80.0	6186	49.5
高安市	Gaoan	*	109.5	6133	67.1	105.1	6228	65.5
临川区	Linchuan	*	102.4	5768	59.1	99.5	5847	58.2
东乡区	Dongxiang	*	55.4	6273	34.8	54.3	6347	34.4
南城县	Nancheng	*	38.1	6640	25.3	36.8	6771	24.9
黎川县	Lichuan		24.4	6130	14.9	23.2	6310	14.6
南丰县	Nanfeng	*	12.8	6007	7.7	12.5	6092	7.6
崇仁县	Chongren	*	42.4	6224	26.4	40.8	6341	25.8
乐安县	Lean	*	48.0	5936	28.5	46.9	6010	28.2
宜黄县	Yihuang		23.9	6395	15.3	22.5	6592	14.8
金溪县	Jinxi	*	49.4	6437	31.8	48.5	6484	31.5
资溪县	Zixi		5.8	6339	3.7	5.7	6412	3.6
广昌县	Guangchang		16.9	6581	11.1	16.0	6804	10.9
信州区	Xinzhou		5.8	6014	3.5	4.3	6701	2.9
广丰区	Guangfeng	*	35.3	5107	18.1	24.5	5862	14.4
广信区	Guangxin	*	22.7	5962	13.5	19.0	6578	12.5
玉山县	Yushan	*	34.8	5893	20.5	29.1	6465	18.8
铅山县	Yanshan		27.5	5754	15.8	22.2	6440	14.3
横峰县	Hengfeng		11.8	6494	7.7	10.5	6988	7.3
弋阳县	Yiyang	*	37.3	5444	20.3	35.4	5624	19.9
余干县	Yugan	*	135.8	5435	73.8	130.5	5547	72.4
鄱阳县	Poyang	*	185.4	5568	103.2	174.6	5746	100.3
万年县	Wannian	*	45.5	5496	25.0	43.7	5624	24.6
婺源县	Wuyuan		19.4	5676	11.0	17.4	6034	10.5
德兴市	Dexing		19.8	5484	10.9	17.6	5839	10.3

3-12-1 产粮大县调查粮食播种面积情况(2012-2022年)
Total Sown Areas of The Major Grain Producing Counties(2012-2022)

单位：千公顷 (1000 hectares)

地 区	Region	2012	2013	2014	2015	2016	2017	2018	2019	2020	2021	2022
新建区	Xinjian	96.2	97.4	97.2	97.4	93.9	92.1	90.6	86.9	91.9	90.6	77.5
南昌县	Nanchang	127.2	127.7	128.2	127.6	140.0	138.3	131.0	126.9	137.4	137.4	137.5
进贤县	Jinxian	85.5	85.8	86.7	86.5	86.9	86.2	85.6	86.9	86.8	86.8	86.9
浮梁县	Fuliang	27.9	28.2	28.2	28.5	27.5	27.8	28.0	27.3	28.4	28.3	28.3
乐平市	Leping	61.8	62.3	63.0	63.4	63.7	63.2	61.7	60.3	62.0	62.2	62.2
莲花县	Lianhua	21.7	22.0	22.0	22.2	21.6	21.3	20.2	19.6	21.2	21.2	21.2
修水县	Xiushui	44.9	45.9	47.1	48.7	48.3	48.1	46.1	45.1	47.1	47.2	47.2
永修县	Yongxiu	35.8	37.0	37.7	36.7	38.9	40.7	37.7	36.9	37.8	37.9	37.9
都昌县	Duchang	53.6	52.9	51.6	50.5	52.2	51.9	51.8	51.7	52.3	51.0	51.0
渝水区	Yushui	70.4	70.6	70.8	70.8	69.4	69.3	69.8	67.5	72.3	72.9	72.9
余江区	Yujiang	47.2	47.8	48.0	48.1	49.1	49.0	47.9	46.7	48.5	48.6	48.6
贵溪市	Guixi	69.2	69.8	69.9	71.6	70.6	70.3	68.8	67.2	71.9	72.0	72.0
南康区	Nankang	36.1	36.2	36.4	37.2	38.3	38.1	37.5	36.8	37.7	33.3	37.4
信丰县	Xinfeng	45.9	46.3	46.3	46.8	45.8	45.7	45.2	43.3	45.5	45.6	46.8
宁都县	Ningdu	66.8	67.2	67.7	68.4	69.0	68.4	66.9	63.2	67.2	67.3	71.7
于都县	Yudu	48.7	48.5	48.2	47.9	46.9	46.5	46.7	45.7	47.0	47.2	48.4
兴国县	Xingguo	54.7	54.8	55.0	55.3	54.7	54.4	54.1	52.5	54.3	54.5	55.9
瑞金市	Ruijin	32.1	33.5	34.2	34.2	33.7	33.0	33.7	33.1	33.8	34.0	34.9
吉安县	Ji'an	70.9	70.2	69.2	69.5	68.6	68.4	68.5	67.9	69.2	69.2	69.3
吉水县	Jishui	87.1	87.4	87.5	84.7	88.9	88.6	85.5	85.7	86.1	86.1	86.2
峡江县	Xiajiang	36.2	36.5	35.4	35.4	35.2	35.3	36.0	35.1	36.1	36.1	36.1
新干县	Xingan	53.8	53.0	52.1	52.7	51.7	51.5	51.8	51.0	52.2	52.2	52.3
永丰县	Yongfeng	60.1	60.3	60.5	60.7	59.1	59.1	59.6	58.7	59.8	59.8	59.9
泰和县	Taihe	87.5	87.7	88.7	90.3	89.5	89.2	87.2	87.7	86.6	86.6	86.7
遂川县	Suichuan	52.6	49.5	47.8	46.6	44.8	44.8	44.8	44.3	45.2	45.2	45.2
万安县	Wanan	40.9	40.7	40.3	40.5	40.2	39.8	39.9	39.1	40.0	40.0	40.0
安福县	Anfu	56.7	57.1	57.7	59.1	60.5	60.6	58.2	57.1	58.4	58.5	58.5
永新县	Yongxin	46.9	47.7	48.4	49.6	49.1	48.9	47.2	48.0	48.2	48.3	48.3
袁州区	Yuanzhou	65.1	64.8	65.4	65.6	64.5	63.8	62.7	60.5	62.8	62.8	62.8
奉新县	Fengxin	45.8	45.9	46.1	46.3	45.6	45.1	44.8	43.8	45.2	45.2	45.3
万载县	Wanzai	40.8	46.8	46.6	45.9	44.2	43.7	43.8	42.6	44.2	44.2	44.3
上高县	Shanggao	44.3	44.4	44.3	44.4	43.6	43.4	43.4	42.1	43.6	43.6	43.7
宜丰县	Yifeng	39.2	39.3	39.4	39.5	38.9	38.5	38.2	37.5	38.3	38.4	38.4
丰城市	Fengcheng	168.6	169.8	170.8	172.1	169.0	167.8	163.9	163.7	165.2	165.2	165.4
樟树市	Zhangshu	83.2	83.9	84.7	85.8	85.4	85.2	83.5	81.7	83.7	83.7	83.7
高安市	Gaoan	110.9	110.2	110.6	113.0	111.2	110.6	109.1	107.6	109.4	109.4	109.5
临川区	Linchuan	90.7	90.5	89.8	89.2	95.4	94.9	92.9	91.4	102.0	102.0	102.4
东乡区	Dongxiang	50.7	51.5	52.9	54.2	53.9	54.0	51.8	50.2	55.3	55.3	55.4
南城县	Nancheng	37.8	37.8	37.9	38.1	38.2	38.3	37.6	36.1	38.0	38.0	38.1
南丰县	Nanfeng	23.4	23.0	22.6	22.4	22.0	21.9	22.9	19.4	12.7	12.8	12.8
崇仁县	Chongren	39.8	40.3	40.5	40.9	40.4	40.0	39.8	38.6	42.3	42.3	42.4
乐安县	Lean	43.2	44.8	45.9	47.0	47.4	47.2	44.5	43.2	47.8	47.8	48.0
金溪县	Jinxi	46.9	47.6	48.1	48.6	48.1	47.4	47.2	46.1	49.3	49.3	49.4
广丰区	Guangfeng	38.6	39.8	37.9	38.0	38.2	36.5	36.1	37.3	35.3	35.3	35.3
广信区	Guangxin	31.5	31.9	31.4	31.6	31.3	30.8	30.5	29.3	22.7	22.7	22.7
玉山县	Yushan	40.6	40.6	40.2	40.3	36.1	36.2	39.1	38.2	34.8	34.8	34.8
弋阳县	Yiyang	37.1	37.3	37.5	37.5	37.9	37.7	36.9	36.9	37.3	37.3	37.3
余干县	Yugan	124.7	132.0	134.0	136.2	134.0	133.2	128.1	125.5	135.8	135.8	135.8
鄱阳县	Poyang	177.4	177.9	183.3	176.3	173.2	173.2	170.7	172.3	185.4	185.4	185.4
万年县	Wannian	42.6	44.3	46.7	48.2	48.6	47.9	45.5	44.7	45.5	45.5	45.5

注：产粮大县粮食生产数据自2012年起开展调查,大县数据根据当年县区区划范围核定。

3-12-2 产粮大县调查粮食产量情况(2012-2022年)
The Grain Yield of The Major Grain Producing Counties(2012-2022)

单位：万吨 (10000 tons)

地 区	Region	2012	2013	2014	2015	2016	2017	2018	2019	2020	2021	2022
新建区	Xinjian	58.7	60.2	60.3	61.2	57.9	55.3	54.6	53.2	54.2	55.0	46.1
南昌县	Nanchang	82.6	83.4	85.4	84.8	93.2	91.1	88.0	86.3	86.6	87.1	85.5
进贤县	Jinxian	48.8	49.6	50.8	51.2	51.0	50.8	49.3	49.1	49.2	50.1	48.9
浮梁县	Fuliang	15.2	15.5	15.6	13.5	17.2	17.4	17.7	17.2	15.3	15.9	15.7
乐平市	Leping	36.2	36.8	37.4	38.1	39.1	38.5	37.4	36.2	36.9	37.1	36.2
莲花县	Lianhua	14.3	14.5	14.5	14.8	14.6	14.6	14.1	13.6	13.8	14.0	13.5
修水县	Xiushui	21.4	22.2	21.5	24.7	27.0	27.2	25.6	24.4	25.8	26.2	25.8
永修县	Yongxiu	21.0	21.0	21.9	23.1	24.9	25.8	24.2	23.1	20.7	21.0	20.7
都昌县	Duchang	28.3	28.0	27.7	27.5	27.0	26.7	28.4	29.1	25.9	26.5	25.9
渝水区	Yushui	41.9	42.8	43.5	44.6	41.0	41.1	41.1	40.5	39.7	40.4	39.9
余江区	Yujiang	27.0	29.9	29.0	27.3	27.6	27.2	27.1	26.8	26.8	27.6	27.4
贵溪市	Guixi	36.7	37.7	38.2	39.2	39.6	39.1	37.4	36.2	36.2	36.7	36.0
南康区	Nankang	19.4	19.4	19.5	19.8	19.9	19.9	21.0	20.8	20.8	19.5	21.4
信丰县	Xinfeng	23.6	23.8	23.7	24.1	23.6	23.5	23.5	22.5	22.5	23.0	23.0
宁都县	Ningdu	37.4	38.4	39.8	40.6	40.8	40.2	38.7	36.7	36.8	37.2	37.2
于都县	Yudu	23.4	24.1	23.1	23.0	22.7	22.5	22.6	21.5	21.5	22.0	22.0
兴国县	Xingguo	27.0	27.4	27.7	27.8	27.4	27.3	27.1	25.7	25.7	26.2	26.2
瑞金市	Ruijin	17.4	18.3	19.0	19.0	18.9	18.8	18.6	18.5	18.5	19.0	19.0
吉安县	Ji'an	37.4	39.8	40.8	41.3	41.2	41.2	40.5	40.6	40.6	41.0	40.3
吉水县	Jishui	49.2	50.9	51.2	51.5	53.5	53.5	51.7	50.7	50.7	51.4	50.5
峡江县	Xiajiang	21.5	22.0	21.8	21.6	21.7	21.6	21.2	20.6	20.6	20.9	20.5
新干县	Xingan	29.9	31.0	28.7	32.0	31.5	31.3	31.7	31.2	31.2	31.4	30.8
永丰县	Yongfeng	31.4	33.0	33.8	33.9	33.5	33.3	32.8	31.9	31.9	33.1	32.6
泰和县	Taihe	44.8	48.8	49.4	50.9	50.9	50.9	50.1	50.5	49.2	49.9	49.1
遂川县	Suichuan	29.4	29.1	27.4	26.9	26.6	26.6	26.4	25.9	25.9	26.3	25.9
万安县	Wanan	24.1	24.1	24.0	24.1	23.9	23.9	23.1	22.3	22.3	22.8	22.4
安福县	Anfu	30.9	33.0	34.4	35.1	36.5	36.3	34.6	33.5	33.5	33.8	33.2
永新县	Yongxin	26.1	28.4	28.9	29.4	29.3	29.2	28.4	28.7	28.7	28.8	28.3
袁州区	Yuanzhou	40.1	37.2	37.8	38.3	37.9	37.6	36.2	35.3	35.3	35.6	34.6
奉新县	Fengxin	28.3	28.6	28.8	29.3	28.6	28.1	28.0	27.6	27.6	27.9	27.2
万载县	Wanzai	23.5	27.8	27.6	27.7	27.1	26.7	27.0	26.4	26.3	26.6	25.9
上高县	Shanggao	26.4	27.5	27.7	28.1	27.5	27.3	26.9	26.3	26.3	26.6	25.8
宜丰县	Yifeng	26.0	26.0	25.3	25.8	25.0	24.7	24.7	24.5	24.5	24.7	24.3
丰城市	Fengcheng	103.4	104.9	106.1	107.4	106.0	105.4	102.0	100.7	100.7	101.2	100.0
樟树市	Zhangshu	52.1	54.0	54.9	55.8	55.2	54.8	53.8	51.8	51.6	52.2	50.8
高安市	Gaoan	68.1	68.7	69.2	71.2	70.5	70.1	68.6	68.6	68.5	69.0	67.1
临川区	Linchuan	59.7	59.9	59.5	59.7	59.9	59.2	59.2	57.6	59.3	59.8	59.1
东乡区	Dongxiang	29.5	30.4	32.5	33.5	33.6	34.1	32.5	31.0	35.0	35.3	34.8
南城县	Nancheng	26.8	26.5	26.5	26.7	26.6	27.1	26.4	25.9	26.4	25.7	25.3
南丰县	Nanfeng	17.9	17.5	17.1	16.9	16.6	16.6	17.4	14.6	6.8	7.8	7.7
崇仁县	Chongren	26.0	26.4	26.8	27.5	27.1	26.9	26.4	25.8	26.7	26.8	26.4
乐安县	Lean	26.7	27.9	28.8	29.9	30.0	30.0	29.1	28.4	29.1	29.4	28.5
金溪县	Jinxi	29.5	30.6	32.3	33.2	33.1	33.0	32.1	31.0	32.1	32.3	31.8
广丰区	Guangfeng	16.3	16.1	16.0	16.4	16.6	16.1	17.2	18.2	18.2	18.3	18.1
广信区	Guangxin	16.0	16.0	16.4	16.5	16.6	16.8	17.0	16.6	16.6	13.8	13.5
玉山县	Yushan	20.9	21.3	21.0	20.8	18.6	18.5	21.3	20.9	20.9	21.4	20.5
弋阳县	Yiyang	19.9	20.2	20.4	20.8	21.0	20.6	20.2	20.1	20.1	20.5	20.3
余干县	Yugan	69.2	73.1	74.5	76.9	74.6	75.2	73.5	73.5	72.9	75.0	73.8
鄱阳县	Poyang	95.7	96.4	99.6	97.6	95.1	94.7	97.0	101.2	100.1	104.0	103.2
万年县	Wannian	22.7	23.7	25.3	26.3	26.6	26.3	26.1	25.2	25.2	25.6	25.0

主要统计指标解释

粮食产量 指日历年度内生产的全部粮食数量。按收获季节包括夏收粮食、早稻和秋收粮食，按作物品种包括谷物、豆类和薯类。其产量计算方法：谷物按脱粒后的原粮计算，豆类按去豆荚后的干豆计算；薯类(包括甘薯和马铃薯，不包括芋头和木薯)1964年以前按每4公斤鲜薯折1公斤粮食计算，从1964年开始改为按5公斤鲜薯折1公斤粮食计算；城市郊区作为蔬菜的薯类(如马铃薯等)按鲜品计算，并且不作粮食统计。

农作物播种面积 指日历年度内收获农作物在全部土地（耕地或非耕地）上的播种或移植面积。凡是本年内收获的农作物，无论是本年还是上年播种，都算为播种面积，但不包括本年播种，下年收获的农作物面积。

猪、牛、羊、禽肉产量 指当年出栏并已屠宰、除去头蹄下水后带骨肉(即胴体重)的重量。

期初(末)畜禽存栏头(只)数 指报告期初(末)饲养的猪、牛、羊、家禽等畜禽的数量。数据上报方式及数据调整情况同猪、牛、羊、禽肉产量。

当年出栏的畜禽数 指当年（报告期内）省、市、县所属的各种经济组织类型、各个系统的全部畜牧业生产单位，已屠宰或以消费为目的出售的畜禽数。

Explanatory Notes on Main Statistical Indicators

Grain Output refers to the total output of grains produced within a calendar year. It includes summer crops, early rice and autumn crops by harvest seasons; and covers cereals, beans and tubers by type of crops. Output of cereals cover husked grain only. Output of beans refers to dry beans without pods. The output of tubers (sweet potatoes and potatoes, not including taros and cassava) are converted with the ratio of 4:1, i.e. 4 kilograms of fresh tubers were equivalent to 1 kilogram of grain before 1964. Since 1964 the ratio has been changed to 5:1. Tubers consumed as vegetables (such as potatoes) in cities and suburbs are calculated as fresh vegetables and their output is not included in the output of grain.

Sown Area of Crops refers to area of all land (cultivated or non-cultivated area) sown or transplanted with crops that are harvested within the calendar year. All crops harvested within the year are counted as sown area, regardless of being sown in this year or the previous year. Crops sown this year but will be harvested in the coming year are excluded.

Output of Pork, Beef, Mutton and Poultry refers to the meat of slaughtered hogs, cattle, sheep and goats with head, feet, and offal taken away.

Number of Livestock or Poultry in Stock at Beginning/End of Period refers to the total number of large animals, pigs, sheep,fowls, etc. raised at the beginning/end of the reference period.

Number of livestock and poultry sold in Current year refers to the number of animals and poultry slaughtered or sold for consumption by the various economic organizations of the province, City and county in the current year (during the reporting period) .

四 脱贫县农村住户监测调查

Rural Household Monitoring Survey in Poverty Relief Counties

简要说明

2021 年，农村贫困监测调查更名为脱贫县农村住户监测调查。江西省脱贫县农村监测调查在 24 个脱贫县开展，包含 21 个原国家扶贫重点县和原 17 个罗霄山脉连片特困地区贫困县，其中 14 个县互相重合。主要监测脱贫县农村地区居民现金和实物收支情况、住户成员及劳动力从业情况、居民家庭住房和耐用消费品拥有情况、家庭经营和生产投资情况、社区基本情况、县（市）社会经济基本情况等。脱贫县农村住户监测调查采用日记账和问卷调查相结合的方式采集基础数据。本书提供的江西脱贫县相关数据资料均为脱贫县农村监测调查 218 个调查点数据加权汇总所得。

Brief Description

In 2021, the rural poverty monitoring survey was renamed as the rural household monitoring survey in poverty relief counties. The rural monitoring survey of poverty-alleviation counties in Jiangxi province was carried out in 24 counties, including 21 former key national poverty-alleviation counties and 17 former contiguous poverty relief counties in the Luoxiao Mountains, of which 14 counties overlapped. It mainly monitors the cash and physical income and expenditure of residents in rural areas of poverty relief counties, the employment of household members and labor force, the ownership of household housing and durable consumer goods, household operation, production and investment, the basic situation of communities, and the basic social and economic conditions of counties (cities). The monitoring survey of rural households of poverty relief counties combines journal and questionnaire survey. The relevant data provided by this book on poverty alleviation counties in Jiangxi province are all obtained from the weighted summary data of 218 rural monitoring sites of poverty alleviation counties.

脱贫攻坚固成果 居民生活谱新篇

——2022年江西省脱贫监测报告

2022 年，江西各地深入贯彻习近平总书记关于“三农”工作重要论述和讲话精神，全省以巩固拓展脱贫攻坚成果有效衔接乡村振兴为抓手，坚持稳字当头、稳中求进，切实做好“六稳”“六保”工作，积极应对疫情和高温干旱影响，持续巩固脱贫攻坚成果，增强脱贫地区内生发展动力，实现脱贫县农村居民收入稳定增长，增幅高于全省农村居民平均水平，居民生活消费水平持续提高，村居面貌扎实改善，新农村建设进一步推进。

一、脱贫县农村居民收入恢复较快增长，增速高于全省平均水平

（一）脱贫县农村居民收入与全省农村居民收入差距进一步缩小

据我省 24 个脱贫县农村住户监测调查显示，2022 年全省脱贫县农村居民人均可支配收入达到 15741 元，比上年增加 1289 元，增长 8.9%，比同期全省农村居民人均可支配收入增速高 2.2 个百分点，比全国脱贫地区平均增速高 1.4 个百分点，扣除消费价格因素影响，脱贫县收入实际增长 7.0%。以 2019 年为基数，年均增长 10.2%，比同期全省农村居民年均增长速度高 1.7 个百分点。脱贫县收入绝对值水平占全省农村居民人均可支配收入比重为 79.0%，占比同比提高 1.6 个百分点。脱贫县农村居民收入与全省农村居民收入差距进一步缩小（见图 1）。

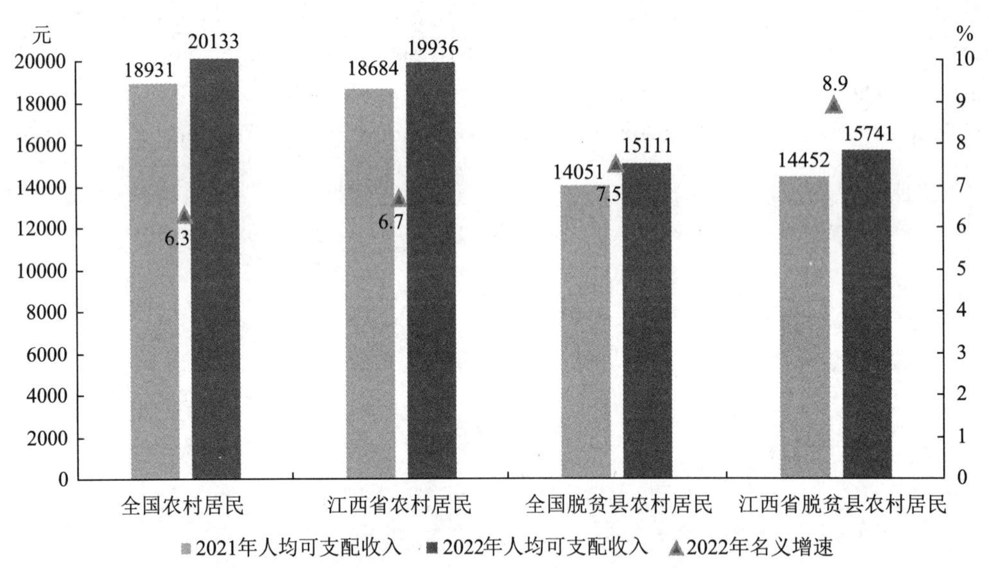

图 1 全国及全省不同地区农村居民人均可支配收入情况

（二）脱贫县农村居民收入结构保持稳定

2022 年，我省经济形势总体稳中有进，整体向好，延续恢复发展势态，劳动力市场需求持续恢复，农村务工人员外出保持稳定，推动脱贫县农村居民人均工资性收入增长，达到 7622 元，比上年增加 734 元，增长 10.7%，工资性收入占可支配收入 48.4%，占比比上年上升 0.8 个百分点，是脱贫县农村居民收入主要收入来源。

2022 年，我省积极推动巩固拓展脱贫攻坚成果同乡村振兴有效衔接，保持帮扶政策总体稳定，落实赣人社发〔2022〕4 号等文件精神，进一步提高城乡居民基本养老保险金最低标准、城乡最低生活保障和特困

供养人员补贴标准，对农村养老、农村社保的投入力度进一步加大，外出务工寄回带回保持稳定增长。在多因素积极作用下，脱贫县农村居民人均转移净收入为4859元，比上年增加454元，增长10.3%，占可支配收入30.9%，占比比上年上升0.4个百分点。受极端气候和农业经营成本持续高位运行影响，脱贫县农村居民人均经营净收入增长较慢，为3160元，比上年增加71元，增长2.3%，占可支配收入20.1%，占比比上年下降1.3个百分点。人均财产净收入为100元，比上年增加30元，增长42.8%，占可支配收入0.6%，对脱贫县农村居民增收推动作用较弱。从收入结构来看，总体收入结构保持稳定，维持工作收入为主，转移净收入、经营净收入为次，财产性收入较少的格局（见表1）。

表1　脱贫县农村居民人均可支配收入构成情况

指标名称	2021年绝对值（元）	2022年绝对值（元）	2022年增幅（元）	2022年占收入比重（%）	占比比2021年增减值（百分点）
人均可支配收入	14452	15741	1289	100	0
#工资性收入	6888	7622	734	48.4	0.8
经营净收入	3089	3160	71	20.1	-1.3
财产净收入	70	100	30	0.6	0.1
转移净收入	4405	4859	454	30.9	0.4

（三）农村居民一产增收受限，三产有效增收

从家庭经营收入结构和收入产出比来看，脱贫县农村居民人均第一产业经营净收入受农资上涨和持续极端干旱影响，为1838元，比上年减少12元，下降0.7%，占人均家庭经营净收入的58.2%，比上年下降1.7个百分点；人均第二产业经营净收入为190元，增长21.8%，占比为6.0%，比上年同期上升0.9个百分点；人均第三产业经营净收入成为家庭经营净收入重要来源，达到1131元，增长4.5%，占比为35.8%，比上年同期上升0.8个百分点。我省农村居民家庭经营中，一产投入产出比为1∶2.57，投入产出比较高；第二产业投入产出比达到1∶2.39，投入产出比有所下降，净收入绝对值也较低，对农村居民增收作用有限；第三产业投入产出比为1∶2.2，对家庭经营增收起到较好的支撑作用（见表2）。

表2　2022年脱贫县农村居民家庭经营收支结构

指标名称	总收入（元）	总支出（包含固定资产折价）（元）	投入产出比	净收入（元）	净收入占比（%）
家庭经营	5406	2246	2.41	3160	100
#第一产业	3007	1169	2.57	1838	58.2
第二产业	327	137	2.39	190	6.0
第三产业	2072	941	2.2	1131	35.8

注：四舍五入造成分项和与总项相差1元。

二、脱贫县农村居民生活消费水平进一步提高，生活质量不断改善

从消费方面来看，我省脱贫县农村居民生活消费水平、家庭环境得到极大改善和提高，家庭耐用品拥有量持续增长，生活水平进一步提高。

（一）消费保持较快增长

2022年我省脱贫县农村居民人均生活消费支出为14291元，比上年增加1121元，增长8.5%，扣除消费价格因素影响后实际增长6.5%。从增长速度来看，江西脱贫地区农村居民对交通通信、教育文化娱乐、医疗保健需求显著上升。增幅较高的是交通通信，人均支出1401元，比上年增加228元，增长19.5%；其次是人均教育文化娱乐支出1800元，比上年增加270元，增长17.6%；其他商品和服务人均支出204元，比上年增加34元，增长19.9%（见图2）。

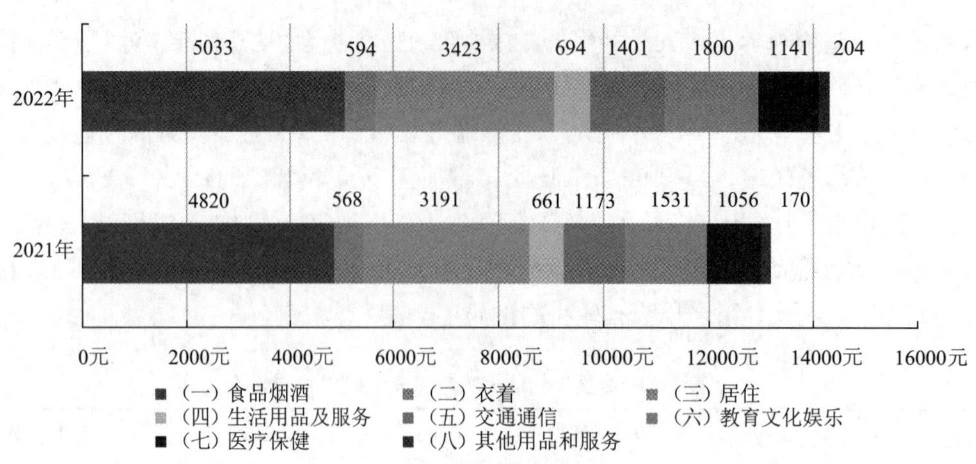

图 2　脱贫县农村居民消费构成

（二）消费结构进一步优化

监测显示，2022 年我省脱贫县农村居民人均食品烟酒、居住及教育文化娱乐消费较高，占消费支出比重较大，三项支出占总消费支出的 71.8%。其中人均食品烟酒消费支出 5033 元，比上年增加 213 元，增长 4.4%，恩格尔系数为 35.2%，比上年降低 1.4 个百分点；人均居住消费支出 3423 元，比上年增加 232 元，增长 7.3%，占总消费支出 24.0%，比上年下降 0.2 个百分点；人均教育、文化娱乐消费支出 1800 元，比上年增加 270 元，增长 17.6%，占总消费支出 12.6%，比上年提高 1.0 个百分点。总体来看，我省脱贫县农村居民生活品质进一步提高，对精神文化生活和医疗保障也有了更多需求。

（三）脱贫县居民家庭耐用品拥有量"增"多"减"少

监测显示，2022 年我省脱贫县农村居民对生活品质有了更高需求，每百户居民家庭耐用品拥有量进一步增加。家用汽车、摩托车、助力车每百户拥有量分别为 25.1 辆、62.4 辆和 61.7 辆，比上年分别增加 2.8 辆、0.4 台和 2.3 台；洗衣机每百户拥有量为 71.4 台，比上年增加 0.9 台；电冰箱每百户拥有量为 93.6 台，比上年减少 0.6 台；微波炉每百户拥有量 14.4 台，比上年增加 1.3 台；彩色电视机每百户拥有量 120.9 台，比上年减少 0.3 台；空调每百户拥有量 65.5 台，比上年上升 2.3 台；热水器每百户拥有量达到 86.3 台，比上年增加 0.1 台；排油烟机每百户拥有量为 43.1 台，比上年上升 4.4 台；移动电话拥有量增长势头出现略微回调，每百户拥有量为 280.3 部，比上年减少 1.4 部；计算机每百户拥有量为 25.9 台，比上年减少 0.3 台（见表 3）。

表 3　脱贫县每百户农民家庭拥有耐用消费品情况

家庭耐用品指标名称	单位	2021 年	2022 年	2022 年增减值
家用汽车	辆	22.3	25.1	2.8
摩托车	辆	62	62.4	0.4
助力车	辆	59.4	61.7	2.3
洗衣机	台	70.5	71.4	0.9
电冰箱（柜）	台	94.2	93.6	-0.6
微波炉	台	13.1	14.4	1.3
彩色电视机	台	121.2	120.9	-0.3
空调	台	63.2	65.5	2.3
热水器	台	86.2	86.3	0.1
排油烟机	台	38.7	43.1	4.4
移动电话	部	281.7	280.3	-1.4
计算机	台	26.2	25.9	-0.3

三、脱贫县家居环境显著改善，村庄建设加快发展

（一）居住条件持续改善

2022 年我省土坯房改造进一步推进，老旧房屋改造持续加强，农村居民居住混凝土结构住房的比重达到 52.9%，比上年上升 3.5 个百分点；居住砖混结构住房的比重为 39.4%，比上年降低 2.7 个百分点；居住砖木结构住房的比重为 7.6%，比上年降低 0.4 个百分点；还有其他结构住房 0.1%。房前屋后使用水泥或柏油路面的农户比重达到 94.4%，比上年上升 2.3 个百分点；使用沙石或石板等硬质路面的农户比重为 4.1%，比上年降低 1.5 个百分点；使用其他路面的农户比重为 1.5%，比上年降低 0.8 个百分点（见图 3）。

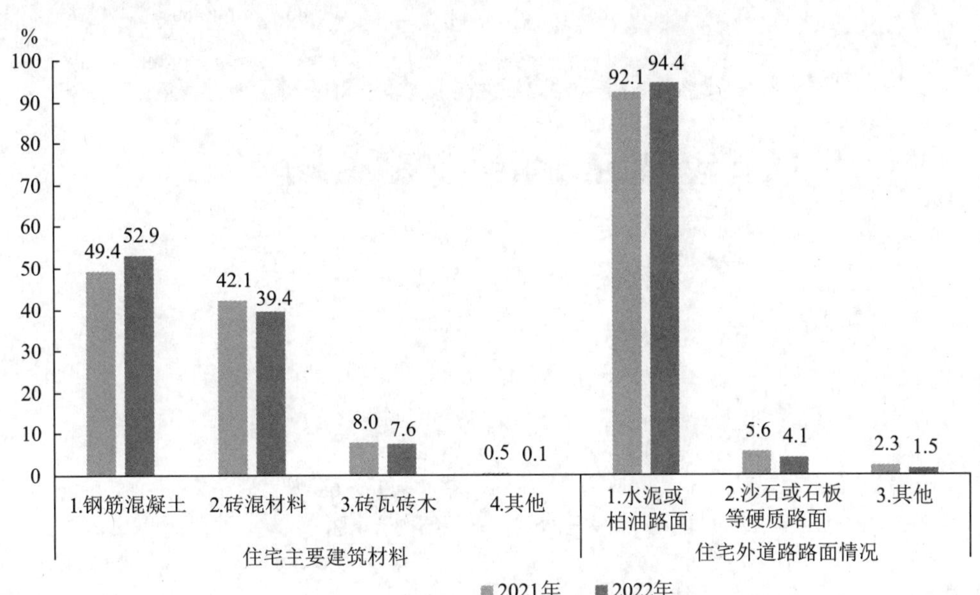

图 3 脱贫县住房结构及环境示意图

（二）卫生状况进一步改善

随着乡村振兴新农村建设进一步推进，厕所革命持续推进，监测显示，2022 年我省脱贫县农村居民使用冲入密闭处理空间水冲式卫生厕所的农户比重为 48.0%，比上年提高 6.1 个百分点；使用冲入下水道水冲式厕所的农户比重为 51.8%，比上年降低 5.3 个百分点；仍然使用旱厕的农户比重为 0.2%，比上年降低 0.7 个百分点；没有厕所的农户比重接近 0，比上年降低 0.1 个百分点。脱贫县统一供热水洗澡的农户比重为 0.9%，比上年下降 0.4 个百分点；家庭自装热水器的农户比重为 81.9%，比上年提高 4.4 个百分点；没有良好洗澡设施的占 17.2%，比上年降低 4.0 个百分点（见表 4）。

表 4 脱贫县农村居民家庭卫生情况

指标分类		2021 年（%）	2022 年（%）	增减百分点
住户厕所类型	水冲式卫生厕所（冲入化粪池等密闭处理空间）	41.9	48.0	6.1
	水冲式厕所（冲入下水道）	57.1	51.8	-5.3
	旱厕	0.9	0.2	-0.7
	无厕所	0.1	0	-0.1
洗澡设施情况	统一供热水	1.3	0.9	-0.4
	家庭自装热水器	77.5	81.9	4.4
	无良好洗澡设施	21.2	17.2	-4.0

（三）饮用水使用状况得到改善

2022 年脱贫县农村居民受干旱影响，在饮用水取用困难方面出现轻微波动，无用水困难的农户为 98.4%，

比上年降低 0.1 个百分点；间断或定时供水的住户比重为 1.4%，比上年上升 0.1 个百分点；连续缺水超过 15 天的住户比重为 0.2%，比上年上升 0.1 个百分点；取水时间超过半个小时的户基本没有，占比比上年降低 0.1 个百分点。

饮用水安全也得到进一步提高，其中经过净化处理的自来水的农户比重达到 53.8%，比上年有所降低；使用受保护的井水和泉水的住户比重为 40.8%，比上年上升 4.7 个百分点；使用不受保护的井水和泉水的农户比重为 5.3%，比上年下降 2.9 个百分点；使用江河湖泊水的农户比重基本为 0，比上年降低 0.2 个百分点；使用其他不便分类来源饮水的农户比重为 0.1%（见图 4）。

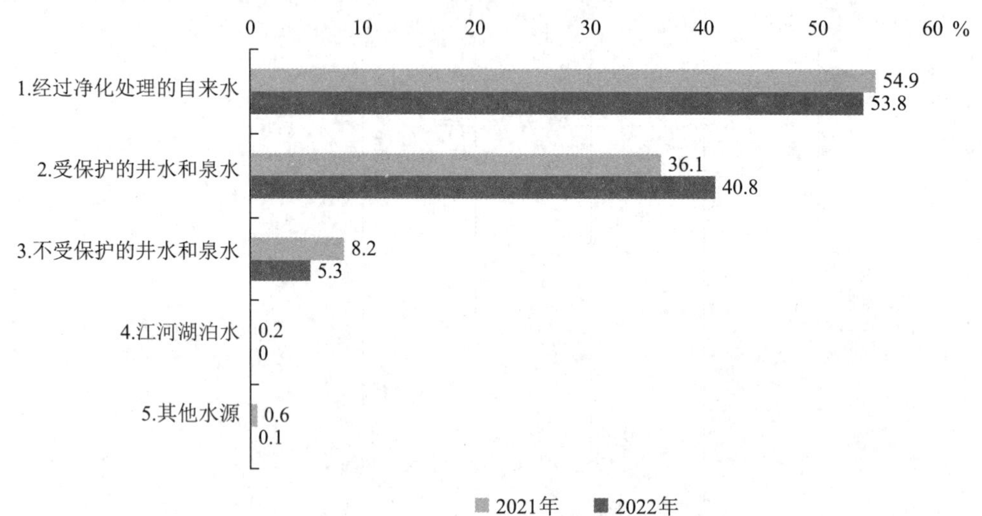

图 4　脱贫县饮用水来源结构示意图

（四）村庄基础设施建设进一步提升

我省乡村振兴政策持续落实，脱贫县村庄改造不断推进，调查户所在的社区或自然村通电、通电话、通公路、垃圾能集中处理基本实现全覆盖；所在社区或自然村能便利乘坐公共汽车的比重为 84.7%，比上年提高 4.2 个百分点；进入社区或自然村道路是水泥或柏油路面的农户比重为 99.7%，与上年持平；所在社区或自然村主要道路是水泥或柏油路面的农户比重为 99.6%，比上年增加 1.7 个百分点；所在社区或自然村主要道路有路灯的比重为 86.4%，比上年提高 3.2 个百分点；所在社区或自然村有健身器材的比重为 87.2%，比上年提高 12.5 个百分点；所在社区或自然村饮用水经过集中净化处理的比重为 84.0%，比上年提高 6.8 个百分点；所在社区或自然村有卫生站的占 97.6%，比上年提高 0.5 个百分点。脱贫县村庄基础设施建设得到进一步提升，农村生产、生活的基础条件得到继续改善（见表 5）。

表 5　2021 年脱贫县农村基础设施和公共服务状况

基础建设指标	2021 年覆盖率（%）	2022 年覆盖率（%）	增减百分点
居民所在社区或自然村通公路的农户比重	100	100	-
所在社区或自然村通电的农户比重	100	100	-
所在社区或自然村通电话的农户比重	100	100	-
所在社区或自然村能便利乘坐公共汽车的农户比重	80.5	84.7	4.2
进入社区或自然村道路是水泥或柏油路面的农户比重	99.7	99.7	0
所在社区或自然村主要道路路面是水泥或柏油路面的农户比重	97.9	99.6	1.7
所在社区或自然村主要道路有路灯的农户比重	83.2	86.4	3.2
所在社区或自然村有健身器材的农户比重	74.7	87.2	12.5
所在社区或自然村有绿化园林景观设计的农户比重	37.2	55.2	18.0
所在社区或自然村饮用水经过集中净化处理的农户比重	77.2	84.0	6.8
所在社区或自然村垃圾能集中处理的农户比重	100	100	-
所在社区或自然村有卫生站的农户比重	97.1	97.6	0.5

四、脱贫县“三农”发展面临的困难和问题

（一）对工资性收入及转移净收入依赖性较大，增收方式单一

从我省历年收入结构变化情况看，农业投资成本不断上升，如化肥、农药价格、人力雇佣成本等上涨，带动农业经营成本上升，而市场农产品价格上涨空间有限，造成种养户经济效益降低，家庭经营净收入对脱贫县居民增收推动力日渐削弱。2017 年脱贫县农村居民人均经营净收入占人均可支配收入比重为 36.2%，2022 年下降到 20.1%。人均工资性收入和转移净收入占比越来越高，对农村居民增收作用明显增加，人均工资性收入占比从 2017 年的 43.9%上升到 2022 年的 48.4%，人均转移净收入从 2017 年的 18.7%上升到 2022 年的 30.9%。人均财产净收入一直难以增长，某些年份甚至出现减少趋势，推动农村居民增收乏力（见图 5）。

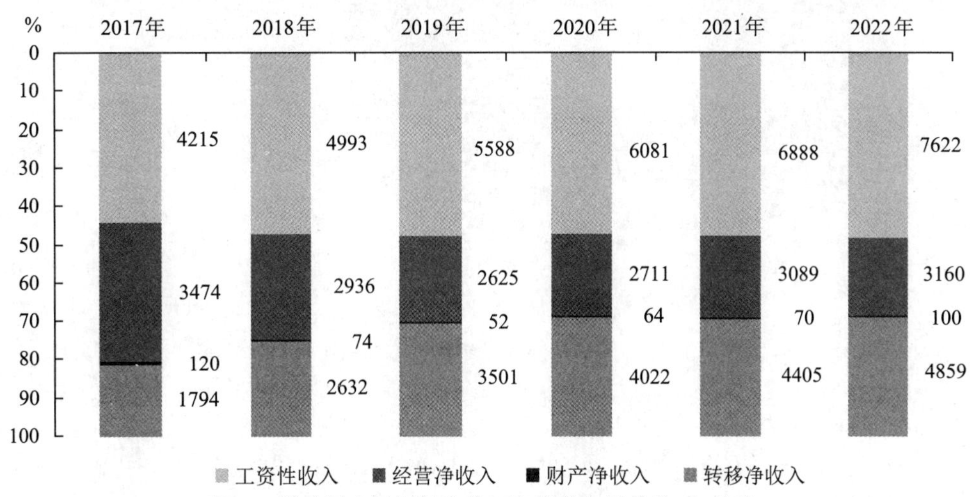

图 5 脱贫县农村居民人均可支配收入结构构成（元）

（二）劳动力人口文化教育程度偏低

监测显示，2022 年我省脱贫县劳动力平均受教育年限仅为 7.6 年，虽然有所上升，但与全国劳动力平均受教育年限 10.9 年还存在一定差距。从分项来看，全体劳动力中初中、大专教育程度占比有所提高，比 2021 年分别提高 2.8 和 0.1 个百分点，高中、大学本科及以上教育程度占比基本保持稳定，不识字或识字不多的比重有所下降。（见表 6）。

表 6 脱贫县劳动力受教育程度分布表

单位：%

劳动力文化程度占比	2020 年	2021 年	2022 年	比 2021 年增减百分点
不识字或识字不多	6.5	7.3	6.4	-0.9
小学	43.7	44.6	42.5	-2.1
初中	39.5	38.0	40.8	2.8
高中	7.5	7.2	7.1	-0.1
大专	2.2	2.2	2.7	0.5
大学本科及以上	0.6	0.7	0.5	-0.2
换算平均受教育年限（单位：年）	7.5	7.4	7.6	

（三）脱贫县人口老龄化现象加重

脱贫县人口老龄化现象对脱贫县劳动力影响较大，加重家庭养老负担并削弱脱贫创收能力，监测显示，2022 年我省脱贫县 66 岁及以上老年人占全部人口比重达到 13.3%，比上年增加 0.6 个百分点；35 岁至 65 岁壮年人口比重为 41.6%，比上年上升 0.3 个百分点；20 岁至 34 岁青年人口比重为 19.0%，比上年降低 0.4 个百分点；19 岁及以下青少年占人口比重为 26.1%，比上年降低 0.5 个百分点（见图 6）。从常住人口口径

来分析，由于青壮年劳动力外出务工较多，常住人口老龄化比重较高，在常住人口中 66 岁及以上老人占常住人口比重达到 17.8%，比上年上升 1.0 个百分点。

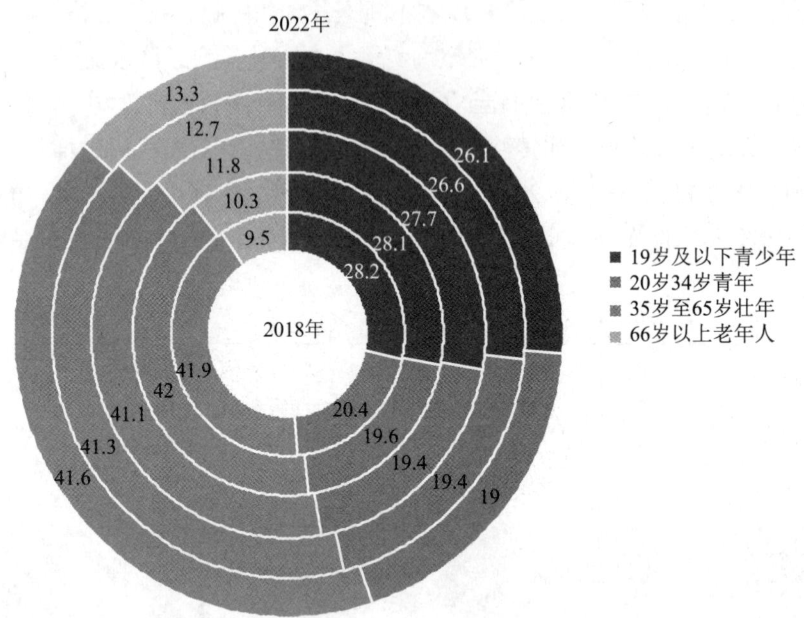

图 6 脱贫县住户全部人口年龄结构示意图（%）

（四）原贫困村与非贫困村发展不够均衡

从不同地域农村基础设施和公共服务建设情况看，基础建设总体情况差距不大，通公路、通电、通电话基本全覆盖。居民进入社区或自然村道路是水泥或柏油路面的比重、进入社区或自然村垃圾能集中处理各地域都达到或接近 99%。原贫困村地域调查户所在社区或自然村主要道路有路灯的比重、饮用水经过集中净化处理的比重、有绿化园林景观的比重分别为 86.5%、85.6%和 58.3%，分别比非贫困村覆盖率高 0.3 个百分点、4.5 个百分点及 9.0 个百分点。原贫困村地域调查户所在自然村能便利乘坐公共汽车的比重、进入社区或自然村是水泥或柏油路面的比重、所在社区或自然村内主要道路路面是水泥或柏油路面的比重分别比非贫困村和全省农村覆盖率低 3.8 个百分点、0.7 个百分点和 0.7 个百分点。总体来看原贫困村与非贫困村基础建设与全省农村接近，但部分公共服务指标还存在差距。

表 7 各地域村级基础设施和公共服务状况

单位：%

基础建设指标	全省农村覆盖率	脱贫县原贫困村覆盖率	脱贫县非贫困村覆盖率
居民所在社区或自然村通公路的比重	100	100	100
所在社区或自然村通电的比重	100	100	100
所在社区或自然村通电话的比重	100	100	100
所在社区或自然村垃圾能集中处理	98.5	100	100
所在社区或自然村能便利地乘坐公共汽车	83.0	81.0	84.8
居民进入社区或自然村是水泥或柏油路面的比重	98.8	99.3	100
所在社区或自然村内主要道路路面是水泥或柏油路面的比重	97.8	99.3	100
所在社区或自然村主要道路有路灯的比重	86.7	86.5	86.2
所在社区或自然村有健身器材的比重	83.6	87.2	87.2
所在社区或自然村饮用水经过集中净化处理的	71.0	85.6	81.1
所在社区或自然村有卫生站	94.8	98.3	98.6
所在社区或自然村有绿化园林景观设计的比重	57.6	58.3	49.3

五、几点建议

（一）协调统筹技能培训，增强实用性

进一步提高脱贫地区农村劳动力技能水平，增强技能培训实用性、有效性，依托小程序或 APP，利用各种信息手段，及时向农村劳动力提供政策咨询、职业介绍和相关就业指导服务，与工业园企业联合组织周期较长的实地培训，突出培训的针对性和实用性，提高劳动力的整体素质。依托当地职业技术学校、技工学校、县电商孵化园等培训基地，积极与各定点培训机构衔接，根据劳动力实际意愿，组织职业技术培训学校对农业种植、特色烹饪、家政服务、电子商务等实用性科目，进行定向式职业培训。

（二）结合地方特色产业，发展农村家庭经营

一是加强农业技术指导，提高农业种养殖科学性，联合院校专家对农业规模户进行对口技术帮扶，传统农业种养殖依靠口口相传和不断试错积累经验，组织聘请专业技术人员实施系统的技术指导，减少农业生产遭遇的技术风险。二是畅通脱贫户农资采购途径，保障基本农资价格稳定，对农产品提供销售渠道帮扶。三是将发展现代农业、农村特色产业作为乡村振兴强有力的抓手，因地制宜发展农村特色产业，提升农业竞争力，促进农民增收。

（三）进一步完善农村养老制度

随着农村劳动力的自由流动，青壮年劳动力大量进城务工，而因为社会保障等基本公共服务的城乡二元化以及故土乡情等观念束缚，导致父母与子女随迁较少，大量的老人无法和子女同住，伴随着脱贫县老龄化的进一步加剧，农村养老问题越加严峻。应在现阶段“新农保”的基础上，进一步完善农村养老保障体系，并形成城乡一体化的社会养老保障体系，做好脱贫县老年人的养老保障服务，解除脱贫地区农村劳动力的后顾之忧。

（四）统筹兼顾原贫困村与非贫困村新农村建设

脱贫攻坚成果显著，相对而言原贫困村资源投入力度较大，巩固拓展脱贫攻坚成果期间，非贫困村基础建设得到一定发展，从公共服务建设来看，非贫困村发展较原贫困村较好，饮用水净化、卫生站建设、垃圾集中处理等指标原贫困村发展较好。村庄建设存在一定不平衡性，建议加大对非贫困村基础建设投入，强化原贫困村公共服务建设，统筹全省省各地域新农村建设，使农村地区整体均衡发展。

4-1-1 脱贫县分地区农村居民人均可支配收入情况(2013-2022年)
Per Capita Disposable Income of Rural Households in Poverty Relief Counties by Districts(2013-2022)

单位：元 (yuan)

地 区	Region	2013	2014	2015	2016	2017	2018	2019	2020	2021	2022
江西省	Jiangxi	6053	6830	7759	8643	9602	10635	11767	12877	14452	15741
莲花县	Lianhua	6095	6848	7644	8518	9591	10671	11786	12843	14461	15742
修水县	Xiushui	5815	6689	7599	8465	9415	10436	11568	12684	14320	15670
南康区	Nankang	6334	7278	8237	9166	10165	11309	12452	13471	14983	16191
赣县区	Ganxian	6142	6888	7747	8588	9542	10546	11754	12790	14410	15856
上犹县	Shangyou	6124	6835	7634	8494	9407	10406	11477	12434	14055	15421
安远县	Anyuan	5953	6740	7537	8371	9227	10349	11382	12302	13544	14792
宁都县	Ningdu	6009	6780	7695	8609	9559	10515	11618	12706	14265	15479
于都县	Yudu	6176	6878	7862	8799	9793	10775	11929	13037	14483	15622
兴国县	Xingguo	6113	6842	7849	8794	9729	10711	11908	13049	14525	15719
会昌县	Huichang	5779	6792	7764	8715	9612	10751	11829	13098	14716	15905
寻乌县	Xunwu	6092	6702	7597	8444	9424	10599	11872	13077	14834	16405
石城县	Shicheng	5185	5818	6662	7398	8435	9573	10739	12042	13731	15137
瑞金市	Ruijin	6163	7156	8251	9211	10301	11355	12509	13655	15360	16572
吉安县	Ji'an	6255	7234	8283	9317	10325	11411	12565	13761	15482	16915
遂川县	Suichuan	6071	6752	7677	8570	9506	10648	11804	12928	14536	16036
万安县	Wan'an	5928	6751	7649	8490	9530	10584	11710	13049	14605	15896
永新县	Yongxin	5809	6667	7587	8432	9453	10457	11613	12708	14166	15422
井冈山市	Jinggangshan	5857	6799	7687	8577	9556	10582	11642	12872	14551	15974
乐安县	Le'an	5559	6219	7083	7898	8794	9800	10804	11834	13290	14495
广昌县	Guangchang	5668	6553	7430	8304	9364	10399	11481	12553	14056	15319
广信区	Guangxin	6119	6857	7726	8535	9520	10498	11592	12686	14292	15601
横峰县	Hengfeng	5924	6791	7627	8423	9469	10470	11542	12610	14176	15602
余干县	Yugan	5899	6827	7736	8576	9472	10546	11661	12870	14400	15668
鄱阳县	Poyang	6358	6866	7731	8574	9483	10467	11599	12702	14357	15645

4-1-2 贫困地区农村居民人均可支配收入及消费情况(2013-2022年)
Per Capita Disposable Income and Consumption Expenditure of Rural Households in Poverty Relief Counties (2013-2022)

年份 Year	人均可支配收入(元) Per Capita Disposable Income (yuan)	名义增速(%) Nominal Growth (%)	实际增速(%) Real Growth (%)	人均消费支出(元) Per Capita Consumption Expenditure (yuan)	名义增速(%) Nominal Growth (%)	实际增速(%) Real Growth (%)
2013	6053	17.1	13.8	5443	24.5	21.0
2014	6830	12.8	10.4	6035	10.9	8.5
2015	7759	13.6	11.9	6763	12.1	10.4
2016	8643	11.4	9.3	7330	8.4	6.4
2017	9602	11.1	9.0	8074	10.2	8.1
2018	10635	10.8	8.4	8984	11.3	8.9
2019	11767	10.6	7.6	10254	14.1	11.0
2020	12877	9.4	6.3	11299	10.2	7.0
2021	14452	12.2	11.5	13170	16.6	15.8
2022	15741	8.9	6.9	14291	8.5	6.5

4-1-3 脱贫县农村居民人均可支配收入及构成情况(2013-2022年)
Per Capita Disposable Income and Its Composition of Rural Households in Poverty Relief Counties(2013-2022)

单位：元 (yuan)

指　　标	Item	2013	2014	2015	2016	2017	2018	2019	2020	2021	2022
人均可支配收入	Per Capita Disposable Income	6053	6830	7760	8643	9602	10635	11767	12877	14452	15741
#工资性收入	Income of Wages and Salaries	2314	2758	3164	3638	4215	4993	5588	6081	6888	7622
经营净收入	Net Business Income	2556	2817	3109	3342	3474	2936	2626	2710	3089	3160
第一产业经营净收入	Net Income of the First Industry	1823	2141	2292	2399	2336	1730	1666	1655	1851	1838
第二产业经营净收入	Net Income of Second Industries	249	180	194	234	321	243	96	134	156	190
第三产业经营净收入	Net Income from Tertiary Sector of the Operations	483	497	623	708	817	963	864	921	1082	1131
财产净收入	Net Income from Property	57	96	114	100	120	74	52	64	70	100
转移净收入	Net Income from Transfers	1126	1158	1372	1563	1793	2632	3501	4022	4405	4859

4-2-1 脱贫县农村居民人均消费支出及构成情况(2013-2022年)

单位：元

指标	Item	2013	2014	2015
消费支出	Total Consumption Expenditure	5443	6035	6763
一、食品烟酒	Food Tobacco and Liquor	2098	2325	2580
(一)食品	Food	1756	1894	2040
1.谷物	Rice	399	386	393
2.薯类	Tubers	40	61	44
3.豆类	Soybeans	30	33	39
4.食用油	Oil	128	129	148
5.蔬菜和食用菌	Fresh Vegetable and Related Products	271	267	287
6.肉类	Meat	417	437	435
7.禽类	Poultry	104	130	140
8.水产品	Aquatic Products	88	102	116
9.蛋类	Eggs and Related Products	40	60	63
10.奶类	Milk and Dairy Products	65	70	84
11.干鲜瓜果类	Dry and Fresh Melon and Fruits	84	109	134
12.糖果糕点类	Candy and Cakes	36	42	44
13.其他食品	Other Foods	55	67	111
(二)烟酒	Tobacco and Liquor	245	283	323
(三)饮料	Beverages	54	54	54
(四)饮食服务	Catering Service	43	94	163
二、衣着	Clothing	241	290	324
三、居住	Residence	1546	1536	1686
四、生活用品及服务	Household Facilities Articles and Services	295	384	447
五、交通通信	Transport and Communications	466	478	550
(一)交通	Transport	275	255	298
(二)通信	Communications	192	223	253
六、教育文化娱乐	Education Cultural and Recreation	391	490	585
(一)教育	Education	302	361	436
(二)文化娱乐	Cultural and Recreation Services	89	129	149
七、医疗保健	Health Care and Medical Services	304	400	441
八、其他用品和服务	Other Goods and Services	101	132	148

4-2-2 脱贫县农村居民主要食品消费量情况(2013-2022年)

单位：公斤/人

指标	Item	2013	2014	2015
粮食(原粮)	Grain (raw grain)	182.0	154.3	160.5
#谷物	Rice	175.6	148.2	153.9
薯类	Tubers	1.1	1.6	1.5
豆类	Soybeans	5.3	4.5	5.1
食用油	Oil	2.9	11.0	13.5
食用植物油	Vegetable Oil	0.8	10.5	13.0
蔬菜及菜制品	Fresh Vegetable and Related Products	84.5	73.1	71.4
肉类	Meat	5.0	18.8	17.3
猪肉	Pork	2.2	17.0	15.1
牛肉	Beef	1.9	0.5	0.6
羊肉	Mutton	0.1	0.1	0.1
禽类	Poultry	0.7	5.5	5.8
水产品	Aquatic Products	3.5	6.3	7.1
蛋类及蛋制品	Eggs and Related Products	3.6	4.4	4.9
奶和奶制品	Milk and Dairy Products	3.6	3.8	4.8
鲜瓜果类	Dry and Fresh Melon and Fruits	23.5	15.9	17.1
食糖	Sugar	0.4	0.8	0.9

Per Capita Consumption Expenditure and Its Composition of Rural Households in Poverty Relief Counties(2013-2022)

(yuan)

2016	2017	2018	2019	2020	2021	2022
7330	8074	8984	10254	11299	13170	14291
2712	2809	2975	3338	3866	4820	5033
2130	2141	2320	2562	3147	3807	3862
357	336	328	345	421	525	492
40	45	58	54	51	67	66
43	48	47	56	70	88	94
148	147	148	147	167	200	198
324	290	285	380	419	496	549
500	528	606	603	917	1075	999
158	157	154	213	273	316	330
128	137	167	205	219	274	300
60	47	47	55	70	92	93
90	100	150	141	142	168	170
148	160	178	211	228	299	334
51	54	66	63	71	85	92
83	92	85	89	97	123	145
343	397	382	394	415	514	586
62	76	62	63	73	105	123
177	194	211	318	232	393	463
354	374	371	413	457	568	594
1932	2010	2536	2848	3123	3191	3423
473	509	557	547	571	661	694
613	817	854	945	1010	1173	1401
335	495	521	616	613	712	920
278	322	333	328	397	461	481
637	797	842	1041	1223	1531	1800
486	602	665	866	1037	1297	1559
151	195	177	176	186	234	242
467	607	731	1008	932	1056	1141
143	150	119	114	117	170	204

Main Food Consumption of Rural Households in Poverty Relief Counties(2013-2022)

(kg/person)

2016	2017	2018	2019	2020	2021	2022
144.3	130.6	120.5	133.6	159.4	180.4	167.1
137.0	123.0	112.3	123.5	147.6	165.8	152.0
1.8	1.3	1.4	1.5	1.7	1.9	1.8
5.6	6.3	6.8	8.5	10.1	12.8	13.4
10.9	11.2	12.2	12.1	4.6	14.2	12.8
10.5	10.8	11.8	11.7	1.1	13.7	12.4
77.3	70.2	68.2	73.4	83.4	100.0	99.6
17.3	19.6	25.0	23.3	12.9	33.8	34.5
15.0	16.9	21.8	20.0	5.5	29.5	30.2
0.7	0.9	1.1	1.4	5.8	1.8	1.9
0.1	0.1	0.1	0.1	0.2	0.2	0.3
6.6	7.2	7.7	10.0	1.4	14.3	13.5
7.3	7.7	9.4	12.3	6.6	14.7	15.0
4.0	4.3	4.9	5.8	7.5	8.6	8.3
4.8	4.3	4.8	5.8	7.3	8.7	7.4
18.5	20.6	23.0	27.6	30.0	40.9	41.9
0.9	1.0	1.0	1.0	1.1	1.3	1.3

4-3-1 脱贫县农村居民家庭基本情况(2013-2022年)

指 标	Item	单位	2013	2014
基本情况	Basic Information			
户均全部人口	Total Population of Each Household	人/户	4.4	4.4
户均常住人口	Number of Permanent Residents Per Household	人/户	3.9	3.8
户均常住从业人口	Average Number of Employed Persons Per Household(person)	人/户	2.4	2.3
平均每户家庭从业人口比重	Percentage of Laborer Per Household	%	62.9	60.7
平均每一从业人口负担人数(包括从业者本人)	Number of Dependents Per Employee (person)	人	1.6	1.6
常住从业人员文化程度	Education Attainments of Permanent Residents			
不识字或识字不多	Never Went to School	%	6.9	6.0
小学	Primary School	%	39.5	33.9
初中	Junior School	%	40.6	48.2
高中	Senior Secondary School	%	8.5	8.4
大学专科	Junior College	%	3.2	2.8
本科及以上	Bachelor Degree or above	%	1.3	0.8
常住从业人员就业类型	Type of Employment of Employed Persons			
雇主	Employer	%	1.7	1.7
公职人员	Public Employee	%	0.4	0.4
事业单位人员	Institution Personnel	%	0.9	0.9
国有企业雇员	Employee of State-owned Enterprises	%	0.3	0.4
其他雇员	Other Employee	%	29.6	33.9
农业自营	Agricultural Self-run	%	56.2	51.9
非农自营	Non-agricultural Self-run	%	10.8	10.7
常住从业人员从事主要行业	Employed Persons Engage in Major Industries			
第一产业	Primary Industry	%	63.2	57.5
第二产业	Secondary Industry	%	24.5	27.0
第三产业	Tertiary Industry	%	12.3	15.5

Basic Conditions of Rural Households in Poverty Relief Counties(2013-2022)

2015	2016	2017	2018	2019	2020	2021	2022
4.3	4.3	4.3	4.6	4.7	4.8	4.6	4.6
3.3	3.6	3.6	3.6	3.5	3.4	3.3	3.3
2.3	2.2	2.1	1.8	1.6	1.5	1.5	1.4
69.4	60.1	59.3	49.6	46.5	44.5	45.1	43.0
1.4	1.7	1.7	2.0	2.2	2.2	2.2	2.3
6.2	7.3	7.4	4.8	5.7	6.6	7.3	6.5
32.0	31.9	32.3	43.8	45.7	46.2	44.6	44.8
46.9	46.8	47.2	41.0	39.3	37.9	38.0	39.6
11.2	10.7	10.9	7.6	6.8	7.1	7.2	6.6
2.9	2.6	1.7	2.4	1.9	1.7	2.2	2.1
0.8	0.7	0.4	0.5	0.6	0.5	0.7	0.4
2.6	1.6	1.9	2.8	2.2	0.9	0.4	0.4
0.4	0.3	0.5	0.6	1.1	0.3	0.4	0.4
0.9	0.5	0.5	1.1	1.3	1.0	1.6	1.2
0.4	0.2			0.1	0.1	0.2	0.1
34.2	34.2	34.1	35.8	40.8	44.1	45.3	45.5
55.3	55.9	55.6	50.8	46.5	46.1	42.2	45.5
6.1	7.3	7.5	8.9	8.1	7.6	10.0	6.9
59.5	59.7	59.3	54.4	49.1	50.1	45.6	50.6
27.3	26.6	26.6	25.0	26.7	27.0	26.3	26.1
13.2	13.6	14.0	20.6	24.2	22.9	28.1	23.3

4-3-2 江西省脱贫县住房及设施状况一览表(2013-2022年)

单位：%

指标名称	Item	2013
居住钢混及砖混的农户比重	Residential Steel Concrete and Brick Concrete Farmers Proportion	72.6
居住砖瓦砖木的农户比重	The Proportion of Farmers Living in Brick, Tile, Brick and Wood	22.4
居住竹草土坯的农户比重	The Proportion of Farmers Living in Bamboo and Grass Adobe	4.5
住宅外道路是水泥或柏油路面的农户比重	The Road Outside the House Is the Farmer Proportion of Cement or Asphalt Road	49.3
住宅外道路是沙石或石板等硬质路面的农户比重	The Road Outside the House Is the Proportion of Hard Pavement Such as Sand or Stone	26.2
使用管道供水的农户比重	The Proportion of Farmers Who Use Pipeline Water Supply	33.3
使用经过净化处理的自来水的农户比重	The Proportion of Farmers Using Purified Tap Water	20.5
使用受保护的井水和泉水的农户比重	Specific Portion of Farmers Using Protected Well Water and Spring Water	64.0
使用不受保护的井水和泉水的农户比重	Specific Portion of Farmers Using Unprotected Well Water and Spring Water	12.5
使用水冲式厕所的农户比重	The Proportion of Farmers Using Flush Toilets	56.8
使用旱厕的农户比重	Proportion of Farmers Using Dry Toilets	41.8
独自使用厕所的农户比重	The Proportion of the Farmers Who Use the Toilets Alone	89.9
炊用使用柴草的农户比重	The Proportion of Farmers Using Firewood for Cooking	64.2
炊用使用煤气、液化气等清洁能源的农户比重	The Proportion of Farmers Who Use Clean Energy Sources Such as Coal Gas and Liquefied Natural Gas for Cooking Purposes	21.4

4-3-3 脱贫县农村居民每百户主要耐用消费品拥有量情况(2013-2022年)

指　标	Item	单位	2013	2014
家用汽车	Family Vehicle	辆	6.3	7.0
摩托车	Motorcycle	辆	80.7	80.0
助力车	Moped	台	30.6	33.0
洗衣机	Washing Machine	台	26.0	28.0
电冰箱(柜)	Refrigerator	台	67.5	68.0
微波炉	Microwave Oven	台	6.2	7.0
彩色电视机	Color Television Set	台	114.9	116.0
空调	Air Conditioner	台	15.0	16.0
热水器	Shower Heater	台	36.9	39.0
排油烟机	Smoke Exhaust Ventilator	台	8.4	11.0
固定电话	Telephone	线	36.6	36.0
移动电话	Mobile Telephone	部	215.3	216.0
计算机	Computer	台	10.1	12.0
照相机	Camera	台	3.2	3.0

Situation of Housing and Facilities in Poverty Relief Counties of Jiangxi Province (2013-2022)

2014	2015	2016	2017	2018	2019	2020	2021	2022
73.5	77.4	83.6	84.8	89.9	91.1	91.7	91.5	92.3
21.4	19.1	14.5	13.7	9.1	8.6	8.0	8.1	7.6
4.5	2.9	1.5	1.0	0.5	0.1	0.1	0.1	0.1
52.8	59.9	69.5	72.7	87.0	90.2	91.4	92.1	94.4
25.5	21.7	17.9	15.9	8.5	6.1	5.8	5.6	4.1
44.0	54.3	64.9	66.0	66.5	79.5	79.9	82.8	79.6
22.8	20.7	30.2	31.0	47.9	49.5	52.4	54.9	53.8
61.3	42.8	34.4	36.9	40.0	39.2	38.9	36.0	40.8
12.4	31.8	31.2	28.4	10.5	9.7	7.2	8.2	5.3
58.8	55.6	59.7	63.0	89.4	98.4	98.8	99.0	99.8
40.3	41.3	37.9	34.7	10.1	1.2	0.8	0.9	0.2
89.9	90.3	92.3	92.9	98.4	93.6	95.9	96.4	97.3
64.6	63.4	60.4	58.2	42.7	18.3	16.2	22.8	27.9
23.8	26.3	32.2	36.9	51.2	48.2	54.7	65.3	68.7

Main Durable Goods Owned Per 100 Households Rural in Poverty Relief Counties (2013-2022)

2015	2016	2017	2018	2019	2020	2021	2022
7.3	7.3	9.4	22.3	18.7	23.8	22.3	25.1
82.7	82.7	78.6	72.2	66.4	65.0	62.0	62.4
36.4	36.4	47.0	51.7	56.9	59.1	59.4	61.7
34.6	34.6	43.3	56.3	64.5	68.2	70.5	71.4
71.6	71.6	77.7	90.2	92.8	94.4	94.2	93.6
7.4	7.4	7.9	9.7	11.9	12.1	13.1	14.4
117.2	117.2	121.5	116.4	120.6	120.8	121.2	120.9
18.7	18.7	27.5	41.4	53.2	58.7	63.2	65.5
41.8	41.8	55.3	70.1	76.7	86.5	86.2	86.3
11.3	11.3	15.0	26.1	33.8	36.7	38.7	43.1
30.9	30.9	22.3	17.4	8.4	4.9	3.5	3.1
217.5	217.5	220.2	272.9	277.3	282.5	281.7	280.3
14.1	14.1	14.9	19.3	20.8	23.5	26.2	25.9
3.2	3.2	2.3	2.3	2.2	1.6	2.3	2.0

4-4-1 江西省脱贫县五等份分组农村居民人均可支配收入及消费情况(2022年)

Per Capita Disposable Income and Consumption Expenditure of Rural Households by Five Equal Parts of Income in Poverty Relief Counties(2022)

分组	Item	人均可支配收入(元) Per Capita Disposable Income (yuan)	名义增速(%) Nominal Growth (%)	实际增速(%) Real Growth (%)	人均消费支出(元) Per Capita Consumption Expenditure (yuan)	名义增速(%) Nominal Growth (%)	实际增速(%) Real Growth (%)
合计	Total	15741	8.9	6.9	14291	8.5	6.5
20%低收入组	Low Income	7641	3.8	1.9	11341	5.4	3.5
20%中低收入组	Medium-low Income	11024	7.6	5.6	12841	6.7	4.7
20%中等收入组	Medium Income	14033	8.2	6.2	13758	9.5	7.5
20%中高收入组	Medium-high Income	18296	8.5	6.5	16074	13.0	10.9
20%高收入组	High Income	32378	13.0	10.9	18871	8.1	6.1

4-4-2 江西省脱贫县五等份分组农村居民人均可支配收入及构成情况(2022年)

Per Capita Disposable Income and Its Composition of Rural Households by Five Equal Parts of Income in Poverty Relief Counties(2022)

单位：元/人 (yuan/person)

指标	Item	合计数 Total	20%低收入组 Low Income	20%中低收入组 Medium-low Income	20%中等收入组 Medium Income	20%中高收入组 Medium-high Income	20%高收入组 High Income
人均可支配收入	Per Capita Disposable Income(yuan)	15741	7641	11024	14033	18296	32378
#工资性收入	Income of Wages and Salaries	7622	2616	4376	7779	10328	15432
经营净收入	Net Business Income	3160	608	1520	2065	2738	10780
第一产业经营净收入	Net Income of the First Industry	1838	633	788	1510	1939	5201
第二产业经营净收入	Net Income of Second Industries	190	-2	93	101	1	924
第三产业经营净收入	Net Income from Tertiary Sector of the Operation	1131	-23	639	454	798	4655
财产净收入	Net Income from Property	100	80	-3	-57	95	470
转移净收入	Net Income from Transfers	4859	4336	5131	4247	5135	5695

4-4-3 江西省脱贫县五等份分组农村居民人均消费支出及构成情况(2022年)
Per Capita Consumption Expenditure and Its Composition of Rural Households by Five Equal Parts of Income in Poverty Relief Counties(2022)

单位：元 (yuan)

指 标	Item	合计 Total	20%低收入组 Low Income	20%中低收入组 Medium-low Income	20%中等收入组 Medium Income	20%中高收入组 Medium-high Income	20%高收入组 High Income
消费支出	Total Consumption Expenditure	14291	11341	12841	13758	16074	18871
一、食品烟酒	Food Tobacco and Liquor	5033	4057	4445	4869	5605	6699
(一)食品	Food	3862	3319	3523	3853	4161	4720
1.谷物	Rice	492	484	481	433	513	568
2.薯类	Tubers	66	74	65	60	69	64
3.豆类	Soybeans	94	90	96	85	91	112
4.食用油	Oil	198	180	193	175	202	255
5.蔬菜和食用菌	Fresh Vegetable and Related Products	549	459	488	556	590	695
6.肉类	Meat	999	841	880	977	1095	1289
7.禽类	Poultry	330	279	282	327	381	409
8.水产品	Aquatic Products	300	230	267	303	344	382
9.蛋类	Eggs and Related Products	93	81	84	93	96	117
10.奶类	Milk and Dairy Products	170	134	144	234	174	168
11.干鲜瓜果类	Dry and Fresh Melon and Fruits	334	258	318	345	363	412
12.糖果糕点类	Sweets and Cakes	92	77	94	94	96	103
13.其他食品	Other Foods	145	131	130	171	147	146
(二)烟酒	Tobacco and Liquor	586	376	478	531	688	970
(三)饮料	Beverages	123	90	129	110	132	165
(四)饮食服务	Catering Service	463	272	314	376	624	845
二、衣着	Clothing	594	462	559	514	706	797
三、居住	Residence	3423	2911	2855	3482	3655	4532
四、生活用品及服务	Household Facilities Articles and Services	694	580	632	624	723	993
五、交通通信	Transport and Communications	1401	816	1113	1255	1775	2339
(一)交通	Transport	920	447	691	823	1255	1605
(二)通信	Communications	481	369	422	432	520	734
六、教育文化娱乐	Education Cultural and Recreation	1800	1622	2285	1618	1868	1564
(一)教育	Education	1559	1422	2060	1414	1648	1169
(二)文化娱乐	Cultural and Recreation Services	242	200	225	204	220	395
七、医疗保健	Health Care and Medical Services	1141	797	767	1119	1569	1631
八、其他用品和服务	Other Goods and Services	204	97	185	277	174	316

4-4-4 脱贫县农村五等份分组居民家庭基本情况(2022年)

指　标	Item	单位	合计 Total
基本情况	Basic Information		
户均全部人口	Total Population of Each Household	人/户	4.6
户均常住人口	Number of Permanent Residents Per Household	人/户	3.3
户均常住从业人口	Average number of employed persons per household(person)	人/户	1.4
平均每户家庭从业人口比重	Percentage of Laborer Per Household	%	43.0
平均每一从业人口负担人数(包括从业者本人)	Number of Dependents Per Employee (person)	人	2.3
常住从业人员文化程度	Education Attainments of Permanent Residents		
不识字或识字不多	Never went to school	%	6.5
小学	Primary School	%	44.8
初中	Junior School	%	39.6
高中	Senior Secondary School	%	6.6
大学专科	Junior College	%	2.1
本科及以上	Bachelor degree or above	%	0.4
常住从业人员就业类型	Type of employment of employed persons		
雇主	Employer	%	0.4
公职人员	Public Employee	%	0.5
事业单位人员	Institution Personnel	%	1.1
国有企业雇员	Employee of State-owned Enterprises	%	0.1
其他雇员	Other Employee	%	45.5
农业自营	Agricultural Self-run	%	45.5
非农自营	Non-agricultural Self-run	%	6.9
常住从业人员从事主要行业	Employed persons engage in major industries		
第一产业	Primary Industry	%	50.6
第二产业	Secondary Industry	%	26.1
第三产业	Tertiary Industry	%	23.3

Basic Conditions of Rural Households in Poverty Relief Counties by Five Equal Parts of Income(2022)

20%低收入组 Low Income	20%中低收入组 Medium-low Income	20%中等收入组 Medium Income	20%中高收入组 Medium-high Income	20%高收入组 High Income
5.4	5.0	4.5	4.3	3.7
3.7	3.5	3.5	3.2	2.7
1.3	1.3	1.5	1.5	1.6
34.0	35.4	43.4	47.0	60.5
2.9	2.8	2.3	2.1	1.7
11.0	4.0	6.7	6.0	4.6
51.9	49.1	44.1	41.9	37.0
33.0	38.9	39.0	41.4	45.9
3.8	6.9	7.9	6.7	7.7
0.3	0.9	2.0	3.7	3.7
	0.2	0.3	0.3	1.1
1.2				0.9
			1.8	0.2
		0.5	2.3	2.5
			0.1	0.4
29.6	41.0	45.3	52.1	55.5
66.0	51.7	47.9	39.3	28.2
3.2	7.3	6.3	4.4	12.3
70.2	58.3	52.0	44.1	34.0
17.6	20.8	24.7	29.4	35.2
12.2	20.9	23.3	26.5	30.8

五 各省（区、市）资料

Information of Provinces, Regions and Municipalities

5-1 中部六省居民人均可支配收入情况(2014-2022年)
Per Capita Income of Households Six Provinces in Central China(2014-2022)

单位: 元/人 (yuan/person)

地 区	Region	2014	2015	2016	2017	2018	2019	2020	2021	2022
山 西	Shanxi	16538	17854	19049	20420	21990	23828	25214	27426	29178
安 徽	Anhui	16796	18363	19998	21863	23984	26415	28103	30904	32745
江 西	**Jiangxi**	**16734**	**18437**	**20110**	**22031**	**24080**	**26262**	**28017**	**30610**	**32419**
河 南	Henan	15695	17125	18443	20170	21964	23903	24810	26811	28222
湖 北	Hubei	18283	20026	21787	23757	25815	28319	27881	30829	32914
湖 南	Hunan	17622	19317	21115	23103	25241	27680	29380	31993	34036

5-2 中部六省城镇居民人均可支配收入情况(2014-2022年)
Per Capita Income of Urban Households Six Provinces in Central China(2014-2022)

单位: 元/人 (yuan/person)

地 区	Region	2014	2015	2016	2017	2018	2019	2020	2021	2022
山 西	Shanxi	24069	25828	27352	29132	31035	33262	34793	37433	39532
安 徽	Anhui	24839	26936	29156	31640	34393	37540	39442	43009	45133
江 西	**Jiangxi**	**24309**	**26500**	**28673**	**31198**	**33819**	**36546**	**38556**	**41684**	**43697**
河 南	Henan	23672	25576	27233	29558	31874	34201	34750	37095	38484
湖 北	Hubei	24852	27051	29386	31889	34455	37601	36706	40278	42626
湖 南	Hunan	26570	28838	31284	33948	36698	39842	41698	44866	47301

5-3 中部六省农村居民人均可支配收入情况(2014-2022年)
Per Capita Income of Rural Households Six Provinces in Central China(2014-2022)

单位: 元/人 (yuan/person)

地 区	Region	2014	2015	2016	2017	2018	2019	2020	2021	2022
山 西	Shanxi	8809	9454	10082	10788	11750	12902	13878	15308	16323
安 徽	Anhui	9916	10821	11720	12758	13996	15416	16620	18368	19575
江 西	**Jiangxi**	**10117**	**11139**	**12138**	**13242**	**14460**	**15796**	**16981**	**18684**	**19936**
河 南	Henan	9966	10853	11697	12719	13831	15164	16108	17533	18697
湖 北	Hubei	10849	11844	12725	13812	14978	16391	16306	18259	19709
湖 南	Hunan	10060	10993	11930	12936	14093	15395	16585	18295	19546

5-4-1 全国及各省(区、市)居民消费价格指数情况(2000-2022年)
Consumer Price Indices by Region(2000-2022)

(上年=100) (preceding year=100)

地 区	Region	2000	2001	2002	2003	2004	2005	2006	2007	2008	2009	2010
全国平均	**National average**	**100.4**	**100.7**	**99.2**	**101.2**	**103.9**	**101.8**	**101.5**	**104.8**	**105.9**	**99.3**	**103.3**
北 京	Beijing	103.5	103.1	98.2	100.2	101.0	101.5	100.9	102.4	105.1	98.5	102.4
天 津	Tianjin	99.6	101.2	99.6	101.0	102.3	101.5	101.5	104.2	105.4	99.0	103.5
河 北	Hebei	99.7	100.5	99.0	102.2	104.3	101.8	101.7	104.7	106.2	99.3	103.1
山 西	Shanxi	103.9	99.8	98.4	101.8	104.1	102.3	102.0	104.6	107.2	99.6	103.0
内蒙古	Inner Mongolia	101.3	100.6	100.2	102.2	102.9	102.4	101.5	104.6	105.7	99.7	103.2
辽 宁	Liaoning	99.9	100.0	98.9	101.7	103.5	101.4	101.2	105.1	104.6	100.0	103.0
吉 林	Jilin	98.6	101.3	99.5	101.2	104.1	101.5	101.4	104.8	105.1	100.1	103.7
黑龙江	Heilongjiang	98.3	100.8	99.3	100.9	103.8	101.2	101.9	105.4	105.6	100.2	103.9
上 海	Shanghai	102.5	100.0	100.5	100.1	102.2	101.0	101.2	103.2	105.8	99.6	103.1
江 苏	Jiangsu	100.1	100.8	99.2	101.0	104.1	102.1	101.6	104.3	105.4	99.6	103.8
浙 江	Zhejiang	101.0	99.8	99.1	101.9	103.9	101.3	101.1	104.2	105.0	98.5	103.8
安 徽	Anhui	100.7	100.5	99.0	101.7	104.5	101.4	101.2	105.3	106.2	99.1	103.1
福 建	Fujian	102.1	98.7	99.5	100.8	104.0	102.2	100.8	105.2	104.6	98.2	103.2
江 西	**Jiangxi**	**100.3**	**99.5**	**100.1**	**100.8**	**103.5**	**101.7**	**101.2**	**104.8**	**106.0**	**99.3**	**103.0**
山 东	Shandong	100.2	101.8	99.3	101.1	103.6	101.7	101.0	104.4	105.3	100.0	102.9
河 南	Henan	99.2	100.7	100.1	101.6	105.4	102.1	101.3	105.4	107.0	99.4	103.5
湖 北	Hubei	99.0	100.3	99.6	102.2	104.9	102.9	101.6	104.8	106.3	99.6	102.9
湖 南	Hunan	101.4	99.1	99.5	102.4	105.1	102.3	101.4	105.6	106.0	99.6	103.1
广 东	Guangdong	101.4	99.3	98.6	100.6	103.0	102.3	101.8	103.7	105.6	97.7	103.1
广 西	Guangxi	99.7	100.6	99.1	101.1	104.4	102.4	101.3	106.1	107.8	97.9	103.0
海 南	Hainan	101.1	98.5	99.5	100.1	104.4	101.5	101.5	105.0	106.9	99.3	104.8
重 庆	Chongqing	96.7	101.7	99.6	100.6	103.7	100.8	102.4	104.7	105.6	98.4	103.2
四 川	Sichuan	100.1	102.1	99.7	101.7	104.9	101.7	102.3	105.9	105.1	100.8	103.2
贵 州	Guizhou	99.5	101.8	99.0	101.2	104.0	101.0	101.7	106.4	107.6	98.7	102.9
云 南	Yunnan	97.9	99.1	99.8	101.2	106.0	101.4	101.9	105.9	105.7	100.4	103.7
西 藏	Tibet	99.9	100.1	100.4	100.9	102.7	101.5	102.0	103.4	105.7	101.4	102.2
陕 西	Shaanxi	99.5	101.0	98.9	101.7	103.1	101.2	101.5	105.1	106.4	100.5	104.0
甘 肃	Gansu	99.5	104.0	100.0	101.1	102.3	101.7	101.3	105.5	108.2	101.3	104.1
青 海	Qinghai	99.5	102.6	102.3	102.0	103.2	100.8	101.6	106.6	110.1	102.6	105.4
宁 夏	Ningxia	99.6	101.6	99.4	101.7	103.7	101.5	101.9	105.4	108.5	100.7	104.1
新 疆	Xinjiang	99.4	104.0	99.4	100.4	102.7	100.7	101.3	105.5	108.1	100.7	104.3

5-4-1 续表 Continued

(上年=100) (preceding year=100)

地区	Region	2011	2012	2013	2014	2015	2016	2017	2018	2019	2020	2021	2022
全国平均	**National average**	**105.4**	**102.6**	**102.6**	**102.0**	**101.4**	**102.0**	**101.6**	**102.1**	**102.9**	**102.5**	**100.9**	**102.0**
北京	Beijing	105.6	103.3	103.3	101.6	101.8	101.4	101.9	102.5	102.3	101.7	101.1	101.8
天津	Tianjin	104.9	102.7	103.1	101.9	101.7	102.1	102.1	102.0	102.7	102.0	101.3	101.9
河北	Hebei	105.7	102.6	103.0	101.7	100.9	101.5	101.7	102.4	103.0	102.1	101.0	101.8
山西	Shanxi	105.2	102.5	103.1	101.7	100.6	101.1	101.1	101.8	102.7	102.9	101.0	102.1
内蒙古	Inner Mongolia	105.6	103.1	103.2	101.6	101.1	101.2	101.7	101.8	102.4	101.9	100.9	101.8
辽宁	Liaoning	105.2	102.8	102.4	101.7	101.4	101.6	101.4	102.5	102.4	102.4	101.1	102.0
吉林	Jilin	105.2	102.5	102.9	102.0	101.7	101.6	101.6	102.1	103.0	102.3	100.6	102.1
黑龙江	Heilongjiang	105.8	103.2	102.2	101.5	101.1	101.5	101.3	102.0	102.8	102.3	100.6	101.9
上海	Shanghai	105.2	102.8	102.3	102.7	102.4	103.2	101.7	101.6	102.5	101.7	101.2	102.5
江苏	Jiangsu	105.3	102.6	102.3	102.2	101.7	102.3	101.7	102.3	103.1	102.5	101.6	102.2
浙江	Zhejiang	105.4	102.2	102.3	102.1	101.4	101.9	102.1	102.3	102.9	102.3	101.5	102.2
安徽	Anhui	105.6	102.3	102.4	101.6	101.3	101.8	101.2	102.0	102.7	102.7	100.9	102.0
福建	Fujian	105.3	102.4	102.5	102.0	101.7	101.7	101.2	101.5	102.6	102.2	100.7	101.9
江西	**Jiangxi**	**105.2**	**102.7**	**102.5**	**102.3**	**101.5**	**102.0**	**102.0**	**102.1**	**102.9**	**102.6**	**100.9**	**102.0**
山东	Shandong	105.0	102.1	102.2	101.9	101.2	102.1	101.5	102.5	103.2	102.8	101.2	101.7
河南	Henan	105.6	102.5	102.9	101.9	101.3	101.9	101.4	102.3	103.0	102.8	100.9	101.5
湖北	Hubei	105.8	102.9	102.8	102.0	101.5	102.2	101.5	101.9	103.1	102.7	100.3	102.1
湖南	Hunan	105.5	102.0	102.5	101.9	101.4	101.9	101.4	102.0	102.9	102.3	100.5	101.8
广东	Guangdong	105.3	102.8	102.5	102.3	101.5	102.3	101.5	102.2	103.4	102.6	100.8	102.2
广西	Guangxi	105.9	103.2	102.2	102.1	101.5	101.6	101.6	102.3	103.7	102.8	100.9	101.9
海南	Hainan	106.1	103.2	102.8	102.4	101.0	102.8	102.8	102.5	103.4	102.3	100.3	101.6
重庆	Chongqing	105.3	102.6	102.7	101.8	101.3	101.8	101.0	102.0	102.7	102.3	100.3	102.1
四川	Sichuan	105.3	102.5	102.8	101.6	101.5	101.9	101.4	101.7	103.2	103.2	100.3	102.0
贵州	Guizhou	105.1	102.7	102.5	102.4	101.8	101.4	100.9	101.8	102.4	102.6	100.1	101.6
云南	Yunnan	104.9	102.7	103.1	102.4	101.9	101.5	100.9	101.6	102.5	103.6	100.2	101.6
西藏	Tibet	105.0	103.5	103.6	102.9	102.0	102.5	101.6	101.7	102.3	102.2	100.9	101.5
陕西	Shaanxi	105.7	102.8	103.0	101.6	101.0	101.3	101.6	102.1	102.9	102.5	101.5	102.1
甘肃	Gansu	105.9	102.7	103.2	102.1	101.6	101.3	101.4	102.0	102.3	102.0	100.9	101.9
青海	Qinghai	106.1	103.1	103.9	102.8	102.6	101.8	101.5	102.5	102.5	102.6	101.3	102.4
宁夏	Ningxia	106.3	102.0	103.4	101.9	101.1	101.5	101.6	102.3	102.1	101.5	101.4	102.3
新疆	Xinjiang	105.9	103.8	103.9	102.1	100.6	101.4	102.2	102.0	101.9	101.5	101.2	101.8

5-4-2 全国及各省(区、市)商品零售价格指数情况(2008-2022年)
Retail Price Indices by Region(2008-2022)

(上年=100) (preceding year=100)

地区	Region	2008	2009	2010	2011	2012	2013	2014	2015	2016	2017	2018	2019	2020	2021	2022
全国平均	**National average**	**105.9**	**98.8**	**103.1**	**104.9**	**102.0**	**101.4**	**101.0**	**100.1**	**100.7**	**101.1**	**101.9**	**102.0**	**101.4**	**101.6**	**102.7**
北京	Beijing	104.4	97.8	100.4	103.2	100.6	99.8	99.1	98.5	98.1	99.2	101.1	100.5	101.0	101.7	101.8
天津	Tianjin	105.1	98.9	103.4	104.7	103.0	101.7	100.9	100.3	100.5	100.8	101.6	101.7	101.0	101.5	102.0
河北	Hebei	106.7	99.0	103.1	105.0	102.2	102.2	101.0	100.2	101.2	101.4	102.2	101.8	101.4	101.9	102.5
山西	Shanxi	107.2	99.1	102.3	104.9	101.8	101.8	100.6	99.3	100.5	101.3	101.7	101.8	100.9	102.7	103.7
内蒙古	Inner Mongolia	104.7	99.5	103.0	104.9	102.5	102.6	100.7	100.5	100.6	101.2	101.6	101.5	100.5	103.8	103.8
辽宁	Liaoning	105.3	99.8	103.2	105.0	102.2	101.6	101.0	100.5	101.0	100.7	101.4	101.7	101.1	101.9	102.6
吉林	Jilin	106.2	99.3	104.1	104.9	101.7	101.6	101.2	99.8	101.3	101.4	102.4	102.1	100.7	101.8	103.1
黑龙江	Heilongjiang	105.8	98.9	103.1	104.9	102.2	101.1	100.8	100.1	101.1	99.9	101.1	102.1	101.5	101.6	102.5
上海	Shanghai	105.3	99.4	101.7	104.1	101.2	100.2	100.9	101.1	100.8	100.9	101.6	100.4	100.9	101.3	101.7
江苏	Jiangsu	104.9	98.9	103.2	104.6	102.1	101.4	101.6	100.6	100.8	101.9	102.6	102.6	101.8	102.3	102.9
浙江	Zhejiang	106.3	98.8	103.9	105.5	101.9	101.0	100.9	99.9	101.0	101.4	102.1	102.5	101.2	102.2	103.2
安徽	Anhui	106.3	99.0	103.2	105.3	102.1	101.3	100.4	99.7	100.8	101.7	101.9	101.9	101.6	101.6	102.7
福建	Fujian	105.7	97.9	103.4	104.8	101.8	101.1	101.1	99.9	100.7	100.6	101.5	101.9	101.3	101.1	102.7
江西	**Jiangxi**	**106.1**	**99.1**	**102.7**	**104.8**	**102.1**	**101.5**	**101.2**	**100.5**	**100.6**	**101.0**	**101.0**	**101.9**	**101.6**	**101.2**	**102.6**
山东	Shandong	104.9	99.4	102.7	104.7	101.6	101.4	101.0	100.2	101.3	100.8	102.2	102.2	102.0	101.4	102.3
河南	Henan	107.5	99.4	103.7	105.7	102.3	101.9	101.0	99.8	100.3	101.3	102.9	102.4	100.9	101.5	102.7
湖北	Hubei	106.3	98.6	103.1	105.6	102.6	101.8	100.9	100.5	100.8	100.3	101.2	102.6	102.2	101.2	102.8
湖南	Hunan	105.6	98.5	103.1	105.5	101.7	101.7	101.2	99.9	101.0	101.3	102.3	102.3	101.3	101.6	103.2
广东	Guangdong	106.0	96.8	103.3	105.1	102.2	101.0	101.4	99.6	100.8	101.6	102.1	101.4	100.8	101.4	102.5
广西	Guangxi	107.6	98.0	103.0	106.0	102.3	101.2	101.4	100.1	100.4	101.2	101.6	103.2	101.4	101.1	102.2
海南	Hainan	106.7	98.5	104.6	105.4	102.7	101.5	101.2	99.8	101.0	102.0	102.5	102.5	101.6	101.3	102.1
重庆	Chongqing	105.0	97.3	101.7	104.7	101.6	101.8	100.9	100.2	101.3	100.8	101.2	101.6	102.2	101.4	102.5
四川	Sichuan	105.3	100.1	103.0	104.6	101.6	101.7	100.6	100.2	100.8	100.5	101.4	102.7	102.7	101.4	102.9
贵州	Guizhou	107.2	97.6	103.0	105.5	102.0	101.5	101.2	100.1	100.2	100.9	101.8	101.7	101.6	101.2	103.0
云南	Yunnan	106.1	100.1	103.6	105.1	102.4	102.6	101.6	100.8	100.7	101.3	101.5	101.5	102.4	101.4	103.1
西藏	Tibet	103.9	99.5	101.0	103.7	102.9	103.0	102.2	101.4	102.1	101.4	101.5	102.0	102.0	101.5	102.7
陕西	Shaanxi	106.9	99.9	103.6	104.8	102.3	101.8	100.7	99.8	100.3	101.3	102.1	102.4	101.9	101.6	103.1
甘肃	Gansu	107.9	101.8	104.6	105.4	102.6	102.6	101.7	101.0	100.9	101.4	101.7	101.9	101.3	102.0	103.7
青海	Qinghai	110.6	101.6	104.3	105.4	102.1	102.7	101.5	101.0	100.4	101.2	102.1	102.0	102.4	101.5	103.2
宁夏	Ningxia	108.5	99.5	103.2	105.3	101.0	102.4	100.9	100.1	100.7	101.8	102.9	101.1	100.6	102.0	102.4
新疆	Xinjiang	108.5	100.4	104.6	105.1	103.3	103.3	101.7	99.6	100.5	100.9	100.9	101.3	100.6	102.0	102.8

5-5-1 全国及36个大中城市居民消费价格指数情况(2008-2022年)

Consumer Price Indices in 36 Major Cities(2008-2022)

(上年=100) (preceding year=100)

地 区	Region	2008	2009	2010	2011	2012	2013	2014	2015	2016	2017	2018	2019	2020	2021	2022
平均指数	**Average Index**	**105.7**	**99.2**	**103.1**	**105.3**	**102.8**	**102.7**	**102.1**	**101.7**	**102.2**	**101.8**	**102.2**	**102.8**	**102.1**	**101.1**	**102.1**
北 京	Beijing	105.1	98.5	102.4	105.6	103.3	103.3	101.6	101.8	101.4	101.9	102.5	102.3	101.7	101.1	101.8
天 津	Tianjing	105.4	99.0	103.5	104.9	102.7	103.1	101.9	101.7	102.1	102.1	102.0	102.7	102.0	101.3	101.9
石家庄	Shijiazhuang	106.7	100.3	103.0	105.7	102.8	102.9	102.0	101.0	101.6	101.4	102.3	102.7	102.3	100.9	101.2
太 原	Taiyuan	107.4	99.9	103.0	105.4	102.1	103.1	102.2	100.4	101.2	101.8	101.8	102.7	102.6	101.0	102.1
呼和浩特	Huhehaote	104.6	100.1	102.6	105.5	103.1	103.8	101.2	101.8	101.4	101.4	102.1	102.6	102.0	100.9	102.1
沈 阳	Shenyang	104.4	99.9	102.9	105.4	103.0	102.5	102.2	101.2	101.7	101.4	103.0	102.4	102.3	101.3	101.7
大 连	Dalian	104.4	100.2	102.7	105.4	103.4	102.5	102.0	101.6	101.9	102.1	103.0	102.4	102.1	101.4	102.2
长 春	Changchun	104.4	99.8	103.6	105.5	102.3	103.0	102.2	101.3	101.4	101.3	102.0	102.9	101.9	100.5	101.9
哈尔滨	Haerbin	104.7	100.2	103.7	105.6	103.2	102.1	102.0	101.4	101.8	101.6	102.5	102.6	101.4	100.6	101.9
上 海	Shanghai	105.8	99.6	103.1	105.2	102.8	102.3	102.7	102.4	103.2	101.7	101.6	102.5	101.7	101.2	102.5
南 京	Nanjing	106.2	100.1	104.2	105.4	102.7	102.7	102.6	102.0	102.7	101.9	102.4	103.1	102.4	101.5	102.2
杭 州	Hangzhou	104.9	98.6	103.9	104.8	102.5	102.5	102.0	101.8	102.6	102.5	102.3	103.1	102.1	101.3	102.4
宁 波	Ningbo	105.0	99.4	103.7	105.3	101.7	102.2	101.9	101.8	102.1	101.8	102.2	103.0	101.9	102.1	102.3
合 肥	Hefei	106.4	99.1	102.7	105.7	102.2	102.7	102.0	101.6	102.6	101.4	102.0	102.9	102.3	101.7	102.4
福 州	Fuzhou	104.2	98.7	103.5	104.9	102.0	102.6	101.7	101.4	102.5	101.4	101.5	102.5	102.4	100.6	102.4
厦 门	Xiamen	104.9	97.3	103.0	105.2	102.1	102.3	102.2	101.7	101.7	102.0	101.8	103.0	102.5	101.2	101.8
南 昌	Nanchang	106.1	99.7	103.3	105.0	102.9	102.3	102.5	101.6	102.1	102.1	102.3	102.8	102.5	101.0	101.8
济 南	Jinan	105.7	100.3	102.1	105.4	102.4	102.8	102.2	101.9	102.7	102.0	102.6	103.3	102.4	101.5	101.4
青 岛	Qingdao	104.7	100.5	102.2	105.0	102.7	102.5	102.6	101.2	102.5	102.0	102.1	103.3	102.4	101.5	102.0
郑 州	Zhengzhou	106.1	99.8	103.0	104.9	102.7	102.8	102.0	101.1	102.3	101.8	102.4	103.1	102.3	101.1	101.2
武 汉	Wuhan	105.7	99.4	103.0	105.2	102.8	102.4	101.9	101.4	102.4	101.9	101.9	103.2	102.4	100.6	102.3
长 沙	Changsha	105.2	99.4	102.9	105.5	102.3	102.8	102.7	101.1	101.9	101.3	102.0	102.9	101.8	101.1	101.7
广 州	Guangzhou	105.9	97.5	103.2	105.5	103.0	102.6	102.3	101.7	102.7	102.3	102.4	103.0	102.6	101.1	102.4
深 圳	Shenzhen	105.9	98.7	103.5	105.4	102.8	102.7	102.0	102.2	102.4	101.4	102.8	103.4	102.3	100.9	102.3
南 宁	Nanning	108.4	98.2	102.5	105.7	102.9	102.1	101.6	101.9	101.4	102.3	102.5	103.4	102.3	101.4	101.7
海 口	Haikou	105.8	99.9	104.2	105.4	103.3	102.9	102.2	101.2	103.0	103.3	102.4	103.3	101.6	100.5	101.1
重 庆	Chongqing	105.6	98.4	103.2	105.3	102.6	102.7	101.8	101.3	101.8	101.0	102.0	102.7	102.3	100.3	102.1
成 都	Chengdu	104.3	100.3	103.0	105.4	103.0	103.1	101.3	101.1	102.2	102.0	101.4	102.8	102.5	100.5	102.4
贵 阳	Guiyang	107.0	97.7	102.9	105.5	102.6	103.2	102.7	102.3	101.1	101.0	101.7	102.7	102.4	100.5	101.9
昆 明	Kunming	105.8	100.8	104.2	104.9	103.1	103.9	103.1	102.4	101.7	100.5	101.7	102.3	103.1	100.2	101.7
拉 萨	Lasa	106.4	101.7	102.2	105.0	103.2	103.4	103.0	102.2	102.6	101.4	101.1	102.2	102.0	100.5	101.8
西 安	Xi'an	106.0	99.7	103.5	105.6	102.8	102.7	101.4	100.7	100.9	102.0	101.9	102.7	102.1	101.7	102.2
兰 州	Lanzhou	107.2	99.6	103.8	105.4	102.4	103.5	102.2	101.3	100.8	101.5	101.7	102.2	102.0	101.3	102.3
西 宁	Xining	108.2	102.2	104.5	105.7	102.7	103.8	102.8	102.5	102.1	101.8	102.7	102.5	102.7	101.3	102.5
银 川	Yinchuan	107.6	99.7	103.8	105.5	102.6	103.5	102.1	101.6	101.7	101.7	102.2	102.2	101.8	101.4	102.0
乌鲁木齐	Wulumuqi	107.0	100.4	102.7	104.5	103.4	103.5	102.8	100.7	101.5	102.8	102.2	102.0	100.9	101.3	101.6

5-5-2 全国及36个大中城市商品零售价格指数情况(2008-2022年)
Retail Price Indices in 36 Major Cities(2008-2022)

(上年=100) (preceding year=100)

地区	Region	2008	2009	2010	2011	2012	2013	2014	2015	2016	2017	2018	2019	2020	2021	2022
平均指数	**Average Index**	**105.3**	**98.6**	**102.5**	**104.5**	**101.8**	**101.0**	**100.8**	**99.8**	**100.7**	**100.9**	**101.7**	**101.6**	**101.2**	**101.6**	**102.5**
北京	Beijing	104.4	97.8	100.4	103.2	100.6	99.8	99.1	98.5	98.1	99.2	101.1	100.5	101.0	101.7	101.8
天津	Tianjing	105.1	98.9	103.4	104.7	103.0	101.7	100.9	100.3	100.5	100.8	101.6	101.7	101.0	101.5	102.0
石家庄	Shijiazhuang	107.7	100.1	103.4	104.9	101.9	102.1	101.2	100.2	101.7	100.9	101.9	101.6	101.3	101.7	101.9
太原	Taiyuan	107.9	99.1	102.6	104.8	101.2	101.3	100.7	98.6	100.8	101.7	101.7	101.5	100.5	102.8	103.8
呼和浩特	Huhehaote	105.4	99.9	102.6	104.7	101.5	101.9	98.6	99.5	101.1	101.2	101.6	101.3	99.9	105.3	103.6
沈阳	Shenyang	105.0	97.9	102.6	105.2	102.4	101.6	101.3	100.0	100.6	101.0	101.7	101.4	100.8	102.5	102.6
大连	Dalian	106.0	99.4	104.0	104.4	102.5	101.0	101.0	99.5	102.0	101.5	101.5	102.1	101.4	102.0	102.2
长春	Changchun	105.6	99.6	104.6	104.8	101.8	101.3	101.2	99.1	101.2	101.2	102.9	102.2	100.0	101.8	103.1
哈尔滨	Haerbin	105.3	98.5	101.9	104.4	102.5	101.2	101.5	100.2	101.6	99.7	100.7	102.2	101.5	101.8	102.2
上海	Shanghai	105.3	99.4	101.7	104.1	101.2	100.2	100.9	101.1	100.8	100.9	101.6	100.4	100.9	101.3	101.7
南京	Nanjing	103.7	98.7	103.5	104.2	101.4	101.2	102.0	100.6	100.5	101.6	102.8	102.1	101.4	102.1	102.6
杭州	Hangzhou	106.0	98.6	103.7	104.4	101.9	101.5	100.8	100.2	101.5	101.0	102.0	103.1	100.9	101.6	102.9
宁波	Ningbo	107.1	98.8	103.9	105.7	101.8	101.0	100.3	100.4	101.8	101.1	102.1	102.3	100.2	103.3	104.1
合肥	Hefei	106.3	99.8	102.1	105.1	101.9	101.2	100.3	99.5	100.8	102.3	101.7	101.6	101.3	101.9	102.7
福州	Fuzhou	104.4	99.1	102.9	104.0	101.1	101.0	100.6	99.4	100.7	100.3	101.5	101.8	100.8	100.9	103.1
厦门	Xiamen	104.5	97.8	102.8	104.7	101.6	100.4	100.7	100.0	100.0	100.8	101.8	102.5	102.1	101.5	102.4
南昌	Nanchang	106.2	99.4	103.0	105.2	102.4	101.3	101.1	100.5	100.4	101.0	100.8	101.3	101.5	101.6	102.8
济南	Jinan	104.5	98.7	101.3	104.6	101.8	101.3	101.2	100.3	100.8	101.0	102.6	102.5	101.9	101.3	102.2
青岛	Qingdao	103.9	98.6	101.4	104.5	101.7	101.4	102.3	100.0	102.0	100.8	101.8	102.4	101.5	101.4	102.8
郑州	Zhengzhou	106.0	100.3	102.7	104.9	102.4	101.4	101.1	99.0	100.2	101.7	103.6	103.0	100.8	101.3	102.4
武汉	Wuhan	105.1	98.4	103.1	104.7	102.3	100.9	100.5	100.0	101.3	100.1	101.4	102.5	102.2	101.3	102.8
长沙	Changsha	103.9	97.7	103.8	105.4	101.5	101.2	101.7	99.6	100.9	101.4	102.5	102.2	100.8	102.0	103.3
广州	Guangzhou	105.7	96.8	103.2	105.1	101.9	100.5	101.5	99.1	101.2	102.0	102.2	100.6	100.6	101.3	102.5
深圳	Shenzhen	106.5	97.5	103.2	105.3	102.4	100.7	101.0	99.7	100.3	101.5	102.0	101.3	100.5	101.8	102.7
南宁	Nanning	107.9	98.5	102.3	104.9	101.7	100.8	100.7	100.4	99.8	100.9	101.1	103.1	100.9	101.1	102.2
海口	Haikou	105.6	99.2	103.7	105.0	102.8	101.6	101.2	100.2	100.9	101.7	102.4	102.4	101.3	101.4	101.8
重庆	Chongqing	105.0	97.3	101.7	104.7	101.6	101.8	100.9	100.2	101.3	100.8	101.2	101.6	102.2	101.4	102.5
成都	Chengdu	104.5	99.0	102.4	104.3	101.4	101.7	100.4	99.5	100.8	99.4	100.7	101.9	102.2	101.1	102.8
贵阳	Guiyang	105.4	98.2	103.2	105.0	102.0	101.9	101.2	99.7	99.5	101.4	102.3	102.3	101.2	101.7	103.1
昆明	Kunming	105.4	100.0	103.6	104.9	102.0	102.5	101.8	100.7	100.8	101.3	101.1	101.5	102.3	101.5	102.7
拉萨	Lasa	104.6	100.1	101.2	103.9	102.9	103.5	102.3	101.5	102.4	101.2	101.1	102.3	102.1	101.4	102.9
西安	Xi'an	105.4	99.5	102.7	104.4	102.3	101.7	100.7	99.7	100.1	101.7	102.2	102.1	101.5	101.4	103.1
兰州	Lanzhou	107.2	100.5	103.9	105.4	102.4	102.7	101.8	100.6	100.7	101.8	101.7	102.0	101.4	102.0	103.8
西宁	Xining	110.1	102.3	104.6	106.0	102.3	102.5	101.2	100.2	100.6	101.4	102.0	101.9	102.4	101.3	103.0
银川	Yinchuan	105.9	98.5	102.5	104.2	100.6	102.3	100.8	100.2	100.8	101.5	102.7	101.1	100.5	102.0	102.2
乌鲁木齐	Wulumuqi	108.7	100.1	103.4	104.1	102.9	103.5	102.4	99.4	100.6	100.7	100.5	101.2	100.7	102.2	103.1

5-6 全国及各省(区、市)工业生产者出厂价格指数情况(1992-2022年)
Producer Price Indices for Industrial Products by Region(1992-2022)

(上年价格=100) (preceding year=100)

地 区	Region	1992	1993	1994	1995	1996	1997	1998	1999	2000	2001
全 国	**National Average**	**106.8**	**124.0**	**119.5**	**114.9**	**102.9**	**99.7**	**95.9**	**97.6**	**102.8**	**98.7**
北 京	Beijing	107.8	128.3	111.8	116.7	103.2	100.6	95.1	97.8	102.5	99.4
天 津	Tianjin	105.2	126.3	120.4	110.2	102.8	98.3	94.7	96.4	102.8	95.9
河 北	Hebei	108.6	129.1	119.1	111.4	101.1	98.8	94.4	95.9	105.3	99.9
山 西	Shanxi	114.2	132.5	120.1	113.5	106.4	102.2	97.5	95.3	100.9	100.3
内蒙古	Inner Mongolia	109.8	133.2	112.1	109.1	101.7	101.5	98.0	100.4	102.8	100.1
辽 宁	Liaoning	111.8	138.4	119.9	109.9	102.1	100.1	95.8	102.0	108.8	98.6
吉 林	Jilin	111.4	127.9	115.7	115.0	103.8	101.4	96.9	100.1	105.1	100.3
黑龙江	Heilongjiang	111.6	141.3	127.7	116.0	104.6	102.3	97.7	107.4	122.9	95.9
上 海	Shanghai	111.4	128.1	118.1	111.5	98.6	98.9	93.9	97.6	102.5	96.7
江 苏	Jiangsu	103.6	118.5	121.4	114.1	100.7	97.9	94.5	96.1	101.1	99.1
浙 江	Zhejiang	104.8	117.3	117.5	112.3	99.5	99.2	96.0	96.8	101.1	98.3
安 徽	Anhui	108.7	125.3	120.9	117.1	101.6	99.4	96.4	92.9	98.9	98.6
福 建	Fujian	102.7	117.1	116.9	115.7	101.8	100.3	95.7	96.6	100.5	98.1
江 西	**Jiangxi**	**106.2**	**115.3**	**124.7**	**114.8**	**104.1**	**101.7**	**98.4**	**96.1**	**101.0**	**98.1**
山 东	Shandong	109.5	123.0	124.2	117.0	104.2	101.1	96.0	97.2	105.9	99.1
河 南	Henan	106.2	118.1	124.1	115.0	104.1	100.6	95.3	95.4	104.0	100.5
湖 北	Hubei	111.0	126.3	126.2	113.1	102.7	98.6	96.2	97.8	101.7	99.0
湖 南	Hunan	111.1	128.9	117.6	121.4	105.7	99.2	95.9	98.5	102.9	99.8
广 东	Guangdong		124.1	126.0	112.3	101.8	100.1	94.8	97.7	103.4	98.5
广 西	Guangxi	112.5	121.1	118.8	117.2	102.6	97.7	95.4	95.6	105.5	106.3
海 南	Hainan										
重 庆	Chongqing	117.2	118.4	113.4	112.4	104.1	98.0	94.6	97.7	98.6	98.1
四 川	Sichuan	106.1	127.4	114.7	112.2	102.2	101.2	97.3	97.0	98.1	100.4
贵 州	Guizhou	101.6	118.1	113.3	113.1	104.9	101.2	98.2	99.7	100.4	102.2
云 南	Yunnan	105.3	125.0	116.7	110.2	101.4	100.7	97.2	98.2	101.2	99.9
西 藏	Tibet										
陕 西	Shaanxi	107.9	119.8	119.9	112.6	104.2	103.7	96.6	97.9	101.5	100.4
甘 肃	Gansu	112.1	125.3	121.2	114.9	104.4	104.9	95.2	98.1	107.2	98.5
青 海	Qinghai	102.6	124.4	124.9	114.6	106.7	104.3	100.7	102.8	108.1	93.7
宁 夏	Ningxia						100.3	97.7	98.4	103.6	100.3
新 疆	Xinjiang	107.5	126.2	118.4	117.2	104.9	104.9	95.8	100.2	129.4	96.3

5-6 续表 1 Continued

(上年价格=100) (preceding year=100)

地区	Region	2002	2003	2004	2005	2006	2007	2008	2009	2010	2011
全国	**National Average**	**97.8**	**102.3**	**106.1**	**104.9**	**103.0**	**103.1**	**106.9**	**94.6**	**105.5**	**106.0**
北京	Beijing	96.6	101.5	103.0	101.3	99.1	99.7	103.3	94.4	102.2	102.3
天津	Tianjin	95.9	102.5	104.1	100.1	100.6	101.5	104.1	92.5	105.1	103.8
河北	Hebei	99.4	107.1	111.6	104.4	100.8	106.9	116.7	89.1	109.0	107.7
山西	Shanxi	103.6	112.2	116.1	110.2	101.0	107.4	122.4	92.0	109.5	107.5
内蒙古	Inner Mongolia	99.3	103.2	105.1	105.1	103.0	105.7	112.5	96.2	106.7	107.8
辽宁	Liaoning	97.8	103.6	107.1	105.1	104.1	104.4	110.9	94.0	107.4	106.5
吉林	Jilin	98.6	102.5	105.0	104.3	101.7	102.7	104.9	96.1	105.2	105.4
黑龙江	Heilongjiang	97.8	111.9	113.1	116.7	109.9	105.3	114.0	87.4	115.0	112.0
上海	Shanghai	96.4	101.4	103.6	101.7	100.6	101.2	102.2	93.8	102.3	102.9
江苏	Jiangsu	97.6	102.3	106.5	102.6	101.5	102.6	104.6	95.2	107.3	106.2
浙江	Zhejiang	96.9	100.6	105.0	102.3	103.8	102.4	104.3	94.9	106.2	105.0
安徽	Anhui	99.8	103.5	108.2	103.3	103.1	103.6	108.4	92.8	109.0	108.3
福建	Fujian	97.2	100.7	102.6	100.2	99.2	100.8	102.7	95.5	103.2	103.9
江西	**Jiangxi**	**98.5**	**104.0**	**109.7**	**108.8**	**109.7**	**106.2**	**106.4**	**93.0**	**115.3**	**111.3**
山东	Shandong	98.8	103.5	106.4	103.7	102.3	103.3	108.6	94.1	107.2	106.0
河南	Henan	98.6	105.0	110.2	106.1	104.3	105.2	112.1	94.9	107.8	107.2
湖北	Hubei	98.2	103.5	105.7	104.5	102.9	103.9	106.1	95.6	104.9	106.6
湖南	Hunan	99.2	102.6	108.0	106.0	104.3	106.1	109.3	94.3	106.9	108.5
广东	Guangdong	96.5	99.3	101.7	101.5	101.4	101.3	103.1	95.8	103.2	103.7
广西	Guangxi	95.6	102.8	109.7	104.9	109.6	104.5	109.0	93.5	112.0	108.5
海南	Hainan	98.7	99.5	100.0	99.5	100.8	102.7	104.5	90.6	107.7	108.8
重庆	Chongqing	97.6	100.6	103.3	103.0	102.2	103.5	105.8	95.5	103.1	103.8
四川	Sichuan	97.7	100.5	105.4	104.0	101.9	103.9	109.3	96.5	105.0	107.3
贵州	Guizhou	98.9	103.4	108.0	107.2	104.3	105.0	112.4	95.1	104.7	105.4
云南	Yunnan	98.2	101.4	108.8	104.5	104.6	105.7	105.8	91.5	108.8	104.7
西藏	Tibet					106.0	101.1	105.6	98.2	105.8	104.3
陕西	Shaanxi	100.7	105.7	107.3	110.4	109.6	102.9	108.4	96.1	108.7	107.2
甘肃	Gansu	97.9	110.0	114.3	109.6	109.8	105.5	104.9	91.0	115.0	111.0
青海	Qinghai	97.6	105.5	111.2	110.2	109.5	104.2	107.6	91.3	109.4	107.4
宁夏	Ningxia	99.7	103.9	110.0	106.2	106.2	103.7	112.9	93.9	109.1	109.5
新疆	Xinjiang	97.3	115.1	116.4	116.6	114.4	106.3	116.4	85.5	125.3	114.8

5-6 续表 2 Continued

(上年价格＝100) (preceding year=100)

地 区	Region	2012	2013	2014	2015	2016	2017	2018	2019	2020	2021	2022
全 国	**National Average**	**98.3**	**98.1**	**98.1**	**94.8**	**98.6**	**106.3**	**103.5**	**99.7**	**98.2**	**108.1**	**104.1**
北 京	Beijing	98.4	97.4	99.1	96.9	98.1	100.7	100.0	99.6	99.1	101.1	102.3
天 津	Tianjin	97.0	97.0	96.3	90.3	97.9	108.4	105.4	99.3	97.1	110.9	105.8
河 北	Hebei	94.7	96.6	95.2	89.1	99.9	115.0	106.2	100.2	98.5	116.4	100.5
山 西	Shanxi	94.5	90.7	91.4	87.7	96.8	119.4	106.7	99.7	96.7	130.2	111.4
内蒙古	Inner Mongolia	100.2	97.0	97.3	94.0	98.9	110.6	103.2	102.1	99.7	128.5	108.6
辽 宁	Liaoning	99.9	99.0	98.2	93.9	98.8	108.1	104.8	99.5	97.0	113.6	107.9
吉 林	Jilin	99.1	98.7	99.1	95.3	98.4	103.1	102.8	98.9	98.6	105.1	101.9
黑龙江	Heilongjiang	100.0	98.0	97.1	86.0	95.1	109.3	109.0	98.2	93.4	112.3	110.9
上 海	Shanghai	98.4	98.2	98.9	96.1	98.8	103.5	101.7	98.8	98.3	102.1	102.6
江 苏	Jiangsu	97.1	98.0	98.3	95.3	98.1	104.8	102.8	98.9	97.8	106.3	103.2
浙 江	Zhejiang	97.3	98.2	98.8	96.4	98.3	104.8	103.4	98.9	96.9	106.3	104.0
安 徽	Anhui	98.3	98.2	97.4	93.9	98.5	108.0	103.0	100.3	99.1	107.7	103.2
福 建	Fujian	98.7	98.4	98.6	97.0	99.1	104.1	102.8	100.6	98.4	104.9	102.9
江 西	**Jiangxi**	**96.5**	**98.5**	**97.8**	**93.7**	**98.6**	**107.9**	**104.2**	**98.9**	**98.3**	**110.5**	**103.5**
山 东	Shandong	98.4	98.4	98.4	95.2	98.5	105.5	103.7	99.7	98.1	110.3	105.1
河 南	Henan	99.4	98.5	98.1	95.4	99.0	106.8	103.6	100.2	99.2	107.8	105.0
湖 北	Hubei	100.3	99.2	98.4	96.7	99.0	105.6	104.2	100.2	99.1	104.1	103.4
湖 南	Hunan	99.1	98.5	98.4	96.3	98.9	105.8	103.2	99.6	99.0	105.9	102.0
广 东	Guangdong	99.5	98.8	98.9	96.8	99.4	103.3	101.8	100.2	99.0	103.4	103.0
广 西	Guangxi	97.8	98.2	98.4	97.0	99.1	107.6	103.2	99.3	99.4	108.9	102.5
海 南	Hainan	100.8	99.5	97.6	89.8	96.0	108.8	108.2	97.4	93.8	113.5	115.0
重 庆	Chongqing	99.9	98.0	98.3	97.2	98.6	104.1	102.1	99.8	99.1	103.2	102.3
四 川	Sichuan	98.6	98.7	98.7	96.4	98.9	106.5	103.6	100.4	98.8	105.9	102.8
贵 州	Guizhou	101.0	97.4	98.3	96.1	97.9	107.2	101.8	99.8	98.3	106.5	105.7
云 南	Yunnan	97.9	97.5	97.8	94.9	97.6	105.2	102.4	100.0	98.6	110.0	105.4
西 藏	Tibet	99.7	99.8	99.0	93.2	102.9	110.0	100.1	98.9	99.4	101.5	104.1
陕 西	Shaanxi	100.7	97.3	97.1	90.8	97.6	110.8	105.4	100.8	95.1	116.9	107.3
甘 肃	Gansu	96.8	96.9	96.7	87.0	94.9	114.5	109.5	98.3	93.9	116.4	110.9
青 海	Qinghai	96.9	97.0	96.1	93.1	98.5	116.7	104.8	98.5	96.6	114.5	112.2
宁 夏	Ningxia	97.4	96.0	96.3	93.7	99.1	112.1	107.3	99.4	96.9	119.9	111.1
新 疆	Xinjiang	96.9	96.5	96.2	82.4	94.5	113.7	111.2	98.5	91.6	119.4	112.3

5-7 全国及各省(区、市)工业生产者购进价格指数情况(1992-2022年)
Purchasing Price Indices for Industrial Products by Region(1992-2022)

(上年价格=100) (preceding year=100)

地　区	Region	1992	1993	1994	1995	1996	1997	1998	1999	2000	2001
全　国	**National Average**	**111.0**	**135.1**	**118.2**	**115.3**	**103.9**	**101.3**	**95.8**	**96.7**	**105.1**	**99.8**
北　京	Beijing	114.2	142.7	123.8	119.8	104.2	103.4	98.1	95.8	100.0	100.5
天　津	Tianjin	108.4	139.1	121.7	112.8	101.9	99.0	95.9	96.3	104.5	98.8
河　北	Hebei	111.4	134.9	119.9	110.9	106.3	102.0	96.2	95.4	103.3	101.0
山　西	Shanxi	111.9	135.9	115.1	113.1	104.8	102.0	97.3	97.0	102.0	101.8
内蒙古	Inner Mongolia	112.1	132.6	116.8	112.8	100.8	100.9	98.1	96.8	106.5	101.3
辽　宁	Liaoning	121.2	149.9	118.2	114.2	104.8	103.1	99.3	99.1	103.9	99.9
吉　林	Jilin	127.1	173.9	113.9	113.8	102.4	103.9	96.6	100.5	106.8	101.8
黑龙江	Heilongjiang	112.9	139.6	117.6	112.7	104.2	104.4	98.6	98.2	108.6	99.5
上　海	Shanghai	113.1	129.2	121.4	114.8	101.6	97.8	94.1	97.1	107.1	98.7
江　苏	Jiangsu	110.3	125.8	120.1	117.6	104.3	98.0	91.5	94.4	107.1	99.5
浙　江	Zhejiang	106.3	126.4	124.8	119.2	101.5	96.5	92.6	96.2	107.2	99.6
安　徽	Anhui	113.9	128.8	122.3	117.9	109.9	101.7	96.0	94.5	102.6	101.2
福　建	Fujian	109.3	129.6	115.2	119.6	104.3	98.6	92.5	97.9	112.4	96.7
江　西	**Jiangxi**	**107.9**	**129.4**	**123.4**	**114.7**	**105.8**	**100.4**	**95.4**	**96.9**	**101.2**	**99.3**
山　东	Shandong	111.0	134.7	120.1	113.2	105.7	100.6	93.4	93.4	104.7	100.0
河　南	Henan	110.0	133.0	122.0	114.1	105.3	100.7	94.8	94.3	105.1	101.9
湖　北	Hubei	110.2	135.5	116.6	118.2	108.4	101.5	95.2	95.6	105.6	100.2
湖　南	Hunan	116.2	139.7	119.6	117.6	105.9	100.1	94.8	96.2	106.7	101.1
广　东	Guangdong		134.3	121.1	118.7	104.6	97.3	91.4	97.8	110.9	99.1
广　西	Guangxi	105.2	141.7	117.8	112.9	103.4	99.3	95.3	93.6	100.9	103.7
海　南	Hainan										
重　庆	Chongqing	123.8	124.5	124.6	111.6	106.3	100.1	95.1	96.9	105.6	99.5
四　川	Sichuan	112.5	137.2	119.1	113.5	106.1	101.6	95.3	96.8	101.7	98.5
贵　州	Guizhou	113.5	144.6	115.0	114.9	108.1	101.9	95.7	97.0	102.9	100.2
云　南	Yunnan	115.2	138.1	110.3	113.2	110.3	102.9	100.7	98.8	101.5	99.4
西　藏	Tibet										
陕　西	Shaanxi	111.5	138.4	115.6	114.3	109.1	106.8	97.1	95.5	100.0	100.5
甘　肃	Gansu	122.2	139.4	118.3	113.7	107.4	102.2	96.4	98.3	111.8	101.4
青　海	Qinghai	105.3	138.9	112.3	110.2	108.3	110.7	101.3	99.1	98.9	99.1
宁　夏	Ningxia						103.5	101.1	97.0	105.8	102.5
新　疆	Xinjiang	121.1	136.4	110.9	116.8	107.0	104.5	95.6	98.2	115.2	98.9

5-7 续表 1 Continued

(上年价格＝100) (preceding year=100)

地 区	Region	2002	2003	2004	2005	2006	2007	2008	2009	2010	2011
全 国	**National Average**	**97.7**	**104.8**	**111.4**	**108.3**	**106.0**	**104.4**	**110.5**	**92.1**	**109.6**	**109.1**
北 京	Beijing	97.1	104.7	114.2	111.4	105.5	105.0	115.8	88.6	110.5	108.4
天 津	Tianjin	95.9	108.7	115.4	104.9	104.7	105.7	112.9	90.2	110.0	109.7
河 北	Hebei	97.3	109.4	118.4	107.0	105.0	107.8	115.9	93.5	110.9	110.9
山 西	Shanxi	102.6	107.8	114.5	108.2	102.6	105.3	118.3	96.6	109.0	108.1
内蒙古	Inner Mongolia	99.9	102.9	109.2	109.9	105.9	104.8	111.7	99.1	105.0	106.1
辽 宁	Liaoning	98.3	105.1	112.1	108.1	104.2	104.8	111.5	93.3	108.6	108.3
吉 林	Jilin	97.8	104.8	110.5	107.0	103.8	105.2	111.3	95.3	108.6	106.1
黑龙江	Heilongjiang	99.3	107.6	115.2	111.8	105.6	105.0	114.1	93.4	114.5	111.1
上 海	Shanghai	97.7	106.4	116.4	106.8	104.8	104.1	110.3	89.8	111.2	107.5
江 苏	Jiangsu	98.6	106.5	116.3	107.6	106.4	105.0	115.0	91.9	112.8	108.9
浙 江	Zhejiang	97.5	105.8	113.4	105.4	105.6	105.3	110.6	92.6	112.0	108.3
安 徽	Anhui	98.2	106.7	115.0	107.1	103.9	105.1	112.4	95.3	111.8	110.8
福 建	Fujian	97.6	106.3	113.3	108.1	103.9	104.3	110.2	93.2	107.7	108.0
江 西	**Jiangxi**	**98.6**	**106.5**	**114.5**	**110.0**	**108.6**	**107.9**	**114.2**	**90.7**	**111.8**	**112.4**
山 东	Shandong	98.7	105.7	113.4	105.9	104.3	104.8	113.1	95.5	109.3	109.2
河 南	Henan	97.6	107.8	115.7	108.3	105.3	106.4	111.9	97.1	110.2	110.1
湖 北	Hubei	97.7	108.2	113.1	107.0	104.9	104.5	110.9	93.4	110.4	111.5
湖 南	Hunan	99.3	106.7	114.4	109.4	106.5	106.1	112.0	92.6	110.0	110.8
广 东	Guangdong	96.3	104.1	110.7	105.0	103.6	103.3	107.9	93.8	107.3	107.3
广 西	Guangxi	95.6	101.2	116.3	108.2	111.4	106.1	110.6	95.1	111.2	110.0
海 南	Hainan	101.5	102.2	105.9	104.2	101.5	105.0	111.6	85.3	110.3	115.3
重 庆	Chongqing	99.2	104.9	110.3	108.2	104.8	106.2	112.2	95.0	106.9	105.7
四 川	Sichuan	97.6	101.7	112.0	109.3	104.3	105.7	112.4	95.3	106.1	112.6
贵 州	Guizhou	97.6	106.0	109.6	107.4	107.3	107.5	112.5	93.5	109.8	115.0
云 南	Yunnan	99.1	102.7	113.0	106.5	107.6	108.2	111.6	95.0	109.0	108.0
西 藏	Tibet										
陕 西	Shaanxi	98.8	104.8	110.4	107.5	106.7	106.3	111.2	98.4	109.7	109.6
甘 肃	Gansu	98.4	105.6	112.5	109.9	108.8	104.3	110.2	90.5	114.4	115.1
青 海	Qinghai	102.8	101.8	108.5	105.3	102.8	104.4	110.4	99.8	108.6	107.0
宁 夏	Ningxia	97.8	106.8	117.3	109.7	108.5	107.1	121.8	94.7	114.1	112.8
新 疆	Xinjiang	94.9	114.8	118.2	110.7	111.1	103.8	117.8	90.6	123.9	117.8

5-7 续表 2 Continued

(上年价格=100) (preceding year=100)

地　区	Region	2012	2013	2014	2015	2016	2017	2018	2019	2020	2021	2022
全　国	**National Average**	**98.2**	**98.0**	**97.8**	**93.9**	**98.0**	**108.1**	**104.1**	**99.3**	**97.7**	**111.0**	**106.1**
北　京	Beijing	98.7	97.8	98.8	93.7	98.5	104.4	100.8	99.6	99.5	103.7	106.2
天　津	Tianjin	97.1	97.4	97.1	92.4	98.3	111.1	106.2	98.8	96.9	114.7	104.4
河　北	Hebei	96.2	97.6	95.6	90.3	98.3	114.5	104.0	102.1	98.4	119.8	104.7
山　西	Shanxi	98.1	95.5	96.2	93.1	98.1	115.2	105.5	101.1	97.2	116.3	109.7
内蒙古	Inner Mongolia	102.0	99.3	98.4	95.9	98.0	106.3	102.4	101.1	99.5	128.0	111.2
辽　宁	Liaoning	99.0	98.5	98.0	93.5	97.9	108.0	104.5	100.8	98.2	115.0	110.1
吉　林	Jilin	99.3	99.4	99.2	96.6	97.8	103.4	103.5	99.2	98.7	106.2	104.6
黑龙江	Heilongjiang	98.8	98.7	97.6	88.2	96.0	110.2	109.0	100.3	95.1	110.5	110.0
上　海	Shanghai	94.7	96.5	95.9	90.6	97.7	108.9	105.2	98.7	96.9	107.3	104.9
江　苏	Jiangsu	95.8	97.1	97.0	92.1	98.0	109.7	104.6	97.2	96.5	113.8	105.8
浙　江	Zhejiang	96.7	97.7	98.2	94.5	97.8	109.6	105.1	97.1	95.9	114.5	106.1
安　徽	Anhui	98.2	96.9	97.2	93.5	98.4	109.2	105.3	99.9	98.5	111.5	104.0
福　建	Fujian	97.7	98.4	98.3	96.1	98.0	105.3	102.8	99.0	98.6	109.2	105.2
江　西	**Jiangxi**	**98.3**	**98.4**	**98.4**	**93.6**	**97.7**	**107.2**	**103.2**	**98.2**	**97.0**	**112.3**	**109.4**
山　东	Shandong	99.2	98.4	98.2	95.0	98.0	107.3	103.6	99.2	97.5	109.5	105.8
河　南	Henan	99.2	99.3	98.4	95.4	99.2	107.3	104.0	101.2	99.4	109.5	105.7
湖　北	Hubei	98.9	98.2	97.8	92.8	98.3	108.3	104.8	99.3	98.4	108.5	107.8
湖　南	Hunan	100.1	98.4	97.9	94.5	98.0	107.2	103.5	100.2	98.9	108.1	104.8
广　东	Guangdong	99.5	98.2	98.8	95.3	98.0	105.3	102.5	99.2	97.4	108.0	104.1
广　西	Guangxi	99.2	98.9	98.2	95.7	98.3	106.5	103.4	99.5	98.5	110.7	107.3
海　南	Hainan	99.6	97.0	99.0	88.5	94.8	112.4	110.8	103.1	92.0	116.5	119.8
重　庆	Chongqing	99.5	97.6	98.1	97.1	98.4	104.4	102.5	100.1	99.9	107.2	104.4
四　川	Sichuan	100.0	99.2	98.7	96.7	98.8	108.3	105.3	100.6	98.1	107.5	105.8
贵　州	Guizhou	102.3	96.4	98.6	97.5	98.5	109.7	103.4	99.4	98.6	112.0	111.2
云　南	Yunnan	99.3	98.8	99.0	96.9	95.9	106.2	104.4	99.0	97.3	108.9	107.9
西　藏	Tibet											
陕　西	Shaanxi	100.0	99.3	98.5	95.2	95.9	106.4	104.2	100.3	97.6	116.3	106.2
甘　肃	Gansu	98.7	97.8	97.6	87.0	94.6	115.5	109.8	99.0	94.1	118.1	113.5
青　海	Qinghai	98.6	98.8	97.6	97.7	96.2	108.0	104.5	98.2	96.1	111.5	114.0
宁　夏	Ningxia	99.5	97.0	97.0	92.1	96.9	112.9	106.5	97.5	94.7	120.8	117.6
新　疆	Xinjiang	97.9	97.8	97.5	84.3	95.5	112.8	109.2	100.0	93.4	115.0	114.6

5-8 全国70个大中城市新建商品住宅价格指数情况(2022年)
Price Indices for Newly Built Commercial House by 70 Large and Medium-Sized Cities(2022)

(上年同月=100) (the same month of preceding year=100)

城 市	City	1月 January	2月 February	3月 March	4月 April	5月 May	6月 June	7月 July	8月 August	9月 September	10月 October	11月 November	12月 December
北京	Beijing	105.5	105.5	105.7	105.8	105.9	105.8	105.5	105.8	106.1	105.9	105.7	105.8
天津	Tianjing	101.3	101.0	100.5	99.7	98.6	97.6	96.5	95.8	95.7	95.9	96.0	96.0
石家庄	Shijiazhuang	98.0	98.3	98.0	97.8	97.1	96.9	96.4	96.3	95.6	95.9	96.8	97.1
太原	Taiyuan	97.4	97.1	97.1	96.3	95.7	96.0	95.7	95.5	95.5	95.3	95.1	95.4
呼和浩特	Huhehaote	98.9	98.9	99.1	98.6	98.3	97.7	98.0	96.8	97.3	97.7	98.2	96.9
沈阳	Shenyang	101.2	100.6	100.0	99.2	98.2	97.6	96.8	95.8	95.5	95.2	94.9	94.8
大连	Dalian	104.3	103.6	102.0	101.2	99.8	98.5	97.8	97.0	96.3	95.4	95.1	95.1
长春	Changchun	100.9	100.8	100.9	100.6	100.1	99.3	98.8	98.7	97.7	96.9	96.5	95.7
哈尔滨	Haerbin	97.5	96.2	95.2	94.4	93.6	93.2	93.0	92.8	92.5	92.2	92.0	92.4
上海	Shanghai	104.2	104.1	104.1	103.8	103.4	103.4	103.5	103.7	103.8	104.0	104.0	104.1
南京	Nanjing	104.0	104.1	103.6	102.4	101.0	100.6	100.6	100.9	100.3	99.9	100.6	100.3
杭州	Hangzhou	105.8	106.0	106.2	106.3	106.1	106.3	106.6	106.5	106.5	106.4	106.6	106.4
宁波	Ningbo	103.3	103.5	102.8	102.0	101.3	100.8	100.3	100.3	100.4	100.9	101.2	101.8
合肥	Hefei	102.5	101.2	100.1	99.5	99.4	99.7	100.3	100.4	100.7	101.5	101.9	101.6
福州	Fuzhou	103.2	103.1	101.6	100.4	99.7	99.6	99.7	99.0	98.2	97.9	98.0	97.7
厦门	Xiamen	103.3	102.3	101.7	101.0	99.7	99.4	98.6	97.6	97.0	96.1	96.4	96.1
南昌	Nanchang	100.5	100.8	100.8	100.7	100.9	100.3	100.9	100.8	101.2	101.5	101.9	101.8
济南	Jinan	105.0	104.8	104.5	103.5	102.9	101.7	101.4	101.0	100.9	101.5	102.0	101.9
青岛	Qingdao	103.7	103.4	103.3	102.6	102.0	101.9	100.8	100.3	100.1	100.1	100.2	100.6
郑州	Zhengzhou	101.5	100.8	99.4	98.4	97.5	96.6	96.4	96.2	96.2	96.2	96.4	96.6
武汉	Wuhan	103.2	102.4	101.5	99.7	98.2	97.1	96.3	94.7	93.9	93.6	94.2	94.4
长沙	Changsha	106.9	106.0	105.9	105.5	104.8	103.9	103.2	103.0	102.7	102.7	103.0	103.2
广州	Guangzhou	104.5	104.2	103.0	102.0	101.0	100.3	100.4	100.3	100.1	100.2	100.2	100.4
深圳	Shenzhen	103.5	103.8	104.5	103.9	103.9	103.6	103.0	101.6	100.9	100.5	100.0	99.8
南宁	Nanning	101.8	100.9	100.2	99.9	99.6	99.2	98.0	97.7	97.5	97.0	96.5	96.6
海口	Haikou	103.7	102.8	103.0	102.3	102.4	101.5	100.8	100.7	100.6	100.5	100.8	101.0
重庆	Chongqing	108.3	108.5	108.1	106.1	103.9	103.4	103.1	101.2	101.4	100.8	100.7	100.0
成都	Chengdu	102.5	102.5	102.7	102.9	103.4	104.5	105.1	105.3	106.2	107.2	108.0	109.0
贵阳	Guiyang	100.3	99.5	99.3	99.2	98.7	98.7	97.9	97.8	98.0	98.0	98.4	98.6
昆明	Kunming	99.4	99.2	98.1	97.1	96.6	97.1	97.2	97.2	97.3	97.3	97.5	97.0
西安	Xi'an	105.9	106.1	105.6	105.2	104.9	104.2	104.1	103.6	102.5	101.8	101.4	102.0
兰州	Lanzhou	101.6	100.6	99.7	98.4	97.7	96.7	95.8	95.0	94.5	94.2	94.5	94.4
西宁	Xining	102.7	101.2	100.4	99.8	98.0	97.5	96.9	96.0	95.5	95.3	95.7	96.4
银川	Yinchuan	107.7	106.8	106.6	106.2	105.4	104.7	104.2	104.3	103.5	102.7	101.8	102.3
乌鲁木齐	Wulumuqi	102.6	102.3	102.9	103.2	103.2	102.9	102.3	101.4	101.1	101.2	101.7	101.7

5-8 续表 Continued

(上年同月=100) (the same month of preceding year=100)

城市	City	1月 January	2月 February	3月 March	4月 April	5月 May	6月 June	7月 July	8月 August	9月 September	10月 October	11月 November	12月 December
唐山	Tangshan	99.0	99.2	99.0	98.8	98.8	97.7	98.2	98.3	98.6	99.2	98.7	97.9
秦皇岛	Qinhuangdao	96.1	96.0	94.8	94.5	94.7	94.0	93.6	93.6	93.5	93.6	93.7	94.1
包头	Baotou	99.8	99.8	98.7	97.7	96.6	96.3	96.0	95.3	94.9	95.2	95.3	95.4
丹东	Dandong	100.8	99.9	99.0	97.9	97.7	97.6	96.5	95.9	95.2	95.0	95.1	95.2
锦州	Jinzhou	102.5	101.3	101.7	100.0	99.7	99.4	98.9	98.4	97.6	96.4	96.7	96.5
吉林	Jilin	102.5	102.0	101.7	100.9	100.0	99.6	98.1	97.2	96.8	96.8	96.7	96.2
牡丹江	Mudanjiang	98.2	97.8	97.4	97.0	97.0	97.1	97.4	97.1	97.7	97.1	96.7	96.8
无锡	Wuxi	104.5	104.9	104.4	103.6	102.6	101.6	100.4	100.5	99.6	98.8	98.8	99.7
扬州	Yangzhou	104.0	102.6	102.1	100.7	100.2	100.0	99.8	99.3	99.5	99.2	98.9	99.0
徐州	Xuzhou	102.7	101.7	100.7	98.7	97.2	95.8	96.0	95.7	95.6	95.6	96.1	96.7
温州	Wenzhou	104.3	103.3	102.5	101.1	99.8	98.7	97.5	96.9	95.6	94.9	94.2	93.7
金华	Jinhua	103.0	102.7	102.4	102.3	101.7	100.8	100.1	99.4	98.7	98.3	98.1	97.9
蚌埠	Bengbu	100.5	100.4	100.3	99.3	99.2	98.9	98.0	97.5	97.4	97.5	97.2	97.3
安庆	Anqing	98.2	98.1	97.9	97.7	97.5	97.3	96.4	96.0	95.1	95.3	95.4	95.1
泉州	Quanzhou	103.0	102.6	101.4	100.5	99.2	98.1	97.0	95.8	95.0	94.6	95.5	96.9
九江	Jiujiang	101.0	99.8	99.3	98.7	98.1	97.3	97.2	96.8	96.9	96.8	96.9	97.5
赣州	Ganzhou	101.9	101.6	101.5	101.4	101.1	101.1	101.3	101.0	101.2	100.9	100.6	99.9
烟台	Yantai	100.8	100.6	99.9	99.0	98.1	97.9	97.0	97.2	97.1	97.3	97.9	98.0
济宁	Jining	103.7	102.4	101.2	100.7	99.7	98.6	97.6	96.8	96.3	95.8	95.1	95.3
洛阳	Luoyang	102.3	101.9	101.3	99.9	98.5	97.8	97.4	96.6	96.0	95.2	95.0	95.2
平顶山	Pingdingshan	101.3	100.3	99.7	99.4	98.9	98.7	98.9	98.1	97.6	97.0	97.1	97.4
宜昌	Yichang	102.1	101.2	100.5	99.5	99.0	97.0	96.0	95.9	95.5	94.9	94.9	95.0
襄阳	Xiangyang	100.1	99.5	99.3	97.4	96.6	96.0	95.5	94.7	94.5	94.6	94.7	95.6
岳阳	Yueyang	97.8	96.7	96.3	95.0	94.1	92.9	93.0	92.9	92.7	92.6	92.0	91.8
常德	Changde	96.9	96.0	95.8	94.8	94.6	94.9	94.3	94.0	94.3	94.4	94.3	94.3
惠州	Huizhou	99.7	98.8	98.9	97.4	97.1	95.8	96.4	96.2	96.3	97.0	96.5	96.5
湛江	Zhanjiang	98.6	98.2	97.1	95.3	93.5	93.0	92.0	91.1	91.2	91.3	91.2	91.7
韶关	Shaoguan	100.4	100.6	99.9	99.1	98.1	97.7	97.9	98.0	98.0	97.9	97.6	97.2
桂林	Guilin	99.9	99.2	98.2	97.3	96.7	96.4	96.2	95.9	96.1	96.5	96.2	95.3
北海	Beihai	98.5	96.7	96.3	95.0	93.7	92.6	91.2	89.9	89.7	89.3	89.4	89.7
三亚	Sanya	105.4	105.0	104.1	103.4	102.8	101.8	101.6	101.4	101.0	100.1	99.5	99.2
泸州	Luzhou	96.9	96.8	95.6	95.3	94.0	93.7	93.7	93.4	94.3	94.9	96.0	95.7
南充	Nanchong	97.6	95.9	95.5	94.4	93.5	93.7	94.2	94.2	93.8	95.3	96.4	97.2
遵义	Zunyi	99.4	99.1	99.3	98.8	97.7	98.0	98.3	98.1	98.6	98.5	99.3	98.7
大理	Dali	95.5	95.1	94.4	93.9	94.0	93.7	93.4	93.1	94.0	94.3	95.3	95.4

5-9 全国70个大中城市二手住宅价格指数情况(2022年)
Price Indices for Second-Hand House by 70 Large and Medium-Sized Cities(2022)

(上年同月=100) (the same month of preceding year=100)

城 市	City	1月 January	2月 February	3月 March	4月 April	5月 May	6月 June	7月 July	8月 August	9月 September	10月 October	11月 November	12月 December
北 京	Beijing	108.0	107.4	107.2	106.5	105.3	104.5	104.1	103.9	104.6	105.2	105.2	103.9
天 津	Tianjing	100.7	100.8	100.1	99.3	98.0	97.4	96.5	95.8	94.4	93.9	93.8	93.6
石家庄	Shijiazhuang	96.1	95.9	95.5	95.1	95.1	95.0	95.3	95.5	95.6	95.6	95.7	96.6
太 原	Taiyuan	96.0	95.6	95.1	93.8	94.7	95.2	94.5	94.5	94.5	94.3	94.8	95.3
呼和浩特	Huhehaote	98.2	97.6	97.1	97.0	96.6	96.0	96.0	94.9	95.0	95.5	95.9	94.9
沈 阳	Shenyang	101.1	99.7	98.5	97.6	97.0	96.3	95.4	94.5	94.1	93.8	93.4	93.1
大 连	Dalian	103.2	102.4	101.3	99.7	98.6	98.2	97.8	97.1	96.2	95.4	95.0	94.9
长 春	Changchun	99.2	99.0	99.2	99.4	97.4	96.3	95.5	94.9	94.5	94.1	94.0	93.6
哈尔滨	Haerbin	97.9	96.6	95.5	94.0	92.8	91.6	91.1	90.5	90.5	90.3	90.5	90.9
上 海	Shanghai	105.8	105.3	104.6	103.7	103.0	102.3	102.4	102.8	103.9	103.9	103.5	102.6
南 京	Nanjing	102.7	101.3	100.3	99.1	97.6	96.5	96.3	96.6	96.6	96.2	96.4	96.3
杭 州	Hangzhou	104.8	104.6	103.6	102.7	101.6	101.4	100.6	100.0	99.8	99.5	99.4	99.1
宁 波	Ningbo	101.8	101.5	100.9	100.1	99.4	99.2	99.1	98.6	98.5	98.3	98.2	98.4
合 肥	Hefei	101.5	100.5	99.5	98.2	97.3	97.6	98.1	98.4	98.8	98.8	98.5	98.6
福 州	Fuzhou	101.8	100.8	99.8	99.3	98.9	98.1	97.8	97.7	97.6	97.4	97.0	96.9
厦 门	Xiamen	101.0	100.4	100.1	100.0	100.4	100.4	99.6	99.0	98.7	98.6	98.5	98.4
南 昌	Nanchang	99.0	99.0	99.2	98.6	98.2	98.0	98.5	98.6	98.4	98.6	98.4	98.3
济 南	Jinan	100.7	100.8	100.5	99.1	98.2	97.6	97.0	96.4	96.7	96.6	96.6	96.5
青 岛	Qingdao	101.1	100.8	100.5	99.4	98.7	99.0	98.4	97.9	97.5	97.0	96.8	96.6
郑 州	Zhengzhou	100.5	99.8	99.2	98.2	97.3	96.2	95.4	94.9	94.7	94.7	94.5	94.3
武 汉	Wuhan	101.3	100.1	99.1	98.1	97.3	95.9	95.4	94.9	94.4	94.2	93.8	93.9
长 沙	Changsha	104.4	103.7	102.9	101.9	101.4	100.7	99.9	99.6	99.6	99.9	99.9	99.9
广 州	Guangzhou	104.1	103.8	102.7	102.0	101.3	101.2	100.6	100.0	99.8	99.8	99.7	99.5
深 圳	Shenzhen	98.5	97.4	96.7	97.2	97.4	96.6	96.5	96.4	96.5	96.5	96.4	96.3
南 宁	Nanning	97.7	97.3	96.8	96.6	96.1	95.4	95.1	94.6	94.5	94.0	94.2	93.9
海 口	Haikou	107.2	106.6	106.6	105.8	105.1	104.7	103.1	102.1	100.8	99.9	99.3	98.7
重 庆	Chongqing	104.7	104.4	103.7	101.9	100.5	100.1	100.2	99.8	99.1	98.5	97.9	97.9
成 都	Chengdu	103.6	103.3	103.2	103.6	103.8	105.4	106.7	106.8	107.0	107.5	108.5	109.1
贵 阳	Guiyang	97.8	97.7	96.6	96.0	95.0	94.6	94.1	94.8	95.3	95.0	95.3	96.0
昆 明	Kunming	100.6	99.4	99.5	99.5	99.5	100.1	99.8	100.8	101.5	101.2	102.1	101.9
西 安	Xi'an	104.5	103.2	102.7	101.8	100.4	99.6	99.3	98.5	97.9	97.9	97.7	97.7
兰 州	Lanzhou	100.4	99.4	98.7	97.9	96.4	96.0	95.2	95.0	94.9	94.8	95.1	94.9
西 宁	Xining	100.7	99.6	99.4	99.3	98.7	97.5	97.0	96.8	96.5	96.3	96.6	96.8
银 川	Yinchuan	101.9	101.1	100.2	99.1	97.8	97.3	96.8	96.8	96.5	96.5	96.3	96.4
乌鲁木齐	Wulumuqi	98.0	97.0	97.4	96.9	97.0	96.5	96.4	96.6	97.1	97.6	98.0	97.7

5-9 续表 Continued

(上年同月=100) (the same month of preceding year=100)

城市	City	1月 January	2月 February	3月 March	4月 April	5月 May	6月 June	7月 July	8月 August	9月 September	10月 October	11月 November	12月 December
唐山	Tangshan	98.3	97.7	97.6	97.5	96.9	95.8	95.5	95.4	95.3	95.0	94.3	94.2
秦皇岛	Qinhuangdao	96.8	96.9	96.2	96.3	96.6	96.5	96.6	96.1	95.9	95.5	95.3	95.5
包头	Baotou	100.0	99.6	98.8	97.7	97.0	96.5	96.4	96.1	95.6	95.7	95.6	95.5
丹东	Dandong	99.5	98.4	97.6	97.0	96.6	96.5	95.6	95.0	94.0	93.5	93.3	93.0
锦州	Jinzhou	97.5	96.7	96.4	96.1	95.7	95.5	95.5	94.9	94.7	94.1	94.4	94.4
吉林	Jilin	98.8	98.1	97.8	97.6	95.9	94.9	93.9	93.2	92.9	92.3	91.6	91.4
牡丹江	Mudanjiang	93.4	92.2	90.3	90.4	89.5	89.6	89.5	89.3	89.0	88.9	88.2	88.4
无锡	Wuxi	103.0	102.5	102.1	101.1	101.5	101.0	100.7	100.7	100.3	100.2	100.3	100.4
扬州	Yangzhou	102.0	101.2	99.3	98.3	97.5	96.5	96.3	95.8	95.8	96.3	97.0	97.7
徐州	Xuzhou	101.7	100.7	100.2	98.1	97.1	96.4	96.6	96.5	96.3	96.6	96.8	97.2
温州	Wenzhou	102.5	101.5	100.4	99.1	97.8	96.5	95.9	95.3	95.4	95.5	95.0	95.2
金华	Jinhua	101.5	100.4	99.2	98.4	96.8	95.4	94.6	94.5	94.2	94.1	93.9	93.9
蚌埠	Bengbu	101.2	100.7	99.9	99.4	98.2	97.4	96.8	96.1	95.9	95.9	96.7	96.9
安庆	Anqing	95.6	95.5	94.8	94.7	94.5	94.0	94.0	93.8	93.6	93.6	93.3	93.3
泉州	Quanzhou	102.2	101.2	100.0	98.5	97.3	96.3	95.4	94.3	93.9	93.7	93.7	93.8
九江	Jiujiang	100.5	100.0	99.2	99.0	98.7	98.2	97.8	97.4	97.4	96.8	96.9	97.0
赣州	Ganzhou	100.4	99.8	100.0	100.4	100.9	100.9	100.7	100.5	100.1	99.5	98.9	98.8
烟台	Yantai	101.5	100.6	99.8	98.5	97.5	97.2	97.5	97.3	97.0	97.4	97.2	97.2
济宁	Jining	100.7	99.7	99.2	98.4	97.1	96.1	96.1	95.5	94.5	93.8	92.9	92.9
洛阳	Luoyang	100.6	99.9	99.1	97.3	96.0	95.0	94.3	93.6	93.0	92.3	92.5	92.4
平顶山	Pingdingshan	99.8	99.2	98.6	98.1	97.7	97.5	97.1	96.7	96.4	96.1	96.0	95.8
宜昌	Yichang	97.4	97.1	96.6	96.6	96.0	94.9	94.8	93.8	93.5	93.1	93.3	93.2
襄阳	Xiangyang	99.0	98.9	98.5	97.6	96.5	95.7	95.4	94.9	94.3	94.3	94.1	94.3
岳阳	Yueyang	97.0	97.0	97.4	97.8	97.1	96.2	96.2	96.2	95.7	95.4	95.2	95.2
常德	Changde	97.1	96.6	96.2	95.7	95.2	94.9	94.6	94.4	94.4	93.8	93.5	93.4
惠州	Huizhou	99.3	98.5	97.9	96.7	96.5	96.5	96.1	95.6	95.3	95.8	95.8	95.7
湛江	Zhanjiang	99.2	98.8	97.9	97.1	96.0	95.6	95.3	94.6	94.2	94.2	93.4	93.5
韶关	Shaoguan	100.3	100.4	99.7	99.2	98.6	97.8	98.1	98.2	98.2	98.3	98.4	98.4
桂林	Guilin	98.3	97.8	97.9	97.7	97.9	97.4	96.5	96.4	96.2	96.5	96.4	96.1
北海	Beihai	97.2	96.9	96.7	96.7	95.8	95.1	94.3	93.5	92.7	92.1	91.9	91.4
三亚	Sanya	103.7	103.0	102.4	101.6	100.5	100.0	99.4	99.2	98.9	97.9	97.6	98.1
泸州	Luzhou	99.1	98.6	98.4	97.8	97.2	96.8	97.0	96.4	96.5	96.5	96.6	96.9
南充	Nanchong	94.8	95.3	95.6	95.7	96.6	98.1	99.4	99.7	99.9	101.1	101.4	101.4
遵义	Zunyi	97.7	97.2	96.3	96.1	95.8	95.3	95.8	95.8	95.6	95.6	95.6	95.0
大理	Dali	97.3	96.0	95.3	94.3	93.6	94.0	94.2	94.7	95.0	95.5	95.6	95.9